Flensburg im Fluge

Eine Zeitreise durch 100 Jahre Flugplatz Flensburg-Schäferhaus

Flensburg im Fluge.
100 Jahre Flugpatz Flensburg-Schäferhaus

Impressum

1. Auflage: August 2011
ISBN 978-3-925856-65-5

Redaktion:	Dr. Broder Schwensen
Autoren:	Mona Andresen, Ernst-Erich Baaske, Manfred Bühring, Rüdiger Hildebrandt, Thomas Liebelt, Jochen Missfeldt, Thomas Raake, Dr. Broder Schwensen, Ortrud Teichmann
DVD:	Marcus Füchtenschnieder
Buchgestaltung:	RAINER PRÜSS wirtschafts- und kulturkonzepte, Rainer Prüß, Norgard Siegmund
Herstellung:	Druckhaus Leupelt GmbH & Co. KG, Handewitt

Schriftenreihe der Gesellschaft für Flensburger Stadtgeschichte e.V., Band 74

Manfred Bühring/Broder Schwensen (Hg.)

Flensburg im Fluge

Eine Zeitreise durch 100 Jahre Flugplatz Flensburg-Schäferhaus

Flensburger Flughafenbetriebsgesellschaft mbH
in Verbindung mit
Stadtarchiv Flensburg/Gesellschaft für Flensburger Stadtgeschichte e.V.

Flensburg 2011

Vorwort

„Check-in"

Wird es gelingen? 5.000 Flensburger sind am 9. Juli 1911 zum Exerzierfeld Schäferhaus hinausgepilgert und fiebern dem kommenden Ereignis entgegen. Nicht hundertfacher Gleichschritt und Manöver-Formationen haben sie gelockt – sondern die wagemutige Ankündigung des Rostocker Aviators Carl Schall, eine hier bislang ungesehene Tat zu wagen: den ersten motorgetriebenen Aufstieg eines bemannten Flugapparates aus Holz und Segeltuch in den Flensburger Himmel.

Am späten Nachmittag regt es sich in der Fliegerhütte. Der Grade-Eindecker wird ins Freie geschoben, wagemutig schwingt sich Pilot Schall in den Sitz, Helfer werfen den Propeller an, immer schneller rumpelt das fragile Gefährt über die Grasbahn, Schall gibt Vollgas, dann Höhenruder – und tatsächlich: das Flugzeug schwingt sich, einem Vogel gleich, höher und höher in den klarblauen Himmel. Die Zuschauer sind restlos begeistert – nach geglückter Landung werden Pilot und Fluggerät fast zerdrückt!

Zu Recht, wie wir meinen, gilt diese tollkühne Begebenheit vor 100 Jahren als Geburtsstunde des Flugplatzes Flensburg-Schäferhaus und seiner bis heute ereignisreichen Entwicklung. Zudem bietet sie uns die ebenso willkommene wie einmalige Gelegenheit, mit dem vorliegenden Großband 100 Jahre spannender Flensburger Fluggeschichte ausführlich in Text und Bild Revue passieren zu lassen – eine, so unsere zuversichtliche Hoffnung, lohnens- und lesenswerte Entdeckungs-Lektüre sowohl für alte Flughasen wie auch alle Noch-Nicht-Flieger.

Anfang, Ausbau und Nutzung des Flugplatzes, aber auch die hiesigen Flugpioniere und frühen Flugmaschinen von 1911 bis zur totalen Bruchlandung 1945 schildert einleitend der Flensburger Flugplatz-Chronist **Ernst-Erich Baaske** („Aufwind und Absturz"), gefolgt von einem sehr persönlichen Erinnerungsessay des Fliegers und Schriftstellers **Jochen Missfeldt** an die unmittelbare Flensburger Nachkriegszeit („Rückflug"). **Ortrud Teichmann**, langjährige Fliegerin und Vorstands-Persönlichkeit im Luftsportverein Flensburg, berichtet anschließend über die schwierigen, menschlich aber verbindenden Wiederaufbau-Jahre bis 1960 mit Modellbauern, Segelfliegern sowie Motorfliegern der ersten Stunde und lässt uns teilhaben an ihrer Pilotinnenausbildung samt bangem Erstflug („Auf neuen Schwingen").

Die euphorische, wenn auch von ersten Bürgerprotesten begleitete Ausbauphase des Platzes in den 1960er Jahren mit Lufthansa-Schule und täglichen Linienverbindungen nach Frankfurt, Paris oder Rom bis zur Beinahe-Insolvenz der Flensburger Flughafenbetriebsgesellschaft mbH zu Beginn der 1980er Jahre schildern Ortrud Teichmann, FFB-Geschäftsführer **Manfred Bühring** und Archivdirektor **Dr. Broder Schwensen** („Touch and go"). Als vormals aktiver Segelflieger und Fallschirm-Springer würdigt Fotograf **Thomas Raake** die bemerkenswerten Flensburger Pilotinnen und Unternehmer-Persönlichkeiten Beate Uhse und Lilo Ullrich („Beflügelnd").

In seinen Beiträgen „Neustart" und „Take off" skizziert Manfred Bühring sodann den erheblichen rechtlichen, wirtschaftlichen und technisch-infrastrukturellen Wandel im Betrieb des Flensburger Flugplatzes während der letzten drei Jahrzehnte sowie die zweite Boom-Phase in den späten 1990er Jahren mit Fracht- und Geschäftsflügen insbesondere für Motorola und die Beate Uhse AG.

Gleichwohl hat sich der Flugplatz, gestern wie heute, im öffentlichen Meinungsstreit zu behaupten. Es gilt, die Kosten für Investitionen und Unterhalt sowie Beeinträchtigungen für Anwohner und Umwelt abzuwägen gegen die notwendige wirtschaftlich-infrastrukturelle Daseinsvorsorge zugunsten bestehender und künftiger Arbeitsplätze im regionalen Oberzentrum Flensburg und die Bedürfnisse der Luftsportler. Im Kapitel „Gewitterfronten" wird dieser oft übersehene Gemeinnutzen dargelegt. Dabei beschreibt **Mona Andresen**, Luftfahrtreferentin im Landesministerium für Wissenschaft, Wirtschaft und Verkehr, die grundsätzliche „Bedeutung der Regionalflugplätze" für verkehrsperiphere Wirtschafts-Standorte. Manfred Bühring verbindet die volkswirtschaftliche mit der betriebswirtschaftlichen Perspektive und verweist auf das positive Prüfergebnis des Landesrechnungshofes („Kostenbewusst und sehr effizient"), weshalb auch ein Vergleich mit dem Flugplatz Sønderborg / DK nicht gescheut werden muss („Ersatz oder Ergänzung?"). Und auch die rechtlich, planungstechnisch und politisch schwierige Balance zwischen Lärm-Emission und Bürgerakzeptanz, zwischen Verkehrsflächen und Wohn-Arealen wird hier durch **Rüdiger Hildebrandt** von der Landesluftfahrtbehörde thematisiert („Fluglärm").

Als langjähriger Vorsitzender des Flensburger Luftsportvereins erläutert **Thomas Liebelt** das moderne Selbstverständnis der heutigen Luftsportler („Wirken und Leistungen"), stellt die für jede/n Interessierte/n offenen und auch erschwinglichen Vereinssparten Segelflug, Fallschirmsprung sowie Motorflug vor, erinnert an die erhebliche finanzielle Hilfe des Vereins

Vorwort

für den Flugplatz sowie die auch touristisch relevanten Air-Shows. Letztere hat im Jahre 2004 Marcus Füchtenschnieder filmisch festgehalten. Seine sehenswerte DVD liegt als Gratis-Gabe für Sie im hinteren Buchdeckel bei.

Abschließend zieht Manfred Bühring mit Blick auf die wirtschaftlich-infrastrukturelle Vorsorge-Funktion des Flugplatzes eine, wie wir meinen, bedenkenswerte Erfolgsbilanz und wagt einen positiv-optimistischen Ausblick auf die Jahre bis 2025 („Vorausflug").

Sämtlichen genannten Autoren gilt unser Dank wie auch den zahlreichen, im Anhang erwähnten öffentlichen und privaten Bildgebern.
Unser besonderes Gedenken gilt dabei **Hans Werner von Eitzen**, dem rührigen Chronisten der Flensburger Fliegerei-Geschichte. Er gehörte von Anbeginn unserem Arbeitsteam an, verstarb jedoch 2010 vor der Buchfertigstellung.
Ein herzlicher Dank gilt den zahlreichen, gesondert erwähnten Sponsoren dieses Buch-Projektes, ohne deren freigiebige Zuwendungen dieser Groß-Farbband nicht hätte erscheinen können. Satz und Layout erfolgten in bewährter Weise durch RAINER PRÜSS wirtschafts- und kulturkonzepte, Bildbearbeitung und Druck durch das Druckhaus Leupelt.

Doch nun: Fasten Seatbelts! Ready for Take off!

Wir wünschen Ihnen einen guten Flug.

Flensburg, im Sommer 2011

Manfred Bühring
Flensburger Flughafen-
betriebsgesellschaft mbH (FFB)

Thomas Liebelt
Luftsportverein Flensburg e.V.
(LSV)

Dr. Broder Schwensen
Stadtarchiv/Gesellschaft
für Flensburger Stadtgeschichte (GFS)

Inhalt

Seite

"Check-in" 4
Inhalt 6

1. Aufwind und Absturz. Flensburgs Flugplatz "Schäferhaus". 1911-1950 Ernst-Erich Baaske 9
1.1 Aufwind. Luftfahrt in Flensburg bis zum Ersten Weltkrieg 10
1.1.1 Erster Motorflug und Geburtsstunde des Flugplatzes Schäferhaus (9. Juli 1911) 10
1.1.2 Etappenziel beim ersten "Nordmarkflug" (Juni 1912) 14
1.1.3 Eckener mit Luftschiff "Hansa" über Flensburg (August 1912) 15
1.1.4 Hannes "Patent" Andresen: Flensburgs erster Motorflugpilot (1912) 17
1.2 Sturmwind. Erster Weltkrieg 1914-1918 18
1.2.1 Heeresflieger am Schäferhaus 18
1.2.2 Seefliegerschule Fahrensodde 21
1.3 Gegenwind und Neustart 1919-1932 22
1.3.1 Rückbau in Fahrensodde und am Schäferhaus 22
1.3.2 Not macht erfinderisch: Segelflug und Modellbau in Kielseng 1923-1932 23
1.3.3 Es brummt wieder: Zivilflugplatz Schäferhaus 1925-1932 27
1.3.4 Turbulenzen 32
1.4 Höhenrausch und Bruchlandung. Unter dem Hakenkreuz 1933-1945 34
1.4.1 Linienverkehr, "Volksflugtage" und "Deutschlandflüge" 34
1.4.2 Segelflug als vormilitärische Ausbildung 38
1.4.3 Aus- und Umbau zum Luftwaffen-Fliegerhorst 40
1.4.4 Begrenzter militärischer Wert 42
1.4.5 Angriffe auf den Flugplatz 42
1.4.6 Kriegsende Mai 1945 45
1.4.7 Unter britischer Besatzung. Demilitarisierung und Sprengung 46

2. Rückflug. Erinnerung an Schäferhaus 1945 Jochen Missfeldt 49

3. Auf neuen Schwingen. 1950-1960 Ortrud Teichmann 55
3.1 Modellbau und Segelflug 56
3.1.1 Mit Sperrholz, Leim und Segeltuch 56
3.1.2 Kinder des Phönix. Flensburgs neue Segelflieger 58
3.2 Motor- und Verkehrsflug 61
3.2.1 Warteschleife. Ringen um den Flugplatz 61
3.2.2 Platzrunde. Schulung und Schautage 63
3.2.3 Per aspera ad astra: Durch Mühsal zu den Sternen 64
3.2.4 Auf eigenen Schwingen. Der lange Weg zum ersten Vereins-Motorflugzeug 65
3.3 Mein Weg in die Lüfte 66

4. Touch and go. 1960-1981 Ortrud Teichmann/Broder Schwensen/Manfred Bühring 69
4.1 Gründung der Flensburger Flughafenbetriebsgesellschaft mbH (FFB GmbH) 70
4.2 Platzausbau und Lufthansa-Schulung 70
4.3 Cimber Air 76
4.4 Blindflug 80
4.5 Notlandung 82

Inhalt

Seite

5. Beflügelnd. Beate Uhse und Lilo Ullrich. Thomas Raake — 87
    5.1 Beate Uhse (1919-2001) — 89
    5.2 Lilo Ullrich (1929-2008) — 92

6. Neustart. 1982-2001 Manfred Bühring — 95
    6.1 Pachtvertrag und Ankauf — 96
    6.2 Gesellschafter und Geschäftsführung — 98
    6.3 Modernisierung — 101
        6.3.1 Taxiway und Hallenbauten — 101
        6.3.2 Erneuerung der Landebahn — 102
        6.3.3 Treibstoff und Flugbewegungen — 103
        6.3.4 Das Air Hotel — 104
    6.4 Linie und Charter — 105
        6.4.1 Linienverkehr — 105
        6.4.2 Northern Air Charter — 106
        6.4.3 Flugdienst Uwe Reszka — 109
    6.5 Neustart geglückt — 110

7. Take off. 2002-2011 Manfred Bühring — 113
    7.1 Gemeinsam für Flensburg — 116
    7.2 Flugzeugwerft und Allzweck-Schlepper — 118
    7.3 Air-Shows und Insel-Hopping — 120
    7.4 Kanada-Feeling: Im Wasserflugzeug über Flensburg — 124

8. Gewitterfronten. Argumente im Meinungsstreit um Flugplatz und Flugbetrieb
Mona Andresen/Manfred Bühring/Rüdiger Hildebrandt/Thomas Liebelt — 127
    8.1 Bedeutung der Regionalflugplätze für den Wirtschaftsstandort Schleswig-Holstein — 128
    8.2 Flughafen Flensburg: „Kostenbewusst und sehr effizient" — 134
    8.3 Flugplatz Sønderborg (DK): Ersatz oder Ergänzung? — 137
    8.4 Fluglärm — 138
        8.4.1 Lärm und Luftraum — 139
        8.4.2 Fluglärmstreit und Urteile in Flensburg — 140
        8.4.3 Lärmbegrenzung — 142
        8.4.4 Fluglärm und Stadtentwicklung — 144
        8.4.5 Die Haltung der Luftfahrtbehörde — 145
        8.4.6 Fortentwicklung im Konsens — 146
    8.5 Wirken und Leistungen des Luftsportvereins Flensburg e.V. — 147

9. Vorausflug. Ein Ausblick auf 2025 Manfred Bühring — 155

Bildnachweise — 164

Nachweis Quellen — 166

Sponsoren & Förderer — 171

DVD

Kapitel

1

1911-1950
Aufwind und Absturz.
Flensburgs Flugplatz „Schäferhaus"

Ernst-Erich Baaske

1. Aufwind und Absturz
   Flensburgs Flugplatz „Schäferhaus"

   1.1 Aufwind. Luftfahrt in Flensburg bis zum Ersten Weltkrieg
   1.2 Sturmwind. Erster Weltkrieg 1914-1918
   1.3 Gegenwind und Neustart 1919-1932
   1.4 Höhenrausch und Bruchlandung.
        Unter dem Hakenkreuz 1933-1945

Kapitel 1   Aufwind und Absturz. Flensburgs Flugplatz „Schäferhaus"

1911-1950

1. Aufwind und Absturz. Flensburgs Flugplatz „Schäferhaus"

1.1 Aufwind. Luftfahrt in Flensburg bis zum Ersten Weltkrieg

1.1.1 Erster Motorflug und Geburtsstunde des Flugplatzes Schäferhaus (9. Juli 1911)

„Still und friedlich liegt es heute da, das Schäferhaus, das schon so manches glänzende Schauspiel sah. Und einsam breitet sich vor ihm der riesige, weite Platz, dessen grüner Teppich von ungezählten verlorenen Schweißtropfen und Hosenknöpfen, von so manchem stillen Seufzer, von frohen Scherzen, Lob und Tadel erzählen kann."

Mit diesen blumigen Worten über den damaligen, am westlichen Stadtrand gelegenen Exerzier- und Manöverplatz Schäferhaus begannen die „Flensburger Nachrichten" vor 100 Jahren ihre Ankündigung des ersten Flensburger Flugtages. Am 9. Juli 1911, so hatte es der „Aviatiker" Carl Schall verkündet, würde er sich von dort mit seinem „Grade-Eindecker" in den Himmel erheben, einem motorgetriebenen Fluggerät, welches – man bedenke – „schwerer als Luft" war.[1]

Ein historisches Schauspiel zeichnete sich ab, und allseits machte man sich bereit für das kommende Ereignis. Aber, würde alles ablaufen? Würde der menschliche Genius tatsächlich die Schwerkräfte überlisten können?

In die Spannung des heraufziehenden Tages mischte sich die Erinnerung an drei frühere, ebenfalls höchst abenteuerliche Luftfahrten über Flensburg, die jedoch sämtlich mittels Gasballonen erfolgt waren.

So hatte sich die erste für Flensburg überlieferte „Luftfahrt" am 9. Mai 1814 ereignet.[2] An jenem Tag bestieg der dänische „Aerostatiker" J. P. Colding die Traggondel seines 19,5 m langen, 14,5 m hohen und 1.200 Pfund schweren Wasserstoffballons. Nach hinreichender Befüllung der Hülle mit dem vor Ort erzeugten Gas schwebte der „Aerostat" wohl ohne Halteleine während einer kurzen Zeitspanne in geringer Höhe über dem Aufstiegsort, einer damals noch unbebauten Freifläche zwischen Südermarkt und Kloster, auf die er alsbald wieder herabsank. Das Urteil der Zeitgenossen war gespalten: nachdem die „Luft-Fahrt" in den vorangegangenen Wochen mehrfach in der Lokalpresse angekündigt und ein Eintrittsgeld bis zu 60 Schilling[3] erhoben worden war, hatten manche Schaulustige hinsichtlich Aufstiegshöhe und Flugdauer deutlich mehr erwartet. Um eine verständnisvollere Würdigung bemühte sich hingegen das „Flensburger Wochenblatt" mittels Abdruck nachfolgenden Gedichtes:[4]

1.02 Polizeiliche „Warnung" anlässlich des Ballon-Aufstiegs von J. P. Colding, 07.05.1814

1.01 Parade auf der Großen Exerzierlücke am Schäferhaus vor Kaiserin Auguste Victoria, 09.09.1890.

1.03 Dr. Wölferts
„Luftschiff mit Handsteuerung", 1884.

Wölferts lenkbares Luftschiff. Ansicht der Gondel und Steuerung.

„Wenn auch ein kühner Mann
Ein kühnes Werk begann,
Das nicht am Ort gesehen,
Und ihn der Zufall stört,
Glaubt man vom Wahn betört:
„Der Mann muß nichts verstehen!"
Und wenn es ihm gelingt,
Er kühn sein Werk vollbringt:
So staunt die große Menge.
Doch bald sieht sie den Mann
Mit Richteraugen an,
Und treibt ihn in die Enge.
„Das kann ich auch," heißt´s nun;
„das kann ein Jeder thun!"
„Und darum soviel Wesen?"
Doch hält man sie beym Wort,
So laufen alle fort,
Als hieb man sie mit Besen.
Dies war auch Coldings Fall,
Der kühn mit seinem Ball
Das that, war er versprochen.
Daß er nicht höher flog,
Und bald zur Erde zog,
Darüber will man pochen?
Ward er darnach belohnt,
Zu reisen in den Mond?
Wer wollt´es mit ihm wagen?
War nicht zur Lust der Schar
Sein Leben in Gefahr?
Doch hat man was zu sagen?

Was er versprach, hat er gezeigt;
Bedenket dieses wohl, und – schweigt."

Tatsächlich mussten weitere 70 Jahre verstreichen, bis am 9. August 1884 im Himmel über Flensburg eine zweite, nun durchaus erfolgreichere Ballonfahrt zu bestaunen war. Nachdem auch hier ein früherer Versuch in der Vorwoche wegen technischer Mängel aufgegeben werden musste, stand der Ballon an jenem Tage um 18.00 Uhr prall mit Wasserstoff gefüllt am damaligen Flensburger Tivoli bereit. Kurz nach 19.00 Uhr bestieg schließlich der mutige „Aeronaut" Dr. Wölfert aus Leipzig die kleine Traggondel, und unter den Klängen der Militärmusik sowie den jubelnden Hurrarufen Tausender Zuschauer „erhob sich der Aerostat mit majestätischer Ruhe und Schönheit in die Lüfte." Über der Stadt setzte Dr. Wölfert eine zusätzlich montierte Propellerschraube mittels Körperkraft in Bewegung, woraufhin das Luftfahrzeug, je nach Drehimpuls, die Richtung änderte, auf der Stelle stand oder sich gar gegen den Wind vorarbeitete. Infolge dieser Anstrengungen bald ermüdet, ließ der wackere Aeronaut sein Fahrzeug schließlich im Winde und bis zu 1000 m Höhe treiben, antwortete aber nun durch Fahnenschwenken auf von unten zu ihm heraufbrausende Jubelrufe. Nach etwa 40 Minuten Luftfahrt erfolgte die glückliche Landung bei Tarup, wo zahlreiche Schaulustige den Aeronauten begrüßten und bei der Entleerung des Ballons halfen.[5]

Und abermals sollten über 25 Jahre bis zu einer dritten Luftfahrt über Flensburg vergehen. Mittlerweile waren die frühen Treibballone mit motorbetriebenen Propellern verbunden und so zu Luftschiffen geworden, die insbesondere im Deutschen Kaiserreich vielfältige Entwicklungen zeitigten. Nachdem in Kiel von 300 Technik-Enthusiasten, darunter die Prinzen Adelbert und Heinrich, der „Verein für Motor-Luftschifffahrt in der Nordmark e.V." („V.M.L.") gegründet worden war, wurde von diesem dank vermittelnder Hilfe durch Oberbürgermeister Dr. Todsen 1908 auch in Flensburg ein entsprechender Zweigverein initiiert. Als erste Großtat gelang es dem Verein, nach mehreren vergeblichen Anläufen die damals neueste Errungenschaft, das halbstarre lenkbare Luftschiff „Parseval 6" nach Flensburg zu lotsen: am Vormittag des 4. November 1910 kündete eine rote Flagge am Turm der neu errichteten St. Jürgenkirche vom Anflug des „Parseval 6" auf Flensburg! Ein große Völkerwanderung begab sich daraufhin zur Koppel des luftfahrtbegeisterten Hofbesitzers und Vor-

Kapitel 1   Aufwind und Absturz. Flensburgs Flugplatz „Schäferhaus"

1.04 *Luftschiff Parseval P6 landet in Flensburg an der heutigen Parsevalstraße, 04.11.1910.*

standsmitglieds Philipp Lassen[6] im östlichen Jürgensby, wo ein mit Steinen beladener Pferdekastenwagen tief eingegraben und mit einem Drahtseil umschlungen worden war, um so dem Luftschiff als Ankerplatz zu dienen. Um 11.30 Uhr war es dann soweit: begleitet von kirchlichen Glockenklängen und Dampfer-Sirenen schwebte das Luftschiff mit seinen sechs Passagieren in der angehängten Gondel nach 90minütiger Fahrt von Kiel her kommend „mit seiner im Sonnenglanz hell leuchtenden, gelben Hülle und den eilig sausenden Schraubenflügeln ruhig und sicher" in etwa 150 Meter Höhe über die zum Teil mit Flaggen geschmückten Häuser Flensburgs.

Unter den nicht enden wollenden Hochrufen der tausendköpfigen Zuschauermenge glückte die Landung am vorbereiteten Ankerplatz, das Musikkorps des Flensburger Regiments „Königin" spielte das „Deutschlandlied" und als Führer des Luftschiffes erhielt Oberleutnant a. D. Stelling nach herzlicher Begrüßung das seit langem bereitliegende Ehrengeschenk von 300 Goldmark überreicht.[7]

Es war dieser große Erfolg, der den jungen Flensburger Luftfahrtverein angespornt hatte, im folgenden Sommer noch einen Schritt weiter zu gehen und für den nun heraufziehenden 9. Juli 1911 den Aviatiker Carl Schall mit seinem „Grade-Eindecker" zum ersten Schau-Flug eines Tragflächen-Motorflugzeugs nach Flensburg einzuladen.

Ein solcher Flugapparat benötigte jedoch eine besonders hergerichtete, ebene Start- und Landefläche. Schon im Jahre 1910 war der neu gegründete „V.M.L." in Flensburg an die Stadt zwecks Überlassung eines Landeplatzes für Luftschiffe und Flugzeuge herangetreten. Dafür zunächst in Aussicht genommenes Gelände an der Glücksburger Straße und auf dem Blasberg, aber hatte sich als zu klein und ungeeignet erwiesen. Vor diesem Hintergrund war der Flensburger „V.M.L." schließlich an den Militärfiskus herangetreten zwecks Mitbenutzung des „Großen Exerzierplatzes" am westlichen Stadtrand bei Schäferhaus. Nach erzielter Einigung wurde dort 1911 die erforderliche Fläche von 600m x 600m planiert und mittels Pfählen und Kokos-Tauen entlang der nach Norden verlaufenden Startbahn abgezäunt und gesichert. Zudem erstellte die Firma Th. Creutz in der abgelegenen südwestlichen Ecke des Platzes einen hölzernen Unterstand für das wertvolle Fluggerät.

Die Veranstalter rechneten, auch eingedenk der geschilderten Erfahrungen bei den früheren Luftfahrtbegebenheiten, mit zahlreichen Schaulusti-

gen. Zudem betrug der Weg von der Innenstadt zur „Großen Exerzierlücke" am Schäferhaus nur etwa vier Kilometer, war teilweise mit festen Fußsteigen versehen und lud, mit seinen damals Baum bestandenen Alleen landschaftlich schön gelegen, zu einem sommerlichen Spaziergang ein.

Alles war bereit – und die Vorführung wurde offiziell für den 9. Juli 1911 ab 16 Uhr angesetzt. Da jedoch bereits der Vormittag von bestem „Flugwetter" kündete, wimmelten die Zufahrtswege aus der Stadt bald von Pferdedroschken, eleganten Landauern, lärmenden Automobilien, Wandergruppen, Familien-Ausflüglern sowie Vereins -und Militärkapellen. Über 5.000 Flensburger pilgerten zur „Großen Exe", wo – schon damals wohlbedacht – der Durst an einem Stand der „Flensburger Brauerei" gelöscht werden konnte.

Am späten Nachmittag regte es sich schließlich in der Aviatorhütte. Der Flugapparat kam hervor, der kühne Pilot Schall stieg in den simplen Sitz aus Korbgeflecht, einem heutigen Gartenstühlchen nicht unähnlich, warf mit Hilfe mutiger Helfer den Propeller an, rumpelte zur Startbahn, gab Gas – und kurz darauf schwang sich das „Flugzeug auf in den klarblauen Himmel, zuerst nur in geringer Höhe, dann höher und höher steigend", einem Vogel gleich, „der sich im Äthermeer wiegt". Nach zeitgenössischen Überlieferungen soll Schall dabei eine – kaum glaubhafte – Höhe von 800 Metern erreicht haben. Doch damit nicht genug. Kaum gelandet, stieg der Aviatiker ein zweites Mal auf und demonstrierte nun im zuschauerfreundlichen Niedrigflug, dass sein Flugapparat auch diese Herausforderung ohne Absturz zu meistern vermochte.

Die Begeisterung der Zuschauer war überwältigend. Fast wäre der Flugapparat nach geglückter Landung im Ansturm der Neugierigen zerdrückt worden! Der gefeierte Pilot erhielt für seine insgesamt 90-minütigen Flugdarbietungen ein Honorar von 1.500 Goldmark, – eine erhebliche Summe, zumal der Verein nach der Veranstaltung schwer daran trug, Einnahmen und Ausgaben auszugleichen, da es viele Zuschauer vorgezogen hatten, außerhalb des abgesperrten Bezirks ohne Eintrittsgeld die Vorführungen zu verfolgen.

Das beeindruckende Ereignis blieb allen Beteiligten nachdrücklich in Erinnerung, und seither gilt der 9. Juli 1911 als Geburtsstunde des heutigen Flensburger Zivilflugplatzes „Schäferhaus". Dass tatsächlich erst im Jahre 1925 der Militärfiskus offiziell einen Teil der „Großen Exerzierlücke " abtrennte, diesen der Stadt Flensburg zunächst nur leihweise und erst 1928 per Verkauf verbindlich als eigenen Zivilflugplatz überließ, sei hier nur der historischen Wahrheit halber am Rande erwähnt. Wir werden darauf noch zurückkommen.

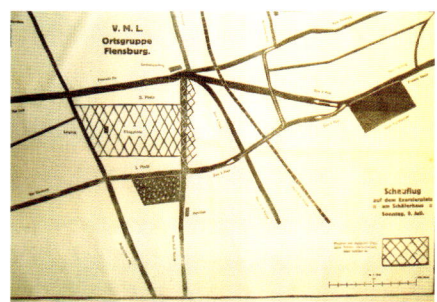

1.05 Lageskizze Flugfeld Schäferhaus, 08.07.1911

1911

1.06 Flieger Carl Schall mit Vorstand des Flensburger „Vereins für Motor-Luftschifffahrt" vor seinem „Grade-Eindecker", 09.07.1911

1.07 Als erster Motorflieger erobert „Aviatiker" Carl Schall am 09. Juli 1911 den Flensburger Himmel.

1.1.2 Etappenziel beim ersten „Nordmarkflug" (Juni 1912)

Der publikumswirksame und glückliche Verlauf des Schaufluges am 9. Juli 1911 inspirierte die Flensburger Sektion des V.M.L. im Folgejahr zu neuen Taten. Zum 22./23. Juni 1912 wurden das planierte Flugfeld bei Schäferhaus als Etappenstation eines von Kiel ausgehenden Nordmark-Fluges samt örtlicher Flugwettbewerbe hergerichtet sowie Preisgelder in Höhe von nun gar 4.500 Mark ausgelobt. Der V.M.L. ließ zudem am damaligen Ostrand des Platzes, entlang des „Diebsweges" vom Gut „Jägerslust" nach Schäferhaus, zwei Flugschuppen von je 16 m Breite, 15 m Tiefe und 4,5 m Höhe errichten, welche mit Telefonzellen und Unterkunftsräumen ausgestattet waren und dauerhaft vorgehalten werden sollten.

Am 22. Juni 1912 um 4 Uhr morgens kündete eine rote Fahne am Kirchturm von St. Jürgen vom Start der Flugzeuge in Kiel. Dort stiegen elf Maschinen auf, nachdem zuvor schon vier gemeldete Flugzeuge wegen Defekts ausgeschieden waren. Für diesen Tag galt es, zunächst in Rendsburg, dann in Schleswig und schließlich in Flensburg zu landen. Ein durchaus ehrgeiziges Unterfangen, wie die weiteren Verluste belegen: wegen Maschinenschadens musste eine Besatzung in Schinkel am Kanal, eine andere bei Hohenwestedt notlanden. Eine dritte Besatzung verfehlte wegen Frühnebels den Rendsburger Landeplatz und ging unsanft in einer Kiesgrube nieder. Aber auch von den acht in Rendsburg gelandeten Maschinen waren nur noch fünf zum Weiterflug nach Schleswig im Stande. Auf dem Fluge dorthin kollidierte eines dieser Flugzeuge jedoch mit einem Baum, verletzte dadurch ein Besatzungsmitglied und musste niedergehen.

1912

1.08 Tollkühne Männer in fliegenden Kisten: Hanuschke-Populaire-Eindecker mit 50 PS-Sternmotor, 1912.

1.09 Frühe Zeitnahme bei Wettkampfflügen.

Währenddessen hatte sich in Flensburg wiederum eine große Menschenmenge bei Schäferhaus versammelt, darunter zahlreiche Schulklassen. Gemeinsam mit den Organisatoren harrte man in gespannter Erwartung der herannahenden Flugapparate. Um kurz nach 7 Uhr war dann als erste Maschine der Doppeldecker mit Pilot Beierlein am Steuerknüppel und seinem Mitflieger Leutnant von Linsingen zu erspähen. Nur elf Minuten später folgte der Eindecker von Viktor Stöffer, und etwa eine Stunde danach waren auch die beiden noch verbliebenen Maschinen glücklich in Flensburg gelandet. Hier wurde jede Besatzung von der Menschenmenge laut bejubelt und überschwänglich begrüßt, so auch vom V.M.L.-Präsidenten Graf von Moltke, der es jedoch vorgezogen hatte, den Weg von Kiel nach Flensburg im Automobil zu bewältigen.

Nach zwei Tagen setzten die Flieger am 24. Juni ihren „Nordmarkflug" in mehreren Zwischenlandungs-Etappen nach Apenrade, Tondern, Husum, Heide, Itzehoe, Elmshorn, Altona, Segeberg und Malente-Gremsmühlen fort, bevor das bemerkenswerte Unterfangen am 2. Juli 1912 in Neumünster seinen glücklichen Abschluss fand.

1.1.3 Eckener mit Luftschiff „Hansa" über Flensburg (August 1912)

Dennoch hatte ein Wermutstropfen die Freude über die Flensburg Flugtage im Juni 1912 getrübt. Das als Höhepunkt angekündigte Starrluftschiff „Victoria Luise" mit dem Flensburger Dr. Hugo Eckener am Steuerstand war zwar über Flensburg erschienen, hatte aber nur eine kurze Schleife über dem Hafen, also weit entfernt von den Menschen bei Schäferhaus, gedreht und war dann zur Enttäuschung der Wartenden rasch wieder Richtung Südwesten davongefahren.

Doch die Verstimmung währte nur wenige Wochen. Am 11. August 1912 steuerte Eckener das seinerzeit modernste Zeppelin-Luftschiff, die „Hansa", von Hamburg kommend in direkter Fahrt nach seiner alten Heimatstadt Flensburg zum Anflug auf Schäferhaus. Nach dem Aufstieg des Luftschiffes um 6 Uhr morgens in der Elbmetropole, kündete ab 7 Uhr abermals eine rote Fahne vom St. Jürgenkirchturm vom Herannahen des Luftfahrzeuges, welches die wartende Flensburger Menge ob seiner majestätischen Größe bereits beim Überfliegen des entfernten Scheersberges um 9.30 Uhr zu erblicken vermochte.

1.10 Ankündigung der „Hansa", Juli 1912.

1912

1.11 Landung der „Hansa" auf dem Großen Exerzierplatz bei Schäferhaus, 11.08.1912

Um 9.55 Uhr schwebte das Luftschiff über dem Landeplatz bei Schäferhaus. Während Gondelinsassen und wartende Menge zur Begrüßung begeistert die Hüte schwenkten, packten Soldaten die herabgelassenen Landetaue und befestigten das Luftschiff am vorbereiteten Ankerplatz. Luftschiffführer Hugo Eckener entstieg sodann der Gondel, begrüßte seine Angehörigen und wurde von Bürgermeister Poppe namens der Stadt willkommen geheißen. Nach einem allseitigen „Hoch" auf den Grafen Zeppelin als den geistigen Vater des Starrluftschiffes, rief Eisenbahndirektor Paap als Vorstandsmitglied der Flensburger V.M.L.-Sektion eine illustre Schar zusteigender Passagiere für die 200 Mark teure Rückfahrt nach Hamburg zusammen, darunter die Malerin Käte Lassen und Hofbesitzer Philipp Lassen.
Die Enttäuschung der Vorwochen war gänzlich verflogen und unter dem Jubel der Menge sowie mit gut gefüllter Geldbörse ließ Eckener die „Hansa" wieder aufsteigen und nach Süden entschwinden.

1.1.4 Hannes „Patent" Andresen: Flensburgs erster Motorflugpilot (1912)

Neben Eckener, der als Flensburger Luftschiff-Pionier ob seiner späteren Großtaten bis heute erinnert wird, lebte und wirkte in den Anfangsjahren der Fliegerei ein weiterer „Mann der ersten Stunde" in Flensburg, der jedoch weitgehend vergessen ist, weil der Rostocker Carl Schall 1911 mit seinem historischen Erstmotorflug über Flensburg den historischen Ruhm abgeschöpft hatte. Erinnert sei hier daher an den Flensburger Fahrradhändler und Mechaniker Hans Andresen. Als echter Geistes-Jünger der Gebrüder Wright verstand es der pfiffige Tüftler, aus zwei zu Bruch gegangenen Flugzeugen des französischen Ärmelkanal-Überfliegers Bleriot 1912 einen tatsächlich flugfähigen Aeroplan zusammenzubasteln! Und damit nicht genug: der ob seiner konstruktiven Ideen von den Zeitgenossen anerkennend-belächelnd „Hannes Patent" benannte Andresen scheute sich auch nicht, in seinem Selbstbau-Eindecker Platz zu nehmen und mit einer Zigarre im Mundwinkel als erster Flensburger Motorflug-Pilot um das Schäferhausgelände zu brausen – übrigens, ohne jemals eine Flugschule besucht zu haben, also ganz „ohne Patent".[8]

1.12 Hannes „Patent" Andresen im Flugschuppen bei Schäferhaus, um 1912.

1.2 Sturmwind. Erster Weltkrieg 1914-1918

Nach den erfolgreichen Vereins-Aktivitäten in den Jahren 1911 und 1912, wagte der V.M.L. Flensburg im April 1913 einen weiteren Schritt und gründete die „Flugverkehrsgesellschaft Flensburg". Sie sollte unter Mitnutzung der Großen Exerzierlücke bei Schäferhaus als Flugplatz den Motorflugsport pflegen, Gelegenheitsflüge veranstalten, eine Fliegerschule unterhalten und darüber hinaus auch Flugzeuge wie den „Steffen-Falke-Eindecker" vor Ort produzieren.

Diese hochfliegenden Ideen aus den letzten Friedensjahren fanden jedoch ihr abruptes Ende mit dem Ausbruch des Ersten Weltkrieges im Sommer 1914. Rasch wurde klar, dass das Flugfeld Schäferhaus ab nun ausschließlich militärischen Zwecken zu dienen hatte. Die Heeresflieger nahmen das dortige Flugfeld samt Hütten in Beschlag und bauten es mittels Umzäunung und weiteren Unterkünften zum Militärflugplatz aus.[9] Dementsprechend zielten 1917 eingeleitete Verhandlungen zwischen der Stadt und der Militärverwaltung auf die Anlage eines gänzlich neuen Zivilflugplatzes von 120 ha Größe nahe dem Bahnhof von Harrisleefeld. Am 5. Februar 1918 konnte auch ein entsprechender Vertrag unterzeichnet werden. Das Kriegsende im Herbst 1918 mit der deutschen Niederlage verhinderte dann jedoch eine Umsetzung der ehrgeizigen Pläne, und bereits im Folgejahr 1919 veräußerte die Stadt wieder ein zuvor erworbenes Teilgelände von 60 ha Größe.[10]

So bestimmten in den Kriegsjahren 1914-1918 allein die Erfordernisse des militärischen Flugbetriebes die weitere fliegerische Entwicklung in Flensburg, – verteilt auf die Heeresflieger mit ihrem Platz bei Schäferhaus und die Seeflieger im Bereich Mürwik/Fahrensodde.

1.2.1 Heeresflieger am Schäferhaus

Gemäß dem Vorkriegs-Szenario zur nördlichen Reichsverteidigung galt es, einer etwaigen britischen Landungsexpedition bei Esbjerg und deren Durchbruch nach Süden zum „Kaiser-Wilhelm-Kanal" zwecks Unterbindung deutscher Flottenverschiebungen zwischen Ost- und Nordsee zu begegnen. Sollte Dänemark dabei als neuer Kriegsgegner auftauchen, drohten zudem Gefährdungen, vielleicht gar weitere Truppenanlandungen von See her, zwischen Flensburger Förde und Schleimünde. Wie an den anderen Reichsgrenzen auch, erfolgte daher ebenso im Norden eine ständige Luft-Beobachtung, hier durch das bis 1918 unverändert bestehende (Grenz-)Heeresfliegerkommando-Nord.[11]

Dessen Infrastruktur war in Flensburg bereits 1913/1914 vorbereitet worden, hinzu kam eine angeschlossene Beobachter-Vorschule. Die Grenz-Beobachtung erforderte mindestens vier einsatzklare Flugzeuge. Nachdem das Flensburger Kommando zunächst mit einigen Schulungs-„Tauben" beginnen musste, erfolgte ab Ende 1914 die sukzessive Zuführung der sehnsüchtig erwarteten, weil besser geeigneten Albatros B-Doppeldecker. Später kamen dann Albatros C-Flugzeuge mit ausgebauten Waffen.

Der Ausbau des Heeresflugplatzes bei Schäferhaus erforderte weitere Liegenschaften, weshalb auch umliegende Privatgebäude requiriert wurden. Bald entstanden in der Nord-Ost-Ecke des Areals zudem zwei parallele Doppelbaracken und ein Kleingeräteschuppen, denen im Sommer 1916 weitere zwei Baracken östlich davon folgten. Das Stammpersonal des Militärflugplatzes-Schäferhaus dürfte eine halbe Kompanie umfasst haben.

1.14 Heeres- und Marineflieger auf dem Flugplatz Schäferhaus, um 1918.

1.13 Heeresfliegerstation am Flensburger Schäferhaus im Sommer/Herbst 1915, Blickrichtung Osten. Der so genannte Diebsweg (oben) begrenzte das Flugfeld nach Osten, an ihm entlang zwei 1912 erbaute Flugzeugschuppen für den Nordmarkflug sowie zwei Unterkunftsbaracken. Im Norden (links) die Lecker Chaussee, dort große Stahlhalle mit drei davor stehenden Flugzeugen, daneben acht Betonsockel für im Bau befindliche zweite Halle. Der südwestliche Randbereich (unten rechts) diente weiter als Truppenübungsplatz und zeigt Schützengräben.

1914-1918

Kapitel 1   Aufwind und Absturz. Flensburgs Flugplatz „Schäferhaus"

1.15 *Vorne eine seinerzeit moderne „Pfalz DXII" der Heeresflieger. Hinten eine „Albatros D.Va" der Marine-Schutzstaffel für die Verteidigung der Luftschiffhallen in Tondern, um 1918.*

Aber auch die zunehmende Zahl an Fluggeräten erforderte weitere Ausbaumaßnahmen. Im Herbst/Winter 1914/15 behalf man sich zunächst mit Flugzeugzelten, schritt dann aber im Frühjahr 1915 zum Bau einer ersten großen Flugzeughalle am Nordrand des Platzes entlang der Lecker Chaussee. Nach dem Ausgießen von acht schweren Betonsockeln konnte die Halle aus transportablen Fertigteilen zügig komplettiert werden. Ihr Grundmaß betrug 45 m Breite bei 25 m Tiefe. Im Bedarfsfall war sie komplett wiederzerlegbar und transportabel.

1914-1918

1.16 *Flugunfall bei den Schäferhausgebäuden.*

1915 verfügte das Flensburger Kommando bereits über etwa ein Dutzend Flugzeuge, von denen zwei zeitweilig auch in Tondern stationiert waren. So erfolgte auf Schäferhaus noch im selben Jahr der Bau einer zweiten Flugzeughalle, welche ab 1916 zur Nutzung bereit stand.

Außer dem Flugzeugpark verfügten die Flensburger Heeresflieger auch über diverse Kraftfahrzeuge, um bei Flugunfällen schnell den Unglücksort erreichen und Rettungsmaßnahmen einleiten zu können. Beschädigte Flugzeuge konnten jedoch nicht vor Ort, sondern nur in den Flugzeugwerkstätten Kiel oder Neumünster repariert werden.

1.2.2. Seefliegerschule Fahrensodde

Neben den Heeresfliegern und der Marineschutzstaffel am Schäferhaus war im Ersten Weltkrieg auf Flensburgs Ostseite im Bereich Strandfrieden die „Seefliegerschule Fahrensodde" stationiert. Kein Geringerer als der Flugzeugkonstrukteur Claude Dornier hatte auf einer Rundreise im Auftrag der Reichsmarine das Strandstück zwischen Flensburg und Glücksburg als Standort der Seefliegerschule empfohlen.

Wie schon beim Bau der Marineschule Mürwik, ging die Stadt auch für die kommende Seeflugstation großzügig in Vorleistung: nicht nur wurden das 2,2 ha Gelände kostenlos überlassen und mittels massiver Hangabtragungen die nötigen Strand-Aufschüttungen geschaffen, sondern zudem stadtseitig eine 40 m x 20 m große Flugzeughalle samt drei Wohnhallen, Ablaufbahn, eine wasserseitige Landungsbrücke mit Kran, Einfriedung und die heute als „Twedter Strandweg" bekannte Zuwegung erstellt.

Die Gesamtbaukosten betrugen 50.000,– Mark, von denen der Reichsfiskus lediglich eine Verzinsung zu 4 % übernehmen musste.

Der Seeflieger-Ausbildungsbedarf an Bordschützen und Beobachtern führte in den Kriegsjahren zu weiteren Ausbauten, hinzu kam das vor der Odde liegende Wohnschiff „Herta". Allein dieses bot für 500 Männer Quartier, weshalb die Gesamtzahl der hier Ausgebildeten wohl in die Tausende ging.[12]

1.17 Ausgebaute Marinefliegerstation Fahrensodde. Rechts das Wohnschiff „Herta", um 1917/18.

1.18 Vorne drei „Gotha WD.7"-Torpedobomber. Daneben zwei Maschinen Typ „Friedrichshafen FF33".

1.19 „Gotha WD.7" übt Torpedoabwurf über der Flensburger Förde.

1919-1922

1.3 Gegenwind und Neustart 1919-1932

Nach der Kriegsniederlage 1918 verpflichtete der Versailler Friedensvertrag 1919 Deutschland zur weitgehenden Abrüstung. Luftstreitkräfte waren gänzlich verboten, sämtliche Militärbauten auf Flugfeldern niederzulegen.

1.3.1 Rückbau in Fahrensodde und am Schäferhaus

Die Liegenschaften der vormaligen Seefliegerstation Fahrensodde gingen daraufhin im Dezember 1921 vom Reich in städtischen Besitz über. Nach der Entfernung einiger zerstörter Flugzeugreste, die zwischenzeitlich den umwohnenden Kindern als Abenteuerspielplatz gedient hatten, wurden drei der dortigen fünf Gebäude abgerissen, eines an den Ostkai im Innenhafen verlegt, eines für spätere Zivilnutzungen am Ort belassen.[13] Erst 1926 regte sich dort neues fliegerisches Leben, als man den Standort für Zwischen- und Notlandlandungen von Wasserflugzeugen sowie bedarfsweise auch für Luftwachen der Flugpolizei notdürftig herrichtete. Vorgehalten wurden eine hölzerne und eine betonierte Laufbahn mit Slipplanlage, eine kleinere und eine größere Anlegebrücke, letztere mit einem Drehkran, Werkstattgebäude und Öllagerschuppen. Auf der Betonplattform trug die Station in großen weißen Buchstaben die Aufschrift „Flensburg".[14] In dieser Ausstattung diente Fahrensodde am 25. Juli 1926, wenn auch nur für 40 Minuten, als eine Tank- und Zwischenlandungsstation im Rahmen des Deutschen Seeflugwettbewerbs.[15]

Ähnlich radikal verlief die Demontage der Fliegerei-Liegenschaften am Standort Schäferhaus. Schon 1919 waren hier zunächst die Holzbaracken und Hütten niedergelegt worden. Die Wellblechschuppen und die beiden Stahlhallen wurden vom Militärfiskus zum Verkauf ausgeschrieben, anschließend abgebaut und anderweitig verwertet. Ende 1921 war so am Schäferhaus weitestgehend der Zustand von 1910 wieder hergestellt.

1.20 Demontiert. Verwaiste Seefliegerstation Fahrensodde, um 1923.

1923-1932

1.3.2 Not macht erfinderisch: Modellbau und Segelflug in Kielseng 1923-1932

Das friedensvertragliche Verbot des deutschen Motorflugwesens führte während der Weimarer Republik zu Bahn brechenden Aktivitäten und Entwicklungen im Bereich der weltweiten Segelfliegerei. So wurde 1923 auch in Flensburg mittels des hier bislang nicht in Erscheinung getretenen Segelfluges und dem Flugzeug-Modellbau ein erster Wiedereinstieg in die Fliegerei gefunden.

In jenem Jahr gründete sich eine Flensburger Ortsgruppe des „Deutschen Luftfahrervereins" (DLV), unter deren frühen Mitgliedern sich viele ehemalige Piloten und Wartungskräfte befanden. Bedingt durch die friedensvertraglichen Einschränkungen sowie Geldmangel war in den ersten Jahren an ein reguläres Fliegen nicht zu denken. Vielmehr pflegte man den Modellbau samt Wettwerben, hielt parallel flugtheoretischen Unterricht ab und versuchte sich im Hanggleitflug.

Ort des Geschehens war ein kleiner, von der DLV-Mitgliedern und häufig auch deren Familien selbst hergerichteter und mit viel Einsatz und Herzblut betriebener Segelfliegerhorst bei Kielseng, wo das ehemalige Zollgebäude sowie Werkstatt, Geräte-, Wasch- und WC-Haus genutzt wurden. Das Anwesen war eingezäunt mit einem weiß gestrichenen Lattengitter und einer prachtvollen Eingangspforte, auf dessen Portal stolz das DLV-Logo und ein Zweimeterschild mit der Aufschrift „Fliegerhorst" prangte. Als Krönung des Ganzen befand sich auch noch ein alter Gleisanschluss vor dem Vereinshaus.[16]

1926 fanden die Aktivitäten der Flensburger DLV-Gruppe auch in der Ortspresse freundliche Berücksichtigung, wodurch wir auch von einem in der Horst-Werkstatt entstehenden Hanggleiter des Vereins erfahren.[17] Und tatsächlich, am frühen Ostersonntag 1927 war es soweit: Der Verein hatte im Selbstbau sein erstes Personen-Gleitflugzeug, den „Fördekieker" fertig gestellt. Das stolze Werk weihte die kleine Sigrid Wenken mit dem Taufspruch:

1.21 Modellbau-Flieger Fritz Jonk, 1923/24.

1.22 Bau eines Einmann-Gleiters, 1927

„Fördekieker warst du döfft,
Wi hefft di sülmst makt,
Wi hefft di nich köfft.
Nu stieg in die Lüfte,
Hoch un hehr,
Glück af, Glück af,
To uns Ehr!"

1.23 Der „Fördekieker" vor dem ersten Start. Links die kleine Taufpatin Sigrid Wenken, 17.04.1927.

1923-1932

Anschließend schleppte man den Gleiter über die Straße zum dort befindlichen, etwa 20 m hohen Segelflughang, rechts neben dem heutigen Restaurant und vormaligen Bundeswehrsoldatenheim. Hier bestanden, vornehmlich bei Winden aus Nord-West, beste Gleitmöglichkeiten. Für trockene Landungen stand den kühnen Hangfliegern ein kleiner Landeplatz zur Verfügung, den weniger Glücklichen die feuchte Förde bis Kollund.

Nachdem der „Fördekieker" die Hanghöhe erreicht hatte, nahm der junge Pilot Bruhn mutig im Cockpit Platz, unmittelbar vor seinem Kopf eine der Hauptstreben, weshalb die Modellserie auch den wenig ermutigenden Beinamen „Schädelspalter" trug.

Egal, nun galt es: Vorn an der Kufe des Gleiters wurde ein langes, starkes Gummiseil mittig in den Starthaken gelegt, während je drei Mann die freien Enden packten, auf das Kommando „Ausziehen!" das Gummiseil strafften, um sodann auf das Kommando „Laufen!" loszustürmen. Da der Schwanz des Gleiters aber zunächst durch eine weitere Mannschaft festgehalten wurde, baute sich so über das Gummiseil eine zunehmende Spannung auf. Jetzt ertönte das erlösende Kommando „Los!", woraufhin der Schwanz freigegeben wurde, die Maschine dem überstarken Zug folgend nach vorn schnellte, mit dosiertem Höhenruder in die Luft stieg – und frei über die Hangkante hinwegschwebte.

Pilot Bruhn unternahm auf diese Weise noch am gleichen Tage mehrere kurze Gleitflüge, wobei das Luftgefährt hervorragende Flugeigenschaften offenbarte. Am folgenden Ostermontag glückten gar „Fernflüge" bis hinab zur Wasserkante sowie erste Kurvenflüge.[18]

Derart ermuntert, etablierte der Verein 1929 eine eigene „Jungfliegergruppe" für Mitglieder ab dem 16. Lebensjahr und erreichte für seine Werkstatt-Arbeit eine Angliederung an die Städtischen Berufsschulen. Daneben blieb über die Jahre der Modellbau samt Wettbewerben als eigene Vereinssparte bestehen.

Mit seinen breiten und innovativen Aktivitäten nahm der Flensburger DLV schon in den späten 1920er Jahren eine Ausnahmestellung im Norden ein, die er in den frühen 1930ern durch stete Ergänzung seiner Vereins-Selbstbauten nochmals unterstrich.

So entstand zum 26. Oktober 1930 der „Strandläufer", ein dem „Fördekieker" ähnliches Modell, bei dem jedoch nun Sitz und Steuerung von einem geformten Rumpf umgeben waren. Der Taufakt erfolgte am Stadion durch Direktor Kückler, die anschließenden Probeflüge verliefen einwandfrei.[19] Traten einmal Schäden am Fluggerät auf, wurden diese selbstverständlich in der DLV-Werkstatt bei Kielseng sogleich selbst repariert.[20]

Am 16. März 1931 konnte der örtliche DLV gar einen Doppelsitzer öffentlich präsentieren, vom Flensburger Oberbürgermeister Dr. von Hansemann auf den Namen „Flensburg" getauft. Ein strammer Südwestwind am Präsentationstag verhinderte zwar einen Probeflug dieses Seglers, aber mit einem kleineren Gleiter gelangte Segelflieger Mommsen von den Mürwiker Hängen am Stadion unbeschadet zum Landeplatz bei Kielseng hinunter und brachte so eine der vier zur Schau gestellten Maschinen direkt zum Vereinsgelände zurück.[21]

Mit zunehmender Gleitflug-Erfahrung stiegen die Ansprüche der segelfliegenden Vereinsmitglieder, wobei die Entwicklung zunehmend über die begrenzten Möglichkeiten in Kielseng hinauswies. Bereits ab 1928 war der DLV Flensburg dazu übergegangen, über den Gleisanschluss vor dem Vereinsgelände bei der Reichsbahn wiederholt einen offener Waggon zu ordern, darauf Fluggerät samt Zubehör zu verpacken und über den neuen Hindenburg-Damm nach Sylt zu den dortigen Wanderdünen bei List zu fahren. Neben der Einsteiger-Schulung konnten Fortgeschrittene dort nun auch längere Segelflüge unternehmen[22], Könner wie der Flensburger Polizeimeister und Leiter der Segelflugschule auf Sylt, Guttsche, brachten es hier im Jahre 1932 mit einfachsten Sitzgleitern auf Flugzeiten von über sechs Stunden.[23] Nur ein Jahr später schraubte Guttsche dort am 22. Juli 1933 den deutschen Segelflugrekord gar auf 16 Stunden 47 Minuten[24], wobei er mit dem Typ „Falke" im 647maligen Pendelflug zwischen Wenningstedt und Kampen etwa 1.900 km zurücklegte, indem Guttsche den Hangaufwind an der westlichen Dünenkante nutzte.

1.24 Erstflug des „Fördekiekers", 17.04.1927.

1.25 Ein „Zögling 25" im Panorama vor Fliegerhorst Kielseng und Marineschule Mürwik.

1.26 Flensburger Oberbürgermeister von Hansemann tauft am Stadion den ersten Doppelsitzer, 16.03.1931.

1.27 Bahn-Verladung in Kielseng zum Gleiter-Transport nach Sylt.

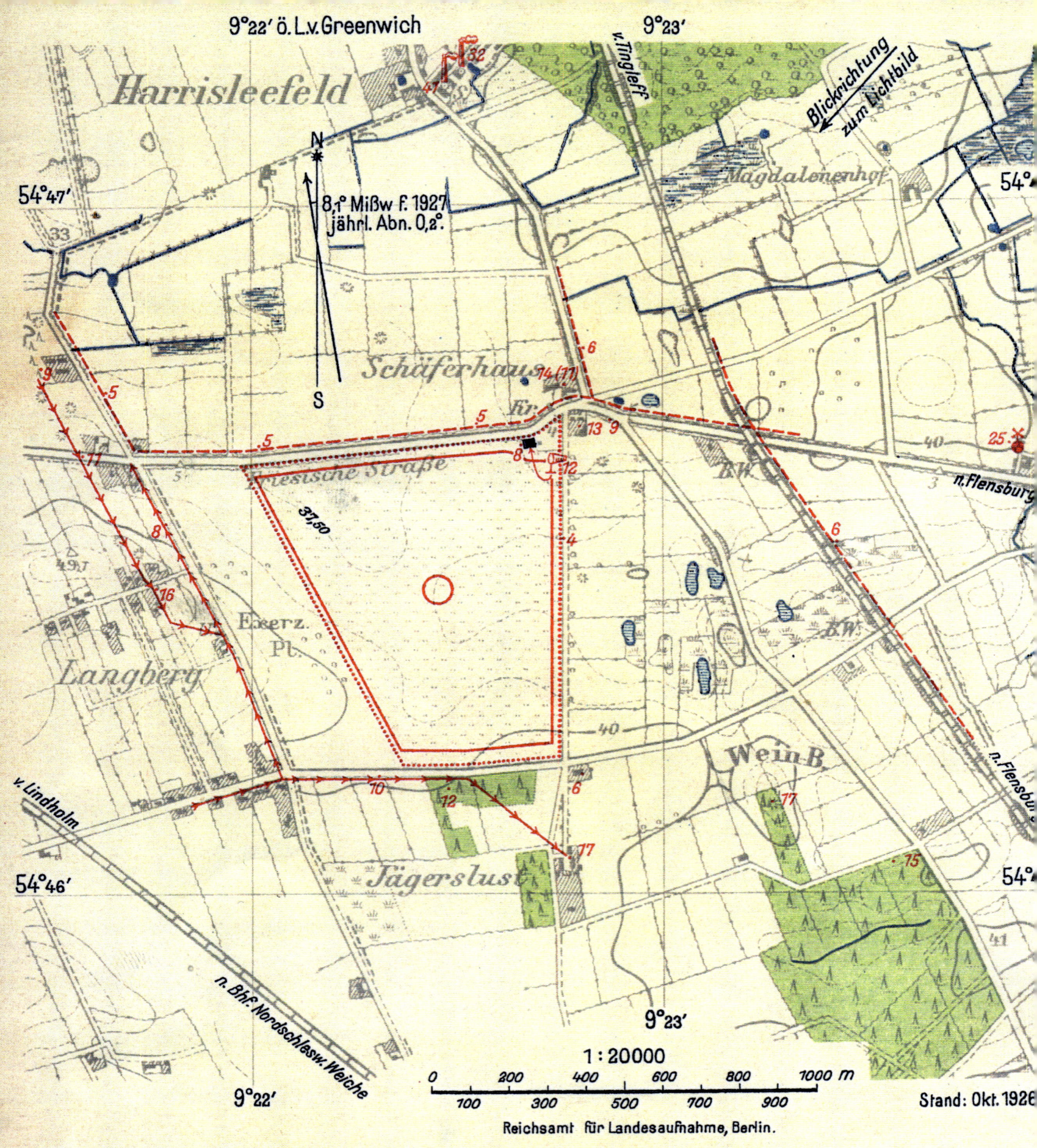

1.28 Flugfeld Schäferhaus zum Beginn der Verkehrsfliegerei, 1925.

Aufwind und Absturz. Flensburgs Flugplatz „Schäferhaus" Kapitel 1

1925-1932

1.3.3 Es brummt wieder:
Zivilflugplatz Schäferhaus 1925-1932

Erst ab 1925 hatte auch das bis dahin verwaiste Flugfeld am Schäferhaus eine allmähliche Wiederbelebung als ziviler Flugplatz erfahren. Den aktuellen Hintergrund bildete die nach Kriegsende und Inflationsjahren nun deutlich an Umfang zunehmende Handelsluftfahrt. Um auch für Flensburg die für einen Verkehrslandeplatz nötigen Infrastruktur-Voraussetzungen zu schaffen, erreichte die Stadt Flensburg beim Militärfiskus eine zeitweilige Mitnutzung von Teilen des Exerzierplatzes beim Schäferhaus als Verkehrslandeplatz. Die entsprechende Vereinbarung zwischen Magistrat und hiesigem Heeresunterkunftsamt vom Frühjahr 1925 galt jedoch nur für jeweils ein Jahr und konnte jederzeit widerrufen werden.

Parallel dazu erwog die Stadt Flensburg mit Vertretern aus Kiel und Altona die Einrichtung einer Verkehrsfluglinie, betrieben durch eine eigene Flugverkehrsgesellschaft namens „Nordische Luftreederei", deren Gründung jedoch nicht zustande kam. Als statt dessen die Stadt Kiel mit dem Luftunternehmen „Aerolloyd" eine Befliegung der Strecke Hamburg – Kiel vertraglich fixierte und diese Fluglinie im Juli 1925 eröffnete, trat die Stadt Flensburg dem Abkommen ergänzend bei und erreichte so eine Streckenerweiterung der Fluglinie bis nach Flensburg. Der Gemeinschaftsvertrag zwischen „Aerolloyd", Stadt Kiel und Stadt Flensburg legte zudem fest, dass Kiel 9/17 und Flensburg 8/17 der Unterstützungskosten zu zahlen hatten.[25]

In den Tagen vor dem Erstbeflug der erweiterten Linie nach Flensburg galt es sodann, das noch vorhandene Flugfeld am Schäferhaus aus dem Ersten Weltkrieg mit zunächst einfachsten Mitteln herzurichten.[26] Bodenwellen wurden eingeebnet, zur Unterbringung des Flugzeugs ein angemietetes Zelt aufgestellt, ein kleines Öl- und Benzinlager angelegt und ein Büro für die Flugleitung und Luftpolizei eingerichtet. Als Abfertigungsgebäude diente zunächst die Gastwirtschaft Schäferhaus, wohin seitens der Flensburger Stadtomnibusgesellschaft zu den Zeiten des An- und Abfluges eine Verbindung für Fluggäste und Luftpost angeboten wurde.

Da der erste Abflug für Montag, den 10. August 1925, terminiert, das Flugzeug aber schon am Sonntag in Flensburg eingetroffen war, konnten einige Rundflüge für die Allgemeinheit zum Preis von 10 Mark je Person angesetzt werden. Die offizielle Fluglinien-Eröffnung erfolgte dann am nächsten Morgen, früh um 6.40 Uhr. Der Magistrat und Vertreter der regionalen Prominenz konnten so vor dem Abflug um 7.30 Uhr ihrerseits noch einen kurzen Rundflug über die Stadt erleben.

Beflogen wurde die Strecke Flensburg – Kiel täglich, zunächst mit einer Dornier „Komet", die vier Fluggäste samt 10-15 kg Gepäck je Passagier und zusätzlich Luftpost beförderte. Die Flugzeit nach Kiel betrug 30 Minuten, der Weiterflug von dort nach Hamburg erfolgt nach einem viertelstündigen Zwischenstopp und dauerte 45 Minuten. Ein Weiterflug von Hamburg nach Berlin oder Frankfurt war möglich. Der Flug Flensburg-Berlin kostete 85 Mark, nur etwas mehr als ein Erste-Klasse-Eisenbahnticket.

Vor diesem Hintergrund entstand ein von Anbeginn erfreuliches Passagieraufkommen, so dass schon nach wenigen Tagen eine Focke-Wulf A17 „Möwe" als Zweitflugzeug hinzutrat. Ab dem 24. August 1925 flog diese täglich die Verbindung Kiel – Flensburg. Diese Maschine wurde zunächst in Flensburg stationiert, da in Kiel noch ein entsprechender Hangar fehlte. So kam es auch zu häufigeren Rundflug-Einsätzen der „Möwe" über unserer Fördestadt.[27]

1.29 Pilot mit Flensburger Luftpolizei, darunter Dienststellenleiter und Weltrekordsegelflieger Guttsche (3.v.l.) und der spätere Dienststellenleiter Fritz Teichert (2.v.r.). Hinten eine „Sablatnig PIII" von der Aerolloyd, 1925.

1.30 *„Junkers F13" vor neuer Halle, 1926.*

Der reguläre Fluglinienbetrieb lief im Jahr 1925 versuchsweise bis zum 30. September. Im Oktober 1925 diente sodann das Flugfeld Schäferhaus dem ersten hiesigen Flugtag nach dem Ersten Weltkrieg. Um trotz kühlem Herbstwind möglichst zahlreiche Besucher heranzuziehen, stieg Pilot Bäumer mit seinem „Flamingo"-Doppeldecker auf und warf Flugblätter über Flensburg ab, die ihre Wirkung nicht verfehlten. So füllten bereits viele Zuschauer den Platz, als gegen 13.00 Uhr auch eine große „Albatross D434" Flensburg erreichte, die zuvor noch wegen Nebels in Eggebek einen Not-Zwischenstopp einlegen musste. Die „Albatross" mit dem Piloten Bohne vollführte bis in die Abendstunden Passagierflüge über der Stadt, Pilot Bäumer zeigte gewagte Kunstflüge, desgleichen der kleine, kaum 20jährige Jungpilot Böhnke, den mancher zuvor für einen Monteur gehalten hatte. Der begeisterte Applaus wich atemloser Spannung, als Böhnke mit einem Fallschirm auf dem Rücken sodann in eine von Bäumler geflogene Maschine zustieg, um sich schließlich aus der Höhe hinabzustürzen. Ein erleichtertes Aufatmen ging durch die Menge, als sich nach bangen Sekunden des freien Falls über dem winzig erscheinenden Körper der weiße Schirm entfaltete und der wagemutige Jungmann glücklich und unverletzt den Boden erreichte.

Zum Abschluss des Nachmittag-Programms zeigte Bäumer noch einen längeren, glänzend durchgeführten Segelflug mit stehendem Propeller.[28]

Eine Wiederaufnahme des Linienflugbetriebes Flensburg-Kiel-Hamburg konnte nach der Herbsteinstellung 1925 im folgendem Frühjahr 1926 erst nach längeren Verhandlungen und nun mit der „Luft-Hansa" erreicht werden. Die beiden ersten Linienflüge scheiterten noch wegen Nebels, dann jedoch konnte wie im Vorjahr der Sommerbetrieb durchgeführt werden.[29] Zum 1. Juli 1926 verlängerte die Luft-Hansa ihre Strecke Hamburg-Kiel-Flensburg um einen abendlichen Zubringer bis nach Westerland. Am Folgemorgen flog die Maschine so rechtzeitig von Westerland ab, dass sie pünktlich um 7.30 Uhr von Flensburg nach Kiel starten konnte.
Darüber hinaus beflog man zeitweise als eine zweite Strecke Lübeck-Kiel-Flensburg-Westerland.
Dieser saisonale Flugverkehr nach Westerland war eine Ergänzung zum schon seit dem Frühjahr bestehenden, allerdings unregelmäßigem, weil individuell abrufbarem Luft-Taxi-Angebot der Westerländer Luftverkehrs-Gesellschaft mit einer Focke-Wulf-Maschine nach Flensburg und zurück.[20]

1927

In Erinnerung der herbstlichen Kühle im Vorjahr, gestaltete der Flensburger Luftfahrt-Verein seinen öffentlichen Flugtag 1926 mitten im Sommer am 11. Juli.[31] Nach frühmorgens noch regengrauem Himmel, klarte es bis Mittag auf, die Sonne brach hervor und wärmte wie erhofft die abermals zahlreichen Gäste, die über die neu geteerte Lecker Chaussee zum Schäferhaus gelangten, wo nun auch ein Ende Mai fertig gestellter Flugzeugschuppen der Größe 25 m x 12 m zu besichtigen war.

Der Flensburger Luftfahrt-Verein hatte abermals aus Hamburg die Fliegerschule und Flugzeugbauanstalt „Bäumer-Aero" für den Flugtag verpflichtet, deren Piloten mit ihren drei Doppeldeckern der Typen „Flamingo", „Rumpler" und „L.V.G." tollkühne Kunstflüge, „Ballonrammen" auf Kinderballons und anschließend in wilden Wirbeln ein „Luftgefecht" demonstrierten. Als Überraschungsgast präsentierte die Flugschule Fräulein Thea Rasche, die erste und damals einzige ausgebildete deutsche Kunstfliegerin, deren verwegene Kurven- und Sturzflüge das Publikum begeisterten. Nach Abwürfen von Schokolade und Zigaretten und dem dadurch entstehenden wilden Durcheinandergreifen hunderter Hände und sich am Boden balgender Kinder, galt es für die Zuschauer, vom Boden die Flughöhe einer Maschine zu schätzen. Die drei Besucher mit einer Schätzhöhe von 945 m gewannen einen Freiflug. Und wie im Vorjahr schloss der Flugtag 1926 mit einem Fallschirmabsprung, der mittig des Platzes ein glückliches Ende fand.

Die Saison 1927 brachte zwei Neuerungen. Zu einem bezogen nun die „Luft-Hansa" und die Westerländer Luftverkehrs-Gesellschaft bei ihrem so genannten „Bäderflugverkehr" Wyk auf Föhr als Zwischenstopp von Flensburg nach Westerland und zurück mit ein.[32] Und zum anderen konnte im November ein hölzernes 10 m x 15 m großes Flugabfertigungsgebäude fertig gestellt werden, mit Büros für die Flugwache, Flugleitung und Zollabfertigung sowie Schlafraum, Geräteraum und einer Veranda mit umzäunten Garten.[33] Letzteres wurde mit Saisonbeginn 1928 vom Wirt der Gaststätte Schäferhaus gastronomisch mitgenutzt, so dass Start und Landungen in aller Gemütlichkeit bei einer Tasse Kaffee zu bestaunen waren. Auf dem Platz befanden sich nun neben der ausgebauten Landebahn auch eine unterirdische Tankanlage sowie ein Mast mit Windsack, um den Piloten die Windrichtung anzuzeigen, während ein auf dem Boden ausgelegtes Landekreuz die Landerichtung auf dem Platz anzeigte. Bei Nebel und nachts übermittelt die Luftpolizei dem Piloten durch Leuchtraketen entsprechende Landehinweise.[34]

1.31 Das Flugabfertigungsgebäude mit Flugwache, Flugleitung und Zollabfertigung, fertig gestellt 1927.

1929

1.32 „Junkers A20", „Focke Wulf A17" und „Junkers F13" (v.l.).

1.33 Beladung einer „Junkers F13" für Versorgungsflug nach Pellworm, Januar 1929.

1.34 1932: Täglich von Kopenhagen nach Flensburg und zurück.

Vor diesem Hintergrund erfüllte sich am 01. Oktober 1928 endlich auch der bis in das Jahr 1917 zurückgehende Wunsch der Stadt Flensburg, über einen eigenen Zivilflugplatz zu verfügen.[35]

Bis dahin war die fliegerische Teilnutzung des Exerzierplatzes nur vorbehaltlich militärischer Erwägungen möglich gewesen. Andererseits hätte ein gänzlicher Flugplatz-Neubau untragbar hohe Grunderwerbs-, Einebnungs- und Herrichtungskosten verursacht. So kam es zu einem Flächentausch: die Heeresverwaltung übernahm ein vormals städtisches Geländeareal bei Niehuus als neuen Exerzierplatz, während die Stadt Flensburg nach einer Zuzahlung von 100.000,– Mark das 80 ha große Gelände bei Schäferhaus samt den dort bereits vorhandenen Flugfeld-Einrichtungen übereignet erhielt. Flensburg hatte nun seinen eigenen Flugplatz![36]

Zugleich dehnte man die Flugsaison aus. Dank beheizbarer Flugzeuge konnte der Linien-Flugverkehr bis zum 3. November 1928 aufrechterhalten und 1929 bereits ab dem 4. Februar wieder aufgenommen werden.[37]

Darüber hinaus erfolgten im Januar 1929 von Flensburg aus mittels einer Junkers „F13"-Maschine Versorgungsflüge zur Insel Pellworm, die durch den harten Winter und entsprechenden Eisgang in der Nordsee von der Außenwelt abgeschnitten war. Dies waren die ersten Landungen auf der Insel, dessen größerer Bevölkerungsteil bis dahin noch kein Flugzeug aus der Nähe gesehen hatte.[38]

Im Verbund mit der „Luft-Hansa" brachte die Flugsaison 1929 den umstiegsfreien Luftlinienverkehr von Flensburg über Kiel und Hamburg nach Berlin. Mit den Streckenlängen wuchs die Flugzeuggröße: eingesetzt wurde nun neben der Junkers „F13" auch eine achtsitzige Focke-Wulf „Möwe". Erstmals ist 1929 über die Strecke Flensburg-Kiel-Lübeck auch ein sofortiger Anschlussflug nach Kopenhagen erreichbar, bevor ab dem 1. Juni 1932 Kopenhagen direkt und täglich von Flensburg aus mit einer dänischen Fokker-Maschine angeflogen wird. Der 90minütige Linienflug startete um jeweils 12.40 Uhr und nach etwa zweieinhalbstündigem Aufenthalt in Kopenhagen flog dann die Maschine nach Flensburg zurück, wo sie um 18.00 Uhr wieder eintraf![39]

1.38 Pferdekraft statt Motorkraft: Landwirt und „Schäferhaus"-Gastronom Nicolaus Nicolaisen dirigiert mit treuer Hilfe eine „Focke Wulf A13 Möwe" unbeschadet über das Flugfeld, um 1931.

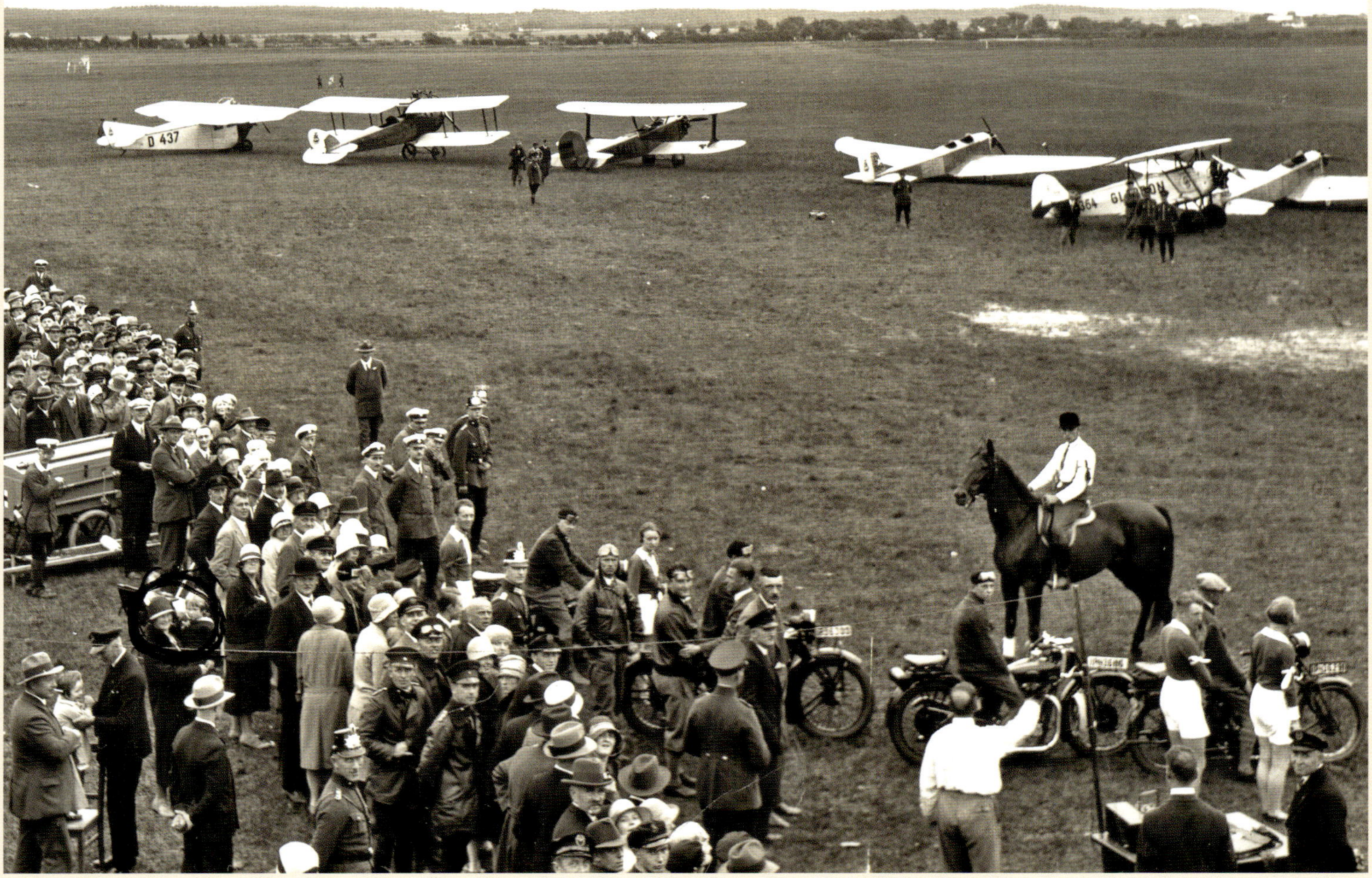

1.35 Großflugtag auf dem Flugplatz Schäferhaus mit Wettkampf-Stafette aus Läufern, Reitern, Motorradfahrern und Fliegern, 30.06.1929.

Entsprechend der erfreulichen Entwicklung organisierte der Luftsportverein am 30. Juni 1929 abermals einen bunten Luftsporttag mit nicht weniger als sieben ausgestellten Maschinen. Bei wenig Wind und bedecktem Himmel, also blendfreiem Flugwetter, strebte daher wieder ein kaum übersehbarer Strom von Schaulustigen zum Schäferhaus, wo neben der Gastwirtschaft auch zahlreiche fliegende Händler Früchte, Schokolade und heiße Würste zur Verköstigung anpriesen.

Im Programm sah man Verbands- und Kunstflüge, Stafetten-Wettläufe unter Einsatz von Läufern, Reitern, Motorradfahrern und Fliegern, aber auch als martialische Komponente einen „Bombenabwurf" samt Inbrandsetzung eines „Hauses".

Den launigen Abschluss bildete eine Clowns-Nummer, bei der ein angeblicher Fluglaie aus dem Publikum mittels allseits starker Überredung und trotz heftigen Sträubens in ein Flugzeug verfrachtet wurde, um sodann nach einem für die bangenden Zuschauer haarsträubendem Schlangenlinien-Start ein vollendetes Kunstflugprogramm zu zeigen.[40]

Deutscher Luftfahrt-Verein Flensburg E.V.

Der deutsche Luftfahrtverein Flensburg E.V. verleiht

Herrn Petersen T.

diese

Urkunde

für

läuferische Leistungen in der

Stafette

„Rot Weiss"

Grossflugtag Flensburg

I. Preis

Flensburg den 30. Juni 1929

Fliegerhorst „Nordmark"

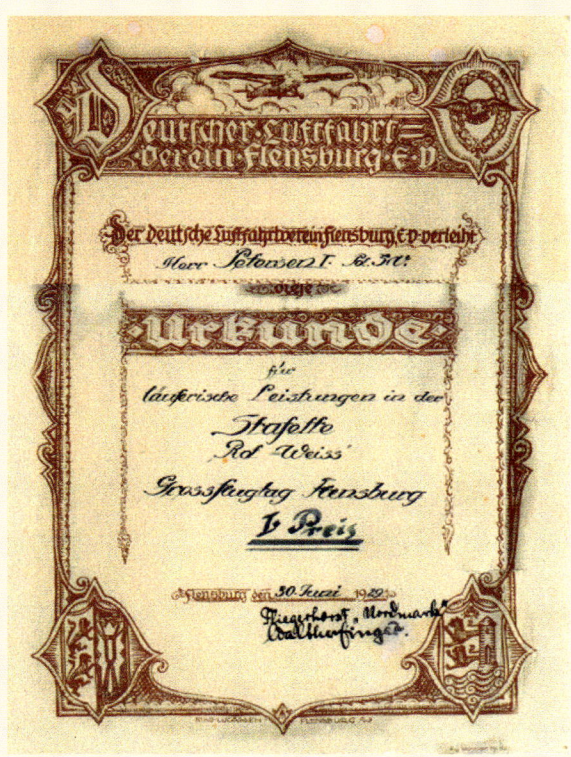

1.36: T. Petersen siegt im Stafettenlauf für die Mannschaft „Rot-Weiß", 30.06.1929

1.37 Ganz rechts der erste Flugplatz-„Tower", um 1930.

Mit Beginn der 1930er Jahre erfuhr der Flugplatz einen weiteren infrastrukturellen Ausbau. Durch eine Vergrößerung der Schiebetore sowie eine Hangarerweiterung konnten nun auch Maschinen von der Größe einer Junkers Ju 52, die bis heute erinnerte „Tante Ju", unter Dach Schutz finden, während der Bau eines Überwachungsturmes (Tower) samt Windrichtungsanzeigers einer erhöhten Flugsicherung diente.[41] Andererseits führte die Weltwirtschaftskrise nun auch in Flensburg zu erheblichen Einbrüchen, sozialen Notlagen und politischen Verwerfungen. Ein Flugtag findet 1931 nicht statt, und nur wenige Schaulustige wohnen am 3. September 1931 dem kurzem Zwischenstopp der weltberühmten Fliegerin Elli Beinhorn mit einer „Klemm"-Maschine auf dem hiesigen Flugplatz bei.[42]

1.3.4 Turbulenzen

Andere nutzen in jener Zeit die Not der Menschen für ihre unheilvollen Botschaften. Am 25. April 1932 landet Adolf Hitler abends um 19.00 Uhr mit einer dreimotorigen Rohrbachmaschine „D1720" auf dem Flensburger Flugplatz, um sodann im Stadion vor 45.000 Zuhörern eine Wahlrede zu halten. Wegen schlechten Wetters wurde ein Startverbot für den um 20.00 Uhr geplanten Rückflug nach München ausgesprochen, weshalb Hitler erst am Folgemorgen, nach einer Übernachtung im Bahnhofshotel, abfliegen konnte.[43]

Und ein weiteres Mal verwebt sich in jenen Monaten die Flensburger Fliegereigeschichte mit den heraufziehenden politischen Umwälzungen. Am Sonntagmittag, dem 31. Juli 1932, säumen fast 7.000 Menschen das westliche Hafenbollwerk, um einen Blick auf und in das dort seit dem Vortage vertäute Riesenwasserflugzeug Do-X zu werfen, bevor es am nächsten Tag nach Wyk auf Föhr, dem Heimatort von Flugkapitän Christiansen, weiterfliegen wird. Ein Großteil der erwachsenen Besucher kommt direkt aus den Flensburger Wahllokalen und nicht wenige haben gerade mit ihrem Kreuz dazu beigetragen, die NSDAP mit Adolf Hitler an der Spitze zur größten Fraktion im Reichstag zu wählen.

1.39 Wahlkampf-Landung Adolf Hitlers am Schäferhaus, 25.04.1932.

1930-1932

1.40 Die Do-X an der Schiffbrücke im Flensburger Innenhafen, 31.07./01.08.1932.

1.4 Höhenrausch und Bruchlandung. Unter dem Hakenkreuz 1933-1945

Die Ernennung Hitlers zum Reichskanzler am 30. Januar 1933 mit der nachfolgenden Gleichschaltung sämtlicher Lebensbereiche in Deutschland betraf in allen Facetten auch Flensburg. Bis zum Jahresende 1933 etablierte sich auch hier die Einparteien-Diktatur der NSDAP. An der Spitze der Stadt standen nun die eingesetzten NS-Oberbürgermeister Dr. Sievers (1933-1936) und Dr. Kracht (1936-1945), im Polizeipräsidium zog die Gestapo ein. Regimegegner, Juden, Roma und Sinti, Zeugen Jehovas, Homosexuelle und Behinderte wurden verfolgt, inhaftiert und getötet.[44]
Uniformen, Kommando-Ton und militärisches Gehabe durchtränkten die Gesellschaft bis hinab zu „Pimpf" und „Blockwart". Der Einzelne hatte sich fortan in die ideologisch ausgerichtete „Volksgemeinschaft" zu fügen.
Parallel dazu erfolgte eine zunächst verdeckte, seit 1935 offene Aufrüstung in allen Waffengattungen, darunter auch die neue „Luftwaffe" mit ihrem erheblichen Bedarf an technischer Produktion, Infrastruktur und Logistik, Piloten sowie Wartungs- und Bodenpersonal.[45]
Diese politisch-militärischen Umwälzungen blieben auch für das Fluggeschehen in Flensburg nicht ohne Folgen, und zum Kriegsende im Mai 1945 bildete der Flugplatz Schäferhaus gar die Teilkulisse weltgeschichtlicher Ereignisse.

1.41 Neue Herren. Flensburgs NS-Magistrat 1933.

1.4.1 Linienverkehr, „Volksflugtage" und „Deutschlandflüge"

Die NS-Machtübernahme 1933 war in der Region mit heftigen Ausfällen gegen die deutsch-dänische Grenzziehung von 1920 einhergegangen.[46] Wegen der politischen Lage wurde im Sommer 1933 die Fluglinie Flensburg-Kopenhagen eingestellt.[47]
Auf den verbliebenen innerdeutschen Strecken von und nach Flensburg führte ein deutlicher Anstieg von Passagieren und Frachtgut zum vermehrten Einsatz deutlich größerer Maschinen, wie etwa der dreimotorigen, 16sitzigen Junkers Ju52. Deren Ladekapazität hatte zur Folge, dass in den späten Vorkriegsjahren nur noch die Hamburger Strecke beflogen wurde. Seit 1937 plante die Stadt einen bedarfsgerechten Großhangarbau, als dieser jedoch, aus städtischen Mitteln bezahlt, 1940/41 auf Schäferhaus endlich fertig gestellt wurde, war der Linienverkehr kriegsbedingt schon eingestellt, weshalb sogleich die Luftwaffe die Halle übernahm.[48]

1.43 Eine der ersten Lufthansa-„Junkers Ju52" in Flensburg.

1933-1945

Symptomatisch für die neue Zeit, zeigte schon der am 24. September 1933 ausgerichtete Flugtag, wie alle bis Kriegbeginn noch folgenden ähnlichen Veranstaltungen, ein verändertes äußeres Gepräge. Unter Hakenkreuz-Beflaggung ertönte zur Begrüßung nach dem „Deutschland-Lied" nun stets auch das „Horst-Wessel-Lied" als NS-Parteihymne, bevor in den offiziellen Ansprachen sodann dem „Führer" gehuldigt wurde, während die SA und SS über die Ordnung der Zuschauer wachte.

Fliegerischer Höhepunkt des Flugtages 1933 war gewiss der Einflug des Luftriesen Junkers G38 D-2500, des damals größten europäischen Landflugzeuges, getauft auf den Namen „Reichspräsident von Hindenburg". Aus Malmö über Kopenhagen kommend, landete der Riesenvogel auf dem Flugplatz Schäferhaus, um zur Freude der Zuschauer im weiteren Tagesverlauf trotz Nebels einen Passagier-Rundflug über Flensburg anzubieten[49], nachdem man noch im Oktober des Vorjahres vergeblich und entsprechend enttäuscht auf den angekündigten Anflug der Junkers D-2500 gewartet hatte.[50]

Am Nachmittag folgten mit kleineren Maschinen die leider üblich gewordene Simulation eines Luftangriffes auf provisorische Segeltuch-Häuser sowie Rund-, Geschwader- und Kunstflüge.

Dabei kam es erstmals zu einem Unfall: infolge des trüben Wetters und schlechter Sicht geriet ein Pilot im Rückenflug in Bodennähe, versuchte seitwärts abzudrehen, touchierte dabei aber mit dem Flügel den Erdboden, woraufhin die Maschine sogleich zerschellte. Zur großen Erleichterung der Veranstalter sowie der 12.000-15.000 Zuschauer konnte der Pilot aus dem völlig zertrümmerten Flugzeug nur leicht verletzt geborgen werden.[51]

1.42 Flensburg – eingebunden in den Linienflugverkehr, 1936.

1.44 Flugtag 1933 mit dem Luftriesen „Junkers G38". Im Hintergrund „bombardierte" Haus-Attrappen, 24.09.1933.

1934

Im ähnlichen Gepräge bei abgewandeltem Programm präsentierte sich die DLV-Ortsgruppe Flensburg auch im Folgejahr, am 19. August 1934, auf ihrem nun so genannten „Volksflugtag".[52] Das Datum fiel zusammen mit der „Abstimmung" über die Vereinigung von Reichspräsidialamt und Reichskanzlerschaft in Hitlers Hand, – einem weiteren, wichtigen Schritt in die Diktatur, welchem damals 80 % der Flensburger Wähler zustimmten.[53] „Morgens zur Abstimmung, nachmittags zum Flugplatz!", hatte die von der DLV-Ortsgruppe ausgegebene Parole gelautet, der mehrere Tausend Menschen folgten. Die Diskrepanz zwischen der historischen Tragik jenes Tages und der unbekümmerten Belustigungsfliegerei auf Schäferhaus offenbart uns Nachgeborenen die Ambivalenz jener Veranstaltungen. Mit „humorigen Worten" wurden dort die jeweiligen Programmpunkte angekündigt: „Ballonrammen", Nachrichten-Stafette, Kunstflug, Segelflugzeuge im Flugzeug-Doppelschlepp, Fallschirmsprung, „lustige Luftschlangenabwürfe", Rundflug und die Clownsnummer „Zuschauer fliegt Flugzeug".[54]

Im Übergang von 1933 auf 1934 waren durch Arbeitsbeschaffungsmaßnahmen und den, bis 1935, Freiwilligen Arbeitsdienst (FAD) aufwendige Drainagearbeiten auf dem Flugplatz erfolgt, wodurch Tragfähigkeit und zeitliche Nutzbarkeit des Geländes erhöht wurden.[55] Im Laufe des Sommers 1934 kam es zudem zu größeren Planierungsarbeiten auf dem Flugfeld durch die Firma Matthias Carstensen.[56]

Auf dieser infrastrukturellen Grundlage war Flensburg in den Jahren 1934, 1935, 1937 und 1938 als Etappenziel eingebunden in die Ausrichtung eines neuen Typs der so genannten „Deutschlandflüge".[57] Zum einen beschränkten deren Wettflugbedingungen nun die Teilnahme auf deutsche Maschinen mit deutschen Motoren. Und zum anderen stand, ebenfalls dem Geist der Zeit folgend, bei der abschließenden Preisvergabe nicht mehr nur die Leistung Einzelner im Vordergrund, sondern die Verbundleistung aus Pilot, Beobachter und Bodenpersonal.[58]

So konnten sich ganze Fliegerstandorte des Deutschen Luftsportverbandes mit Staffeln von drei bis sieben Flugzeugen zu diesem Wettbewerb anmelden. Seitens der Flensburger DLV-Ortsgruppe wurden dazu jeweils erhebliche Vorarbeiten erbracht, um einen reibungslosen Ablauf der jeweiligen Etappentage zu gewährleisten. Dies galt umso mehr, als in den Jahren bis 1938 die Zahl der bei den „Deutschlandflügen" in Flensburg landenden Maschinen stetig wuchs:

23. Juni 1934: 93 Flugzeuge
29. Mai 1935: 147 Flugzeuge
20. - 25. Juni 1937: über 200 Flugzeuge
23. - 27. Mai 1938: 390 Flugzeuge

Die gleichzeitigen Anflüge ganzer Wertungs-Staffeln erforderten Landungsbreiten von bis zu 200 Metern, wofür entsprechende lange und breite Zielbänder aus Leinen verlegt waren. Die NS-Frauenschaft sorgte für Berge von Butterbroten, die SA und SS stellte den Ordnungsdienst und zu alledem fanden sich an jenen Tagen regelmäßig über Zehntausend Zuschauer, darunter nicht wenige Schulklassen, am Schäferhaus ein, für die ein Musikzug der Reichswehr aufspielte.

Die Maschinen verblieben nur kurze Zeit am Ort. 1935 wurden binnen vier Stunden fast 150 Maschinen gelandet, neu betankt, die Besatzungen mit Verpflegung und Gastgeschenken, darunter Rum und Bommerlunder, versorgt und sodann in enger Taktung die Starts abgefertigt. 1937 betrug der Aufenthalt je Maschine nur 15 Minuten, 1938 war er auf lediglich 10 Minuten beschränkt.

Zu den luftsportlichen Motiven traten bei diesen „Deutschlandflügen" – wie auch bei dem 1936 ersatzweise erfolgten „Olympia-Sternflug", bei dem Flensburg 150 Maschinen als Zwischenlandeplatz von und nach den Nordseeinseln diente[59] – die wehrlogistischen und propagandistischen Zielsetzungen. Ab 1937 hatte das Nationalsozialistische Flieger-Korps (NSFK) die Leitung übernommen, dessen „Korps-Führer", der zum General der Flieger aufgestiegene Friedrich Christiansen[60] aus Wyk, schon seit längerem zu den prominenten Teilnehmern derlei Wettkampf-Flüge zählte. Als solcher zeigte sich der 1948 als Kriegsverbrecher Verurteilte auch wiederholt bei den Zwischenstopps in Flensburg, wo er nach der Landung Autogramme an Hitlerjungen verteilte, – 1936 mit Luftwaffengeneral Milch, 1938 zusammen mit seinem Weltkriegs-Fliegerkameraden Ernst Udet[61], der nun als General der Technischen Abteilung für die NS-Luftrüstung zuständig war, insbesondere für die Jagd- und Sturzkampfflieger.

Ebenfalls der „Tag des deutschen Küstenfluges" im Jahre 1937 war von vormilitärischen Elementen geprägt. 90 Maschinen des Nationalsozialistischen Fliegerkorps, der Luftwaffe sowie einiger Einzelflieger absolvierten einen mehrtägigen Etappenflug mit eingebundenen Sonderaufgaben wie „Erkundung", „Zielabwurf" und „Geschwindigkeitsrennen". Der Flug begann am 9. Juli in Danzig und führte entlang der Ostsee- und Nordseeküste unter anderem über Flensburg, wo sich 300 Zuschauer zur Begrüßung einfanden, zum Endpunkt nach Wyk auf Föhr, den immerhin noch 76 Maschinen erreichten.[62]

1.45   23.06.1934: Flensburg als Etappe des Deutschlandfluges

1.46   Platz-Tankwagen für die Deutschlandflieger, 23.06.1934.

1.48   Helden der Zeit: Flieger-General Friedrich Christiansen schreitet in Flensburg die Front ab.

1.47   Auftanken, Ölprüfen – und weiter geht's, 23.06.1934.

Kapitel 1   Aufwind und Absturz. Flensburgs Flugplatz „Schäferhaus"

1934-1938

1.4.2 Segelflug als vormilitärische Ausbildung

Noch ganz in der Tradition der frühen Aufbaujahre seit 1923, war im Rahmen der Flugwerbewoche am 20. Juni 1932 die „Seeschwalbe" in Zusammenarbeit mit dem DLV-Flensburg, der Berufsschule und dem Arbeitsamt entstanden und getauft. Bevorzugter Startplatz am Ort war nun jedoch nicht mehr der Gleithang bei Kielseng, der wohl Mitte 1932 aufgegeben wurde, sondern das Flugfeld am Schäferhaus. Denn hier war es mittlerweile möglich, dank eines alten Opels aus dem Baujahr 1910 und eines 100 Meter langen Stahlseils Segelflugzeuge im „Auto-Schlepp" zunächst auf Geschwindigkeit zu bringen, um sie sodann mittels kräftiger Höhenruderlage rasch bis auf 50 m hinaufsteigen zu lassen, auszuklinken und in den Segelflug überzugehen.[63]

1.49 Jungsegelflieger am Schäferhaus vor neuer Segelflughalle, 1934

Allerdings war das Segelfliegen auf dem Schäferhaus-Platz nur für organisierte Mitglieder möglich, – zunächst noch in der DLV-Ortsgruppe Flensburg, die jedoch am 29. Oktober 1933 in den gleichgeschalteten Deutschen Luftsportverband aufging, bevor ab dem 17. April 1937 das Nationalsozialistische Fliegerkorps (NSFK) die organisatorische Hoheit übernahm. Diese Entwicklung erfolgte nicht von ungefähr, sondern war Teil einer von der NSDAP ausgehenden, auf ihre Alleinherrschaft und Ziele zugeschnittenen Transformation aller gesellschaftlichen Bereiche. So betrieb der Deutsche Luftsportverband zunächst im Verborgenen und später seitens des NSFK ganz offiziell eine vormilitärische Fliegerausbildung für interessierte Jugendliche, die fortan nur als Mitglieder der Hitlerjugend, sei es im „Fliegersturm" und in der „Fliegergefolgschaft", die Möglichkeit zum aktiven Fliegen erhielten.[64] Parallel dazu wurden für jüngere Jahrgänge in den Flensburger Schulen oder im „Fliegerzug" des Deutschen Jungvolks Modellbaukurse abgehalten, die das flugtheoretische

1.50 Die Modellflugsparte der HJ-Fliegergefolgschaft Bann 1/86 (Flensburg).

Wissen fundierten und deren zum Teil erstaunlich leistungsstarke Bastelarbeiten alljährlich auf dem Flugplatz von den Jungen präsentiert und in Vergleichswettkämpfen praktisch erprobt wurden.[65]

Im Rahmen dieser Anstrengungen entstand 1934 am Schäferhaus eine neue, 15 m x 20,5 m große Segelflughalle für den DLV[66], und sowohl 1934 und 1935 folgten Fertigstellungen weiterer, im Selbstbau erstellter Segelflugzeuge. Nach einem Platzkonzert durch die SA-Kapelle vollzog am 15. April 1934 der stellvertretende DLV-Landesgruppen-Führer Milz auf dem Hakenkreuz-Fahnen drapierten Südermarkt die Taufe der drei neuen Gleiter „Duburg", „Nordschleswig" und „Flensburg" vor einer zahlreichen Menschenmenge und den angetretenen

1.51 Gleiter-Taufe auf dem Südermarkt. Verkleidete „Grunau 9" mit Vorstrebe, daher auch „Schädelspalter" genannt, 1934.

„Blauhemden" des „Fliegersturms".[67] Und am 26. Mai 1936 konnten im Rahmen der Luftwerbewochen auf dem Flugplatz Schäferhaus nochmals zwei Segelflugzeuge namens „Hans im Glück" und „Max" durch Ortsgruppenleiter Theede getauft werden, bevor sodann die „Hans im Glück" von den Fluglehrern Paustian und Wetzig per „Auto-Schlepp" und einem nun 200 Meter langen Stahlseil blitzschnell auf 80 Meter Höhe gebracht wurde, um in weiten Kreisen allmählich zum Boden zu gleiten und dort sanft aufzusetzen.[68]

1.52 Das 1936 fertig gestellte Schulflugzeug „Max".

Eine weitere Start-Variante für die Segelflieger am Schäferhaus bot der so genannte „Flugzeug-Schlepp", also der Verbundstart aus vorgespanntem Motorzugflugzeug und per Schleppseil angehängtem Gleiter. Diese Variante erforderte in beiden Maschinen erfahrene Piloten. Die nötige Fortbildung erfolgte durch zwei Segelflughauptlehrer auf dem Platz

Schäferhaus, wo die Fliegerortsgruppen aus Flensburg, Kappeln, Schleswig, Husum und Niebüll, zusammengeschlossen in einer Segelflug-Arbeitsgemeinschaft, ab Juli 1936 monatliche Schulungen erhielten. Segelfluglehrer Wetzig berichtet: „Im Schlepp hinter der Motormaschine steigt das ‚Baby' in die Luft. Seltsames Bild über dem Platz! Sie schrauben sich höher und höher. Der Motorpilot gibt ein Zeichen und der Segelflieger klinkt aus. Das Motorflugzeug geht im Sturzflug zur Erde, und wie ein großer Raubvogel zieht der Segler seine Kreise. Immer wieder ein unfassbares hinreißendes Bild! Da fliegt ein Mensch ohne die Kraft des Motors und sucht im Luftmeer den Aufwind."[69]

Der Flugplatz Schäferhaus genoss mit seiner Infrastruktur und der Qualität der dortigen Segelflugausbildung eine hohe Wertschätzung im Norden. Angehende Sportlehrer der Universität Kiel absolvierten hier 1936 ihren Segelfluglehrgang,[70] denen im Mai 1937 weitere 35 Sportstudenten der Universitäten Kiel und Hamburg folgten. Ihnen standen sieben Segelflugzeuge und ein Motorflugzeug als Schleppflugzeug zur Verfügung. Außerdem wurden vom Flensburger DLV die Flugzeughalle und die neue mobile Trommelschleppwinde zur Verfügung gestellt. Diese neue Schleppwinde arbeitete zuverlässig und bedienungsfreundlich: ein dünnes, stabiles Stahlseil lief von der Trommel bis zu dem Segelflugzeug am anderen Ende des Platzes. Mittels einer dortigen Telefonverbindung zum Schleppgerät konnten auch über die weite Entfernung Vorbereitung und Ablauf der Starts sachgerecht und sicher koordiniert werden. Durch Anziehen der Winde straffte sich das Seil, der Segler stieg in die Höhe, und nach einem Flaggensignal vom Boden klinkte der Pilot aus.[71]

1.53 Fliegergefolgschaftsmitglied Armin Lüthje und Segelfluglehrer Wetzig auf der Autoschleppwinde.

Derlei Flugschulungs-Tage fanden bevorzugt um die Pfingsttage statt, so dass auch zahlreiche Zuschauer Gelegenheit fanden, bei frühsommerlichem Wetter die jungen Segelflieger bei ihren ersten Rutschern bis hin zum anspruchsvollen Segelflugzeugschlepp zu beobachten. So auch im Juni 1938, nun jedoch mit dem Nationalsozialistischen Fliegerkorps als Ausrichter. Besonders die Mitglieder der HJ-Fliegergefolgschaft 1/86 (Flensburg) erhofften an jenen Tagen, die Bedingungen für ihre „A-Prüfung" erfüllen zu können, nämlich fünf Flüge zu je 20 Sekunden und einen Flug von 30 Sekunden Dauer.[72] In der Regel gelang dies auch, da der hiesige Ausbildungsstand hervorragend war. Im Jahre 1941 wurde die Flensburger HJ-Fliegergefolgschaft als Beste im Reich geehrt. Sie führte ihre Ausbildung am Ort bis zum Kriegsende fort.[73] Wie viele der Jungen dann im Krieg als Piloten gefallen sind, ist unbekannt.

1.54 Eine soeben gelandete „Grunau 9" wird erneut in Startposition geschoben.

1.4.3 Aus- und Umbau zum Luftwaffen-Fliegerhorst

Ab Mitte 1939 begann der Ausbau des Flugplatzes Flensburg-Schäferhaus zu einem Einsatzflugplatz der Luftwaffe. Eine der ersten Aktivitäten zur kriegsmäßigen Erstellung des Platzes war die Belegung des zwangs-„arisierten" Gutes „Jägerslust" durch das Heeres-Baubataillon 228 zum 26. August 1939, nachdem die jüdische Besitzerfamilie Wolff in der Reichspogromnacht am 9./10. November 1938 von Polizei, SA und Gestapo verhaftet und vertrieben worden war.[74] Das Bau-Bataillon rekrutierte sich in erster Linie aus Angehörigen des Reichsarbeitsdienstes (RAD), welche bald darauf den Luftwaffenbaukompanien zugeordnet wurden. Die vier Kompanien waren im damaligen Scharnhorstlager an der Westerallee, dem heutigen Gelände des PSV-Sportplatzes, und eine Kolonne auf dem Gutshof untergebracht.[75] Dessen Gebäude dienten während der Kriegsjahre der Flugleitung, die Scheunen und Schuppen zur Aufnahme der Flugplatzfeuerwehr, Geräte der Platzpflege und für Werkstätten.

Mit dem gewaltigen Ausbau des Flugplatzes für die Luftwaffe gingen umfassende weitere Landaufkäufe einher, häufig unter Androhung von Zwangsenteignungen.[76] Bezeichnend für das rücksichtslose Vorgehen der Luftwaffenbauleitung ist ein Schreiben des Flensburger Bürgermeisters vom 18. September 1939:
„Die Erdarbeiten für den Fliegerhorst bei Flensburg-Weiche sind von den militärischen Bautrupps in Angriff genommen worden. Die Stadt hat bisher irgendwelche schriftliche Mitteilungen über das ganze Vorhaben nicht erhalten, abgesehen von der belanglosen Mitteilung vom 28.8.39, in welcher die Bauleitung-Nord die Stadt benachrichtigt, dass beabsichtigt sei, den vorhandenen Flugplatz wesentlich zu erweitern und die Stadt daher gebeten wird, die Zwischenbenachrichtigung der Eigentümer zu übernehmen. Die Landesplanungsgemeinschaft hatte am 24.05. mitgeteilt, dass das Luftgaukommando 11 bei der Stadt Flensburg einen E-Hafen (Luftwaffen-Einsatzhafen, d. Verf.) erkundet habe, und zwar sei hierfür der alte Verkehrsflughafen vorgesehen unter Vergrößerung nach Süden und Westen um 200 m und nach Osten um 300 m. Es war damals also ein wesentlich kleinerer Flughafen vorgesehen, während es sich jetzt um die Errichtung eines etwa 180 ha umfassenden Fliegerhorstes handelt. Die Stadt Flensburg ist nur durch die mündlichen Mitteilungen vom 23. und 24.08.39 unterrichtet. Es stehen noch nicht einmal die genauen Grenzen fest."[77]

Die Stadt Flensburg verkaufte 1941 notgedrungen ihre für den Militärflugplatz benötigte Flächen an das Deutsche Reich. Dabei erhielt die Stadt zwar das grundsätzliche Recht zur weiteren Nutzung des Platzes für die zivile Luftfahrt,[78] nach Aussagen von Zeitzeugen aber ist diese während der Kriegszeit nicht erfolgt. Und auch der tradierte Zusatzname „Schäferhaus" wich nun dem militärischen Jargon: die offizielle Platzbezeichnung lautete fortan „Einsatzhafen Flensburg-Weiche", der Deckname „Giebelmauer."[79]

Die dort bis Kriegsende durchgeführten Baumaßnahmen waren immens: drei befestigte Startbahnen von je ca. 2000 m Länge durchzogen bald das zentrale Flugfeld. Betonierte Flugzeugstand- und Wartungsflächen, teilweise mit Splitterschutzwällen versehen, wurden ergänzt, dazu unterirdische Tank- und Schutzbunker eingelassen. Am Nordrand des Platzes entstand neben Schuppen und Baracken eine größere Flugzeughalle mit den Grundmaßen 36 m x 25 m bei nun 6,5 Metern nutzbarer Höhe, samt rückwärtigen Betriebsräumen über die gesamte Hallenbreite. Im Süden des Areals lagen das Offiziersheim (Bereich der heutigen Dialysestation), die Hauptwache (heute Jugendzentrum am Alten Husumer Weg), eine große offene Flugzeughalle, ein Justierstand für Bordwaffen sowie etwa 20 Unterkunfts- und Wirtschafts-Baracken (Bereich heutige Gartenstadt). Hinzu kamen ein Munitionsdepot im Handewitter Wald sowie ein Gleisanschluss an das Reichsbahnnetz.[80]

1.55 Nach Vertreibung der jüdischen Eigner-Familie Wolff nehmen Luftwaffe und Reichsarbeitsdienst (RAD) das Gut „Jägerslust" in Beschlag, 1939/40

1.56 Reichsarbeitsdienst (RAD) richtet das Flugfeld für den Kriegseinsatz her.

1939/1940

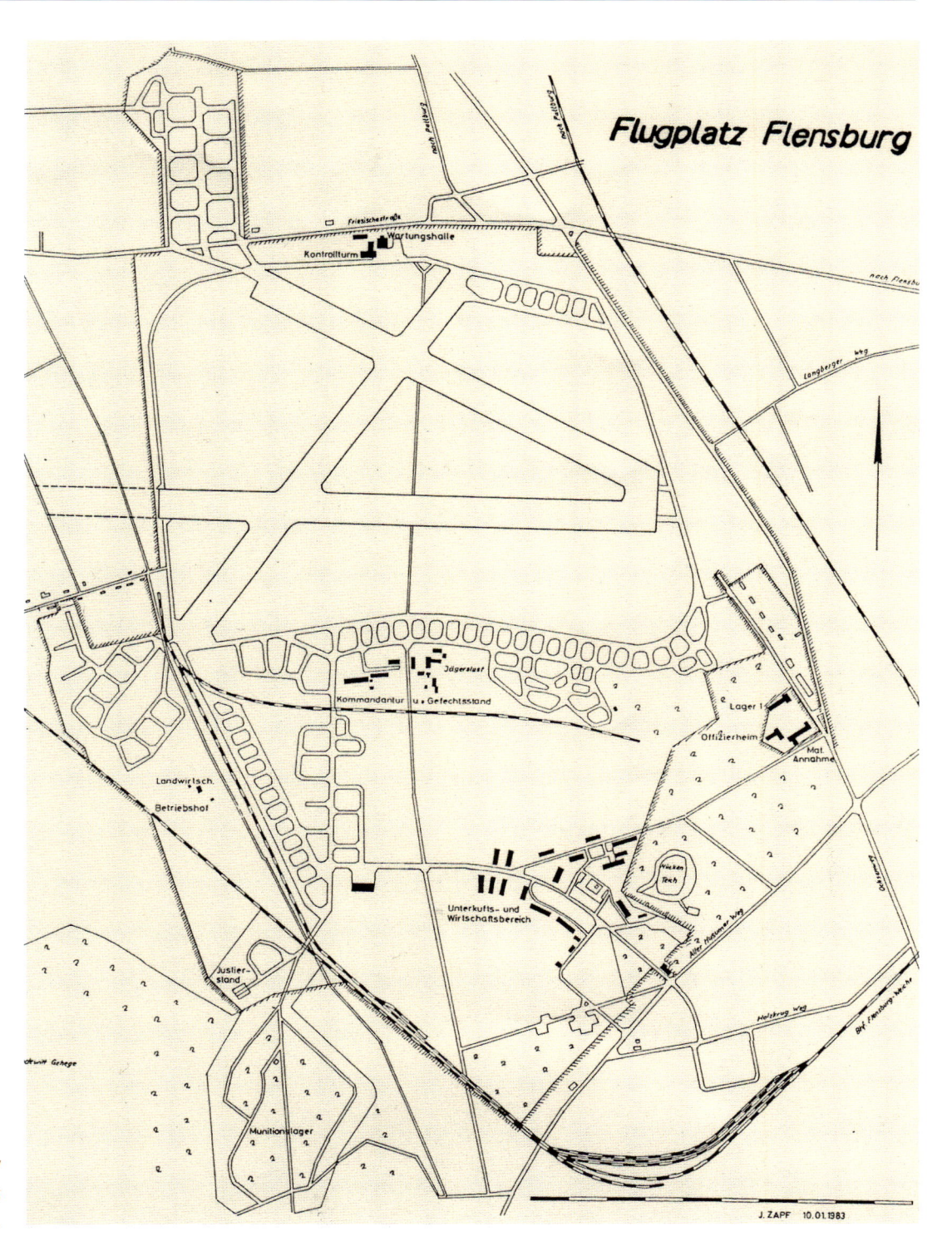

*1.57
Ausbau-Zustand des Flugplatzes
Schäferhaus am Kriegsende.*

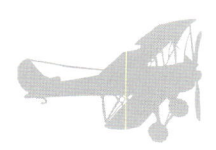

Kapitel 1   Aufwind und Absturz. Flensburgs Flugplatz „Schäferhaus"

1945

1.4.4 Begrenzter militärischer Wert

Der gewaltige Ausbau des „Einsatzhafens Flensburg-Weiche" und die auch zahlreichen Hin- und Herverlegungen diverser Luftwaffeneinheiten entsprachen gleichwohl in keiner Weise dessen tatsächlicher militärischen Bedeutung während der Kriegsjahre.[81] Ein damaliger Pilot erinnert sich: „Am 16.12.1942 wurde ich nach Flensburg zur Übernahme der LDK-Außenstelle (Luftdienstkommando, d. Verf.) verlegt. Mit einer Focke-Wulf Fw 44 flog ich dann im Raum Flensburg für die leichte Flak Zieldarstellung, worauf ich ab dem 23.12.1942 mit einer Messerschmitt 108 auch die schwere Flak zu bedienen hatte. In dieser Zeit war ich der einzige Flugzeugführer am Schäferhaus und führte bis zum 1.6.1943 über 133 Starts und Landungen auf dem Platz durch."[82]

Nach Auskunft von Zeitzeugen wurde der Platz hauptsächlich als Zwischenlandungsplatz für Transportflüge nach Dänemark und Norwegen oder als Ausweichplatz für Nachtjäger genutzt. Hinzu traten Betankung, Wartung und Instandsetzung von Flugzeugen, Bergungen abgeschossener oder notgelandeter Maschinen sowie Kurier- und Passagierbeförderungen.
Als Etappenflugplatz diente „Flensburg-Weiche" im ersten Halbjahr 1941 zudem zur Ausbildung von Lastensegler-Piloten auf dem Typ DFS 230,[83] sowie im August 1943 zum Umbau von Ju88-Maschinen des Kampfgeschwaders 1 „Hindenburg", die Flensburger Flugzeugmechaniker zur Panzer-Bekämpfung aus der Luft mit untergehängten 7,5 cm Pak-Kanonen bestückten.[84] Mit Zunahme der alliierten Luftangriffe vor und nach der Landung in der Normandie, verlegten im Juli 1944 fünf Staffeln des Jagdgeschwaders 102 ihre Schulung notgedrungen in das rückwärtige Flensburg.[85]

1.58 Die mit Erdwällen gegen Splitter geschützten Abstellboxen boten Schutz für Jäger wie die Bf109 Messerschmidt, waren für He-111-Bomber jedoch zu beengt.

1.59 Lastensegler vom Typ „DSF 230" stehen am Schäferhaus für die Ausbildung bereit.

1.4.5 Angriffe auf den Flugplatz

Der Flensburger Flugplatz wurde in den Kriegsjahren durch die Alliierten mehrfach angegriffen, wobei sich jedoch die Verluste im letzten Kriegsjahr häuften.[86] Mangelnde Logistik und unzureichende Infrastruktur auf deutscher Seite potenzierten die Schäden. So machten sich Anfang April 1944 zehn He111-Bomber des Kampfgeschwaders 1 in drei Gruppen von Grove nach Flensburg auf, um hier angeblich bereitliegende Torpedos zu laden. Wegen der angespannten Luftlage war ein nur kurzer Aufenthalt vorgesehen, während dem jeweils nur zwei bis drei Maschinen auf den Parkflächen abgestellt sein sollten. In Flensburg aber war nichts vorbereitet. Sämtliche Maschinen standen über drei Tage frei am Flugfeldrand, nachdem sich herausgestellt hatte, dass die zwischen Erdwällen befindlichen Schutzplätze für die Spannweiten der HE-111 zu eng bemessen waren. Dies blieb den alliierten Fernjägern nicht verborgen, und am 15. April 1944 fegten vier amerikanische „Mustangs" über den Platz. Von der deutschen Flak unbeindruckt, beschossen sie in mehreren Anflügen die abgestellte Torpedostaffel, von denen neun Maschinen, weil voll betankt und teilweise mit den zwischenzeitlich gelieferten Torpedos beladen, in mächtigen Explosionen zerbarsten. Eine in der Halle untergestellte Maschine wurde beschädigt. Während die Besatzungen unbehelligt blieben, starben in der näheren Umgebung zwei Frauen und ein sieben Monate altes Kind.[87]

1.60 Wartungscrew vor Führungsmaschine der HE-111-Torpedostaffel. Das geheime Schiffsortungsgerät ist abgedeckt. Beim britischen Angriff auf Schäferhaus am folgenden Tag wurde die Staffel am Boden zerstört.

1.61 Flugplatz Schäferhaus am Kriegsende: letzter Fluchtort für bald hunderte deutscher Maschinen, 05.05.1945.

Ein Jahr später erfolgte am 13. April 1945 der schwerste Angriff auf den Platz, der nun, unmittelbar vor dem Kriegsende, immer mehr deutschen Maschinen als letzter Rückzugsort diente. Durch Bordwaffen-Beschuss von nur vier britischen „Mosquitos" wurden 20 deutsche Flugzeuge zerstört und weitere 26 Maschinen beschädigt. Während wiederum die deutschen Besatzungen ohne Verluste blieben, kamen auf dem Platz drei für Hilfsdienste eingeteilte russische Kriegsgefangene ums Leben.[88]

Kapitel 1   Aufwind und Absturz. Flensburgs Flugplatz „Schäferhaus"

1.63 Maschine an Maschine, hier auf den Verteilungsflächen nördlich der Lecker Chaussee, Mai 1945.

1.62 Die letzte Reichsregierung unter Admiral Dönitz nimmt Sitz in der Marinesportschule Mürwik.

1945

1.64 In englische Farben umgespritzte „Siebel Si 204D" von Erich Baaske.

1.65 Verwaiste Maschinen, darunter „Focke Wulf 190" der Jähnert-Staffel aus dem Baltikum.

1.4.6 Kriegsende Mai 1945

Mit dem Rückzug der letzten deutschen Reichsregierung unter Admiral Dönitz am 3. Mai 1945 nach Flensburg-Mürwik gelangten tausende führender NS-Repräsentanten, etwa 2.000 KZ-Häftlinge als politische Geiseln sowie schließlich über 35.000 Flüchtlinge in die Fördestadt.[89] Hunderte von Flugzeugbesatzungen landeten hier mit oftmals den letzten Tropfen Treibstoff, darunter auch die 3. Gruppe des Kampfgeschwaders 200, die mit einem bunten Bestand aus Wasserflugzeugen von Rügen an die Innenförde verlegte, wo seit 1943 das Areal der vormaligen Seeflugstation Fahrensodde in Teilen wieder hergerichtet worden war.[90] Letzte Einsätze zur Agentenversorgung wurden geflogen, während ein sechsmotoriges Langstecken-Flugboot BV-222 für eine etwaige Flucht der Reichsregierung bereitgelegen haben soll.[91]

Auf dem Flugplatz am Schäferhaus standen nun dicht an dicht gedrängt weit über 500 Flugzeuge, darunter auch die neuen Strahljäger, jedoch zumeist ohne den nötigen Treibstoff.[92] Die Besatzungen lungern herum, nicht wenige betrinken sich. Nur vereinzelt werden noch Einsätze zur Heimatverteidigung geflogen.[93] Nach einem letzten alliierten Angriff auf den Platz, bei dem am 4. Mai 1945 die Reparaturhalle des Horstes sowie drei Flugzeuge zerstört und zwei Soldaten getötet wurden, enden die Kämpfe im Nordraum am Morgen des 5. Mai 1945.[94]

An eben jenem 5. Mai steuerte Feldwebel Erich Baaske[95], während des gesamten Krieges Fluglehrer, zuletzt beim Kampfgeschwader 200, seine kurz zuvor zivil umgespritzte und nur für zehn Personen zugelassene Siebel Si 240D mit Copilot und 22 Flüchtlingen an Bord über Schleswig-Holstein in Richtung Flensburg. Nachdem in Schleswig 15 Flüchtlinge abgesetzt

1.66 Abflug. Vom Flugplatz Schäferhaus werden Dönitz, Jodl und Speer mit anderen in das Gefangenenlager geflogen, 23.05.1945

waren, erfolgte der Weiterflug nach Flensburg in Begleitung britischer Jäger, wo Baaske mit seiner 4036. Landung den Krieg für sich abschloss.[96]

Die letzten deutschen Flugzeuge erreichen kurz vor der Gesamtkapitulation am 8. Mai den Flensburger Flugplatz, darunter auch die Staffel von Major Jähnert vom Schlachtfliegergeschwader 3 aus dem Kurland-Kessel im Baltikum. Kurz bevor die Rote Armee das Gebiet einnimmt, entlasten er und seine Besatzungen ihre Fw190-Maschinen von allem unnötigen Ballast, lassen ein oder zwei Kameraden sich im engen Rumpf zusammenkauern und starten ihre mit Zusatztreibstoff versehenen, nahezu überladenen Flugzeuge Richtung Schleswig-Holstein. Über zwei bange Stunden währt der Flug, dann taucht unter ihnen die Flensburger Förde auf, und nur wenige Minuten später setzt der Verband unbeschadet auf dem bereits von den Briten übernommenen Flugplatz Schäferhaus auf. Sie haben sich und nicht wenige ihrer Kameraden gerettet.[97] Die Kurland-Armee aber, darunter die 30. Infanterie-Division mit dem Flensburger Regiment 26, zieht zur gleichen Zeit in die russische Gefangenschaft, die für viele den Tod bedeuten wird.[98]

Am 23. Mai 1945 streifte den Flugplatz Schäferhaus ein letztes Mal das Schlaglicht der Weltgeschichte. Am Morgen jenes Tages verhafteten die Alliierten in einer drastisch-medialen Inszenierung die zunächst im Amt belassene Regierung Dönitz in der Marineschule Mürwik. Während britische Soldaten mit aufgepflanztem Bajonett die niederen Chargen und das deutsche Verwaltungspersonal zu Fuß in die Stadt hinabführten, fuhr Dönitz nach seiner Verhaftung auf dem Wohnschiff „Patria" zusammen mit Speer und Jodl im Wagen zum ehemaligen Polizeipräsidium an den Norderhofenden, das nun als Hauptquartier der britischen Militärregierung fungierte. Hier musste sich das Trio noch einmal den Blitzlichtgewittern und Filmkameras der alliierten Berichterstatter stellen, bevor sie gegen Mittag zum Flugplatz chauffiert wurden. Eine dort bereitstehende amerikanische Douglas DC 3 flog sie und andere sodann unter steter alliierter Bewachung in das Gefangenenlager nach Bad Mondorf in Luxemburg aus, von wo sie später dem Nürnberger Gericht überstellt wurden.[99]

1.67 *Bestandsaufnahme durch die Briten, Mai 1945.*

1.69 *Restaurierte Focke Wulf „Fw 190D-13"
im Champlin-Fighter Museum in Arizona/USA.*

1.68 *Bruchlandung. Hoch türmt sich der Kriegsschrott auf dem
Flugplatz Schäferhaus, Mai 1945.*

1.70 *Hallen-Demontage durch Firma Christiansen aus Großenwiehe, 1950.*

1.4.7 Unter britischer Besatzung.
Demilitarisierung und Sprengung

Nach dieser kurzen Episode fiel der Flugplatz endgültig dem Nachkriegs-Alltag unter britischer Besatzung anheim. Diese verschaffte sich zunächst einen Überblick und zählte auf dem Platz nicht weniger als 449 flugfähige Maschinen, vom kleinen Fieseler Storch bis zur gewaltigen viermotorigen Junkers Ju290. Hinzu kam eine große Anzahl beschädigter Flugzeuge.[100] Ein Teil der Maschinen war mangels Platz auch auf den umliegenden Feldern abgestellt worden, im Handewitter Wald standen zudem zwei für Sondereinsätze genutzte „Mistel"-Gespanne aus Ju88-Maschinen mit aufgesetzten Jagdflugzeugen. Aus diesem, zunächst noch von deutschen Wachposten beaufsichtigten Materialpark „organisierten" sich die Jungen der vormaligen Flensburger Segelflieger-HJ allerlei Bordinstrumente, Fallschirme und andere Wertgegenstände, bevor die Briten einschritten und die umgehende Verschrottung der Maschinen erfolgte. Ausgenommen wurden allerdings die neuesten deutschen Entwicklungstypen, die man von alliierter Seite einer näheren Begutachtung unterzog.[101]

Und damit nicht genug: am 25. Juni 1945 wollten es Briten und Kanadier genau wissen und veranstalteten über Schäferhaus einen Schau-Luftkampf zwischen einer deutschen Focke-Wulf FW 190 D-13, geflogen von einem deutschen Piloten, und einer britischen Tempest Mk.V, geflogen von einem Kanadier![102]

Beide Flugzeuge repräsentierten in etwa den letzten Entwicklungsstand propellerbetriebener Jagdflugzeuge der vormaligen Gegner, waren aber während der letzten Kriegstage kaum noch aufeinander getroffen. Die unbewaffneten Maschinen erhielten Sprit für eine halbe Stunde, stiegen auf 3000 Meter Höhe und vollführten dort im blauen Himmel vor den Augen der gebannt hinaufblickenden Beobachter eine kriegsmäßige Flughatz. Nach der Landung begann zwischen den begeisterten Deutschen und den Alliierten, trotz Fraternisierungsverbot, ein lebhafter technischer Gedankenaustausch.[103] Wie der Kampf letztendlich ausging, ist nicht überliefert. Aber die Fw 190D-13 scheint sich wacker geschlagen zu haben: vor der Verschrottung bewahrt, steht sie heute restauriert im Champlin-Fighter Museum in Arizona/USA. Und ihr deutscher Pilot wurde später Mitglied des Flensburger Luftsportvereins.

Nach den ersten Aufräumarbeiten auf dem Platz gingen die Briten im Zuge der deutschen Demilitarisierung zunächst dazu über, die früheren Flugzeughallen, Werkstätten und sonstige Schuppen an ortsansässige Firmen für zivile Produktionszwecke zu vermieten. Eine anscheinend wenig lukrative Nutzung, denn nach Übergang in städtischen Besitz wurde Anfang 1950 die große, erst 1940 fertig gestellte Flugzeughalle vom Liegenschaftsamt Flensburg zum Abbruch ausgeschrieben, von der Maschinenfabrik Christiansen aus Großenwiehe in Einzelteile demontiert, sodann die 34 Meter langen Stahlbinder schließlich in einem Stück mit Hilfe eines Schleppers über 15 km Landstraße vom Schäferhaus nach Großenwiehe transportiert, dort alles wieder aufgebaut und bis 2003 als Maschinenhalle genutzt.[104]

1.72 Flugplatz Schäferhaus mit systematisch gesprengten Startbahnen, um 1948.

Hingegen dienten die meisten Luftwaffenunterkünfte und Dienstgebäude auf dem vormaligen Flugplatz gleich nach Kriegsende der Einquartierung von Flüchtlingen. Für deren Kinder bestand auf dem Platz seit Oktober 1946 eine eigene Lagerschule für zeitweise über 500 Schülerinnen und Schüler, bevor im Juli 1948 eine von Grund auf renovierte Baracke als neue Lagerschule eingeweiht werden konnte.[105]

Das im Kriege von Luftwaffensoldaten als Badestelle und von der Platzfeuerwehr als Löschreservoir genutzte Wasserbecken am Alten Husumer Weg stand ab Juli 1949, mit bescheidenen Mitteln wieder hergerichtet, als Schwimmbassin für die umliegenden Schulen, das Flüchtlingslager und den Sportverein zur Verfügung.[106]

Das eigentliche Ende des vormaligen Luftwaffen-Fliegerhorstes am Schäferhaus aber markierten die Sprengungen der dortigen Start- und Landebahnen. Nach einem entsprechenden Absichtshinweis an die Bevölkerung Ende Mai 1948 erfolgten ab Juni 1948 ohne weitere Vorwarnungen und nun nahezu täglich die systematischen Sprengungen der Landebahn, der Verteilungsflächen und der Bunkeranlagen. Der Handewitter Wald hallte wider von den mächtigen Explosionen, und dicke Qualmwolken standen über dem Gelände. Trotz mancher Vorsichtsmaßnahmen entstanden insbesondere an den Flüchtlingsunterkünften auf dem Platz, die während der Sprengungen von den Bewohnern zu verlassen waren, erhebliche Sachschäden. Der Explosionsdruck riss ganze Dächer hoch, ließ Zimmerdecken herabstürzen und Türen aus den Angeln springen. Dabei wurde auch das wenige private Hab und Gut an Spiegeln, Uhren, Haushaltsgeschirr oder die wertvollen, weil kaum neu zu beschaffenden Glühbirnen in Mitleidenschaft gezogen oder zerstört.

Am 26. Juli 1948 erschütterte dann noch einmal um 22 Uhr eine gewaltige letzte Explosion den Platz und das Umland. Die Bodendruckwelle pflanzte sich bis in die Innenstadt fort, wo die Arbeiter an den Rotationsmaschinen des Flensburger Tageblatts erschrocken innehielten und gar an einen Atombombeneinschlag glaubten.[107]

Am nächsten Morgen bestand der Flugplatz als solcher nicht mehr. Geblieben waren lediglich ein von Sprengtrichtern durchzogenes, mit Betonfetzen übersätes Trümmerfeld sowie die überfüllten Flüchtlingsunterkünfte, deren Bewohner ebenfalls einer ungewissen Zukunft entgegengingen.

1.71 Aus der Zeit der Startbahn-Sprengungen, 1948

2

1945
Rückflug.
Erinnerungen an Schäferhaus 1945

Jochen Missfeldt

1945

2. Rückflug. Erinnerungen an Schäferhaus 1945

Vielen Dank, Vetter Christian! Mit dir ist die Zeit stets lehrreich und lustig gewesen; immer noch ist es so mit dir.

Meine ersten Erinnerungen verbinden sich mit Vetter Christian. Als ich im Mai 45 als Vierjähriger aus dem Kinderheim an der Geltinger Bucht nach Hause entlassen wurde, blieb ich nicht lange bei Vater, Mutter und Geschwistern, sondern reiste schon bald mit meiner Großmutter, die auch Vetter Christians Großmutter war, nach Flensburg. Wir fuhren mit der Eisenbahn, am Flensburger Bahnhof stiegen wir in die Straßenbahn ein, fuhren den Bahnhofsberg hinunter, hinein in die Stadt, über den Südermarkt und den Holm, ums Nordertor herum, dann durch die Neustadt weiter bis zur Haltestelle Terrassenstraße, da stiegen wir aus. Hier wohnte oben im vierten Stock unter den Fittichen von Mutter, Tanten und Cousinen mein Vetter Christian.

Der nahm mich sofort in Beschlag; er war Pimpf in der Hitlerjugend gewesen, hatte dort schon den ersten militärischen Schliff bekommen und kannte sich aus im Krieg- und Friedenspiel. Vetter Christian hatte Pläne gemacht: Mich in die Geheimnisse des Befehlens und Gehorchens einweihen wollte er, um, wie er sagte, „aus dir einen anständigen Menschen zu machen, dann wird aus dir auch mal was." Der vierzehnjährige Vetter hatte das Befehlen und Gehorchen gelernt bei den Pimpfen und wusste Bescheid.

An einem der schönen Sommertage des Jahres 1945 – ich höre immer noch unsere Hühner leise und verschlafen in der Sommerhitze gackern – marschierte Vetter Christian mit mir zum Flugplatz „Schäferhaus". Das war von der Terrassenstraße ein langes und hartes Stück Marsch; aber der Vetter war gut trainiert, und er verstand, mich aufzumuntern. Auch brachte er mir unterwegs den Gleichschritt bei, so dass wir flotter und energiesparender vorankamen; so lernte ich beim ersten Ausmarsch meines Lebens die Kinderkräfte richtig zu entfalten. Weiß der Himmel wie, aber wir kamen in Schäferhaus an.

Heute wohnt Vetter Christian fünf Kilometer näher am Flugplatz als damals. Auf dem Grund und Boden seines Hauses beginnt schon die Heide- und Sandlandschaft, die auch der Grund und Boden von Schäferhaus ist. Links neben der Haustür drücke ich den Messing-Klingelknopf, ich höre seine Schritte und sehe seine Gestalt in der Milchglasscheibe der Haustür. Er öffnet, er bittet mich herein.

Jeden Dienstagnachmittag gegen fünf Uhr nehme ich auf dem Sofa am Blumenfenster Platz und Vetter Christian gibt einen „Schierker Feuerstein" aus. Ich blicke mich um im gemütlichen Wohnzimmer. Da steht der Bücherschrank, dort liegt ein Kreuzworträtsel, auf dem alten Spieltisch sind Familienfotos aufgestellt. Ich möchte lange bleiben, weil mir so danach ist, aber ich bleibe immer nur ein Glas lang, lange genug, um meinen Vetter an unseren Fußmarsch im Sommer 45 zu erinnern.

Er geht langsam auf die Achtzig zu, während ich kurz vor den Siebzig stehe. Er schmunzelt, wenn ich dieses Thema berühre, und er sagt dann: „Du mit deinem Schäferhaus." Wenn wir über Vergangenes und Erlebtes, über damals und heute sprechen, dann will er von diesem Ausflug, der mir wie gestern vor Augen steht, nichts wissen. Er sagt: „Wir sind nie dagewesen, das musst du geträumt haben." Ich aber erinnere mich genau an diesen heißen Sommertag, an das heiße Kopfsteinpflaster, an den Marsch, an das „Zwo-Drei-Vier", mit dem Vetter Christian eindringlich kommandierte, und schließlich sehe ich deutlich das Schild „Zutritt streng verboten", das vor dem Tor an der Lecker Chaussee von den englischen Besatzern aufgestellt worden war.

„Wir gehen trotzdem rein", so entschied mein Vetter, und wir betraten den alten Flugplatz. Der war vollgeparkt mit Kampfflugzeugen der deutschen Luftwaffe. Es roch nach Motoröl und Schmierfett, und ein gesunder Benzinduft flog in unsere Nasen. Wir zogen ihn tief ein. Aber was für ein Anblick! Jedem Flugzeugliebhaber – ich bin heute noch einer – kommen die Tränen, wenn er so etwas sieht. Alle diese mit Mühe und Schweiß und mit fachkundigen Händen gebauten Maschinen hatten die Engländer gesprengt. Keine Focke-Wulff, keine Messerschmitt würde sich je wieder in die Luft erheben. „Zu schade, um nicht zu sagen Schweinerei", schimpfte Vetter Christian. Wir zählten die Wracks, wir sahen Kupferdrähte wie rotes Haar aus den Pilotenkanzeln hängen, wir sahen Reste von Stoff auf den Sitzen für Pilot und Copilot, wir sahen die Metallösen am Gurtzeug. Nicht alle Instrumente waren Opfer der Sprengungen geworden. Da blickte uns ein heil gebliebenes an, und Vetter Christian bemerkte dazu: Das sei ein Variometer, dessen Name ein ebenso seltenes wie schönes Wort sei. Da ich gern auf meinen Vetter hörte, glaubte ich ihm und seitdem

2.01 Straßenbahn-Haltestelle Apenrader Chaussee-Ecke Terrassenstraße, Ende 1940er Jahre.

2.02 Flugplatz Schäferhaus, Mai 1945.

1945

2.03 Sic transit gloria mundi.

2.04 Am alten Schäferhaus – weites Feld und niedriges Buschwerk.

denke auch ich: das Wort „Variometer" ist eines der schönsten Wörter überhaupt.

Mit solchem „Firlefanz" wollte er sich hier aber nicht zu lange aufhalten, denn wenn er schon mit mir hergekommen sei, dann gelte es, die Zeit mit Taten anzufüllen, das hätte man ihm schon in seiner Pimpfzeit eingebläut. Damit ließ er mich zwischen zwei Focke-Wulf 190 in der sengenden Sonne stramm stehen, und ich musste weiteren Kommandos wie „Auf" und „Nieder" und „Nach hinten wegtreten" folgen. „Ich hab's versprochen: Aus dir mache ich noch einen anständigen Menschen", flocht Vetter Christian zwischen seinen Kommandos ein.

„Das stimmt alles gar nicht", sagte hier und heute Vetter Christian, als er mir mit dem „Schierker" zuprostete. Meine Phantasie sei da wohl wieder mit mir durchgegangen. „Damals warst du noch viel zu klein, um dich jetzt noch daran zu erinnern." Allein der Weg von der Terrassenstraße bis nach Schäferhaus wäre für mich als Vierjährigen viel zu beschwerlich gewesen. In dieser Kriegsendezeit sei man sowieso nie weit weg von zu Hause gewesen. Und überhaupt: Wie hätte man damals auf den von den Engländern bewachten Flugplatz gelangen können. Nicht abzustreiten sei allerdings, dass dort wirklich unsere einst stolzen Kampfflugzeuge als Wracks ihr letztes Quartier gefunden hätten. Was aus ihnen geworden sei, das entziehe sich allerdings seiner Kenntnis. Sie seien wohl verschrottet worden. An den schönen Benzingeruch der Kriegsendezeit erinnere er sich allerdings auch noch sehr genau, den hätten die Engländer in die Luft gepustet.

Viel lieber sprach Vetter Christian bei meinen Besuchen aber von der Zeit, als dieser Flugplatz noch gar kein Flugplatz war. Er sprach dann von der Zeit vor dem ersten Weltkrieg und noch viel weiter zurück, er meinte die Zeit vor der Eisenbahn. Da habe es nur Sand und Heide, Birken und Kiefern gegeben und kilometerbreite Wege, einer davon sei der Ochsenweg gewesen, der genau dort entlang führte, wo heute der Flugplatz liege. Vom Ochsenweg sehe man nichts mehr. Aber man könne sich den lebhaft vorstellen. Pilger und Soldaten, Postkutschen und Lastwagen hätten von Norden nach Süden und umgekehrt ihren Weg dort gefunden. Logistik-Zentren am Wegesrand besorgten Unterkunft und Verpflegung für Mensch und Tier; davon zeugten immer noch die Namen der alten Ochsenweg-Wirtschaft: Augsburg und Engelsburg, Petersburg und Carlsburg. Ob Schäferhaus früher auch so ein Logistikzentrum gewesen sei, das wisse er nicht. Ob es heutzutage eines sei? Wir wussten es beide nicht. In diesem Punkt stimmten wir überein.

2.05 Segelfliegen am Schäferhaus. Der Charme der frühen Jahre.

Dass der Flugplatz genau hier seinen Platz gefunden hätte, habe seinen „Grund im Grund", sagte Vetter Christian. Es liege an der Geest mit ihrem trockenen, billigen Sandboden. Schlecht für Ackerbau und Viehzucht, gut für Verkehr und Militär. Die ersten Flugplätze baute man im Sand und auf der Heide. So auch Schäferhaus. Für Segelflieger hier oben habe die Gegend noch einen „Bonbon", die Geest liege hoch und liefere an heißen Sommertagen mehr Auftrieb als Nord- und Ostseeküste. Vetter Christian musste das wissen, er hatte sich schon in den fünfziger Jahren in der Rhön als Segelflieger ausbilden lassen, war vom Segelflug sein ganzes Leben lang nicht losgekommen. Schäferhaus und Flensburg von oben kannte er wie seine eigene Westentasche. Vom Fliegen hatte er nun aber genug. Warum genug? Dann sagte er halb scherzhaft, halb ernst: „Kuck dir mal Flensburg von oben an, da wird dir bald schlecht von den idiotisch in die Gegend gebauten Straßen. Da blickt doch keiner mehr durch! Was haben die bloß mit der alten Lecker Chaussee gemacht, die an Schäferhaus vorbeiführt!"

Das meinte auch ich; denn damals ist Vetter Christian mit mir doch die Lecker Chaussee entlang marschiert! Damals, ich sehe das genau, kamen wir den Schäferweg herauf und kreuzten die Bahnschienen der Strecke Weiche-Padburg. Heute ist da kein Durchkommen mehr. Da sind Vetter Christian und ich wieder gleicher Meinung; keine Frage. Aber von unserem Marsch zum Flugplatz Schäferhaus im Sommer 45 will er partout nichts wissen.

Kapitel

3

1950-1960
Auf neuen Schwingen.

Ortrud Teichmann

3. Auf neuen Schwingen.

- 3.1 Modellbau und Segelflug
- 3.2 Motor- und Verkehrsflug
- 3.3 Mein Weg in die Lüfte

1950-1960

3. Auf neuen Schwingen. 1950-1960

Neue Schwingen – was für eine spannende Zeit begann für den Luftsport nach dem 2. Weltkrieg!

Die Flugbegeisterung der durch den Krieg gegangenen Fliegergeneration war unerschüttert, ebenso ihr Wille, nach dem verhängten Flugverbot dereinst wieder in Deutschland fliegen zu können. Aber es dauerte bis zum 3. August 1950, bevor auf der Wasserkuppe in der Rhön der „Deutsche Aero-Club" gegründet werden konnte. Auch in Schleswig-Holstein trafen sich ab 1949 die ersten Luftsportler, welche „sehnsüchtig auf eine Wiederzulassung des Motor- und Segelflugs warteten." 12.000 Bürger beteiligten sich an einer landesweiten Unterschriftensammlung, um ihren Forderungen Nachdruck zu verleihen.[1] Im September 1950 erging auf einer Tagung in Neumünster der Gründungsbeschluss des „Landesverbandes Schleswig-Holsteinischer Luftsportvereine" und die Beauftragung eines vorläufigen Vorstandes zwecks Ausarbeitung einer neuen Satzung. Vor diesem Hintergrund erfolgte schließlich am 3. Dezember 1950 die offizielle Gründung des Landesverbandes in Neumünster. 22 Vereine und 9 Interessengruppen waren vertreten, darunter auch Vertreter der Flensburger Luftsportler. Zusammen wählte man Dr. Heinz Cordes aus Lübeck zum Präsidenten, und am 14. Januar 1951 konnte der „Landesverband Schleswig-Holsteinischer Luftsportvereine e. V." in das Vereinsregister unter der Nr. 854 beim Amtsgericht Kiel eingetragen werden.[2]

In Flensburg war der örtliche Zusammenschluss bereits ein Jahr früher erfolgt. Obwohl das Flugfeld Schäferhaus zerstört war, der Segelflug erst 1951 und der Motorflug erst 1955 wieder zugelassen werden sollten, gründeten hier einige Unentwegte um den Vorsitzenden Ollermann schon am 14. Januar 1950 den „Luftsportverein Flensburg".[3] Viel Arbeit stand bevor, denn alles musste von Grund auf neu geschaffen werden.

3.1 Modellbau und Segelflug

3.1.1 Mit Sperrholz, Leim und Segeltuch

Infolge der noch bestehenden Flugverbote stand in Flensburg, wie schon nach dem Ersten Weltkrieg, zunächst der Bau von Modellflugzeugen im Zentrum der Bemühungen. Dieser war hier glücklicher Weise zugelassen, während die Modell- und Segelfliegerei anderenorts durch britische Militärs vorerst verboten blieb, so etwa in Lüneburg.[4]

Die Flensburger Modellbauer erwiesen sich rasch als erfolgreiche Bastler. Schon bald war in der Zeitung eine „Suchmeldung" zu lesen, nachdem ein zum Probeflug gestarteter Modellsegler mit 1,80 Meter Spannweite dank überragender Flugeigenschaften in Richtung Geltinger Bucht entschwunden war.[5] Und eine weitere Besonderheit zeichnete die Flensburger Modellbauflieger aus: in ihren Reihen befand sich 1950 die landesweit einzige Mädchengruppe, hervorgegangen aus der hiesigen Staatlichen Oberschule für Mädchen (AVS). Gebaut wurden die Modelle im Werkunterricht, der Start erfolgte von einer freien Wiese am Friedenshügel.[6]

Bei den Zusammenkünften und frühen öffentlichen Veranstaltungen der Flensburger Luftsportler wurden immer wieder auch die Flugmodelle der jungen Bastler präsentiert. Diese erfreuten sich bald eines derart guten Rufes, dass auch die auf Sylt stationierte Royal Air Force als Leihgabe fünfzehn ihrer maßstabgetreuen Flugzeug-Modelle in Begleitung zweier Kurier-Soldaten zu einer solchen Vereins-Schau nach Flensburg entsandte.[7] Zusammen mit Gleichgesinnten aus dem Flensburger Umland, darunter der Modellbau-Gruppe Sterup, nahmen die Modellflieger zudem an Wettkämpfen und Meisterschaften teil. Schon 1953 konnten sie die Landesmeisterschaft erringen.[8] Als einer der erfolgreichsten Flensburger Modellbauer und Modellflieger heimste damals Gerd Schmitz zahlreiche Urkunden und Preise ein. Im Jahr 1958 begab man sich in den Ferien gar auf große Fahrt zu den Deutschen Meisterschaften in das Saarland, wo Günter Christiansen aus Sterup in seiner Altersklasse unter 91 Teilnehmern einen respektablen 14. Platz belegen konnte.[9] Und nur ein Jahr später vermochte die Flensburger Modellfluggruppe in Kiel den Titel des Landesmeisters im Modellkunstflug zu erringen.[10]

3.01 Neubeginn im Kleinen, 1950.

Einige Angehörige aus der weiblichen Jugendgruppe des Aeroclubs Flensburg bei der Arbeit in der Werkstatt

3.02 Die Mädchen-Gruppe der Flensburger Modellbauer, 1953.

3.03 Hoher Himmel – große Träume. Gerd Schmitz, 1951.

Kapitel 3   Auf neuen Schwingen. 1950-1960

1950-1960

3.1.2 Kinder des Phönix. Flensburgs neue Segelflieger

Der Bau von pilotierten Segelflugzeugen war in Deutschland bis 1951 untersagt. Als sich jedoch die Aufhebung des Verbots abzeichnete, begannen die Flensburger zur Jahreswende 1950/51 mit dem Bau eines ersten Schulgleiters, Modell SG 38. Dazu angespornt hatte gewiss auch der Besuch des Weltmeisters im Dauer-Segelflug, Gay Marchand aus Frankreich. Im August 1950 trat der Franzose in Flensburg öffentlich für die Wiederzulassung des deutschen Segelflugsportes ein und bedauerte als fairer Sportsmann die kriegsbedingte Aberkennung des 1943 vom Deutschen Ernst Jachtmann aufgestellten eigentlichen Weltrekords von 55 Stunden 52 Minuten.[11]

3.04 Segelflug-Weltmeister Guy Marchand (2.v.l.) zu Gast beim LSV Flensburg mit Vorsitzendem Ollermann (r.), 1953.

Der als Erstbau ausgewählte Segelgleiter SG 38 hatte in den Vorkriegsjahren als Standard-Ausbildungsflugzeug gedient. Es handelte sich um einen bewährten und konstruktiv bekannten Gleiter. Die dennoch erhebliche Arbeit teilten sich die Flensburger mit zwei weiteren Werkgruppen, einer in Schleswig, einer anderen in Kappeln. So entstanden in Flensburg der Rumpf, in Schleswig die Tragflächen und in Kappeln das Leitwerk.[12]

3.05 Der erste Gleiter entsteht in Arbeitsteilung, 1953.

Die Arbeitsleitung lag bei Ernst Lange, einem erfahrenen früheren Segelflieger und Fluglehrer. Die Werkstatt-Ausrüstung war bescheiden: eine alte Hobelbank, zusammengetragenes Werkzeug sowie Taschen- und Küchenmesser. Als Kleber wurde Mehlkleister verwendet. Nicht jeder Hilfswillige erwies sich dabei als hinreichend geschickt. So erinnert sich der spätere Vereinsvorsitzende Morf schmunzelnd, dass er „wegen mangelnder handwerklicher Fähigkeiten, auch nach mehreren verpfuschten Stücken, aus Sicherheitsgründen von diesem Sektor ferngehalten wurde."

Nach mehrmonatiger Arbeit konnte der Gleiter Ende März 1953 im Rahmen eines „Fliegerballs" der Flensburger Luftsportler in der Neuen Har-

3.06 Nanu, zweimal gesägt und immer noch zu kurz, 1953.

monie auf festlich geschmückter Bühne der Öffentlichkeit präsentiert werden. Die Taufe erfolgte durch Stadtpräsident Thomas Andresen, der Taufname lautete „Flensburg I". Bei dieser Gelegenheit dankte der Präsident namens der Stadt auch für die bisher vom Verein geleistete Arbeit und forderte eine gerechte Behandlung der hart getroffenen deutschen Fliegerei.[13]

In nächsten Jahren schritt der Ausbau der Segelflieger-Flotte voran. Zur Jahreswende 1956/57 war ein zweiter Gleiter Typ SG 38 in 2.500 Arbeitsstunden bis auf die Tragflächen fertig gestellt. Die feierliche Taufe auf den Namen „Picebefa" erfolgte am 24. Juni 1957 durch Kreispräsident P. Jensen, der dem Verein als Geschenk des Kreises Flensburg zudem einen Windmesser überreichte. Am gleichen Tag nahm

3.07 Startbereiter Gleiter „Picebefa" Typ SG 38, 1957.

Flensburgs Stadtpräsident C. Jensen die Taufe des ersten Doppelsitzers für den Verein vor, der vom Flensburger Unternehmer Toffer gesponsert worden war. Dieser Zwei-Mann-Gleiter von Typ „Rhönlerche" erhielt den Taufnamen „Duburg", und der Verein freute sich über einen Barographen als Geschenk der Stadt, zugedacht in Anerkennung seiner Wiederaufbauleistung für den Flensburger Luftsport.[14]

Inzwischen hatten mehrere Luftsportler auf eigene Initiative und eigene Kosten u.a. die Lehrberechtigung zum Segelflug erworben, darunter die Vereinsmitglieder Andersen, Conrad, Eichsteller, Fischer, Heinze, Helms, Lange und Schmitz. Mit ihrer Hilfe und den neuen

3.08 Die doppelsitzige „Duburg", 1957.

Gleitern erfolgte die Nachwuchsschulung auf dem mittlerweile wieder hergerichteten Flugfeld Schäferhaus. Die Verantwortungsfreude und Einsatzbereitschaft der Fluglehrer bildete eine starke Stütze des Vereins und trug wesentlich dazu bei, dass Unfälle vermieden werden konnten.

So konnte im Juli 1957 auch ein Journalist auf einen „Gastflug" in der doppelsitzigen „Duburg" mitgenommen werden, woraufhin anschließend in der Ortspresse über die Wochenendschulung vom „Rutschen" über das „Hopsen" zum ersten Gleitflug ausführlich berichtet wurde.[15]

Derlei werbende Darstellungen waren durchaus notwendig, weil das Segelfliegen, damals wie heute, in der Vor- und Nachbereitung zahlreicher fleißiger Hände bedurfte. Infolge zunächst fehlender Unterstellmöglichkeiten mussten die Segler in den frühen Jahren überdies zu jedem Flugtag zerlegt aus der Stadt herausgebracht und am Flugplatz zusammengebaut werden. Und der gleiche Aufwand wiederholte sich am Abend mit dem Abbau und Rücktransport. So erfolgten die Transporte zumeist am Wochenende, wenn genügend Helfer zur Verfügung standen. Dennoch musste hier, dies war den Verantwortlichen klar, in der Zukunft Abhilfe geschaffen werden, da der ständige Auf- und Abbau in Verbindung mit den Transportwegen zu Beschädigungen führen konnte, die auf längere Sicht die Flugsicherheit der Geräte beeinträchtigen konnten. Dies galt umso mehr, als im Jahr 1957 allein die Flensburger Segelflieger über 1.400 Starts absolvierten[16], wobei eine mittlerweile beschaffte Motorschleppwinde samt Seilrückholwagen den Segelflugbetrieb deutlich beflügelte. Seit 1958 erleichterte zudem ein von der Winde zum selbstgebauten „Towerwagen" gelegtes Telefon-Kabel die Ablauf-Koordination.

3.09 Motorschleppwinde, 1957.

3.10 Das „mobile" Start-Telefon, 1958.

Kapitel 3 Auf neuen Schwingen. 1950-1960

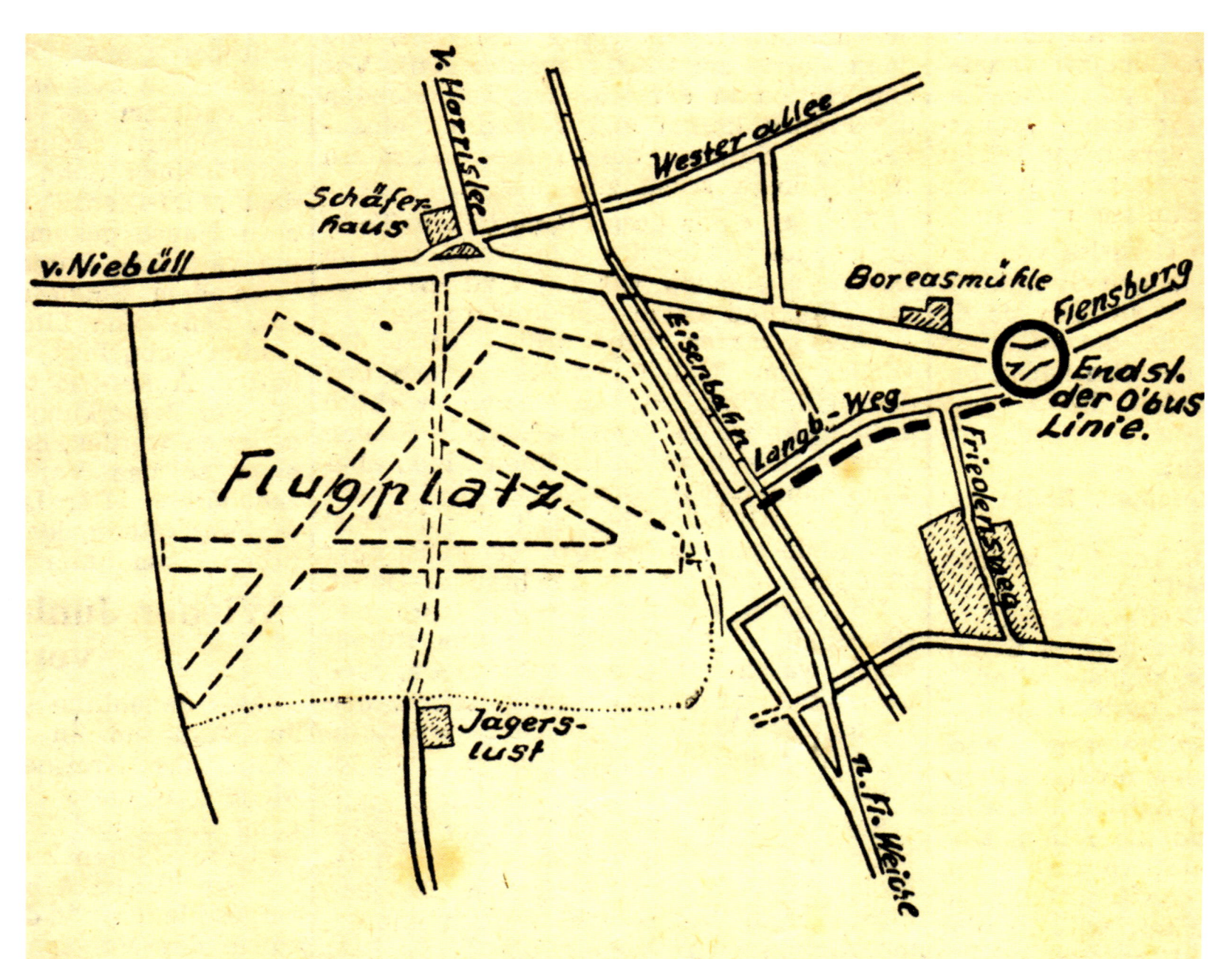

1953

Unsere Skizze zeigt Lage und Ausmaße des Flugplatzes Schäferhaus. Die im Gelände gestrichelt eingezeichneten Linien umreißen die alten gesprengten Rollbahnen

3.11 Lageskizze Schäferhaus 1953.

3.2 Motor- und Verkehrsflug

Die beschriebenen Aktivitäten der Modellbauer und Segelflieger hatten in den späten 1950er Jahren auf dem wieder hergerichteten Flugplatz Schäferhaus erfolgen können. Bis zum Erreichen dieses Zieles aber waren zahlreiche Hemmnisse zu überwinden und neue Chancen aufzuzeigen. Tatsächlich wäre die Wiederbelebung des Flugplatzes Schäferhaus ohne die unentwegten Bemühungen des Luftsportvereins und die sich ab 1955 abzeichnende regionalwirtschaftliche Bedeutung des Motorfluges wohl nicht erfolgt.

3.2.1 Warteschleife. Ringen um den Flugplatz

Die Gründung es „Luftsportvereins Flensburg" im Januar 1950 griff den tatsächlichen Möglichkeiten weit voraus. Nicht nur sollte das Motorflugverbot für weitere fünf Jahre fortbestehen, sondern auch vor Ort fehlte es zunächst an jeglicher Infrastruktur.

Auf dem früheren Flugplatzgelände befanden sich 1950 lediglich noch eine Halle und einige Baracken. In ihnen hausten Flüchtlinge und „Polizeimieter", wie damals Personen in prekären Lebensverhältnissen amtlich genannt wurden. Die Stadt bemühte sich um einen Baracken-Abbruch, der allerdings auch 1953 noch nicht gänzlich abgeschossen war.

Eigner des Geländes war die Bundesfinanzverwaltung. Von dieser hatte die Stadt das Gelände gepachtet und es sodann zwecks landwirtschaftlicher Nutzung an Unterpächter weitergegeben.[17] Erst nun wurde die trotz der Sprengungen erhalten gebliebene Drainage durch Tiefpflügen zerstört, ebenso die über Jahre verdichtete Grasnarbe. So zeichnete sich ab, dass jede künftige Wiederherstellung eines dortigen Flugbetriebes erhebliche Investitionen erfordern würde. Eine auch politisch nicht einfache Entscheidung für die weiterhin mit Flüchtlingen überbelegte und von Wohnungsnot gebeutelte Stadt. Andererseits galt es, im Blick auf die zu erwartende Freigabe des Motorfluges und der damit verbundenen Verkehrsfliegerei den regionalen Anschluss an die großen Verkehrsflughäfen zu wahren.

Dennoch stand der Luftsportverein Flensburg zunächst mit seinem Anliegen weitgehend allein da und führte direkte Verhandlungen mit einigen der Unterpächter zwecks Überlassung deren Flächen für die Vereinszwecke.[18] Nachdem dies 1951 glücklich gelungen war, erfolgte jedoch 1952 eine Neuverpachtung des Geländes durch die Stadt ohne Berücksichtigung der Vereinsinteressen, da man im Rathaus eine Komplizierung der Rechts- und Nutzungslage befürchtete. Wenig später war im Frühjahr 1953 auch das letzte Grasstück untergepflügt worden.[19]

Gelegentliche Aufmunterung erhielten die Flensburger Luftsportler in jenen Jahren von prominenter Seite. Wohl bei seinem wahlkampfbedingten Besuch in seiner Heimatstadt Flensburg Ende April 1951[20] trug sich Luftschiff-Pionier Dr. Hugo Eckener in das Goldene Buch des Luftsportvereins Flensburg ein. Dabei gab er seiner Hoffnung auf eine bald wieder in Deutschland erstehende kommerzielle Fliegerei Ausdruck und ermunterte zu entsprechender Aufbauarbeit. In ähnlicher Weise äußerte sich auch Schleswig-Holsteins damaliger Ministerpräsident Friedrich Wilhelm Lübke bei seiner wenig später erfolgten Eintragung in das genannte Ehrenbuch. Bis 1953 aber ging es diesbezüglich nur schleppend voran. Intern verständigten sich die Flensburger Luftsportler am 20. Februar 1953 auf eine

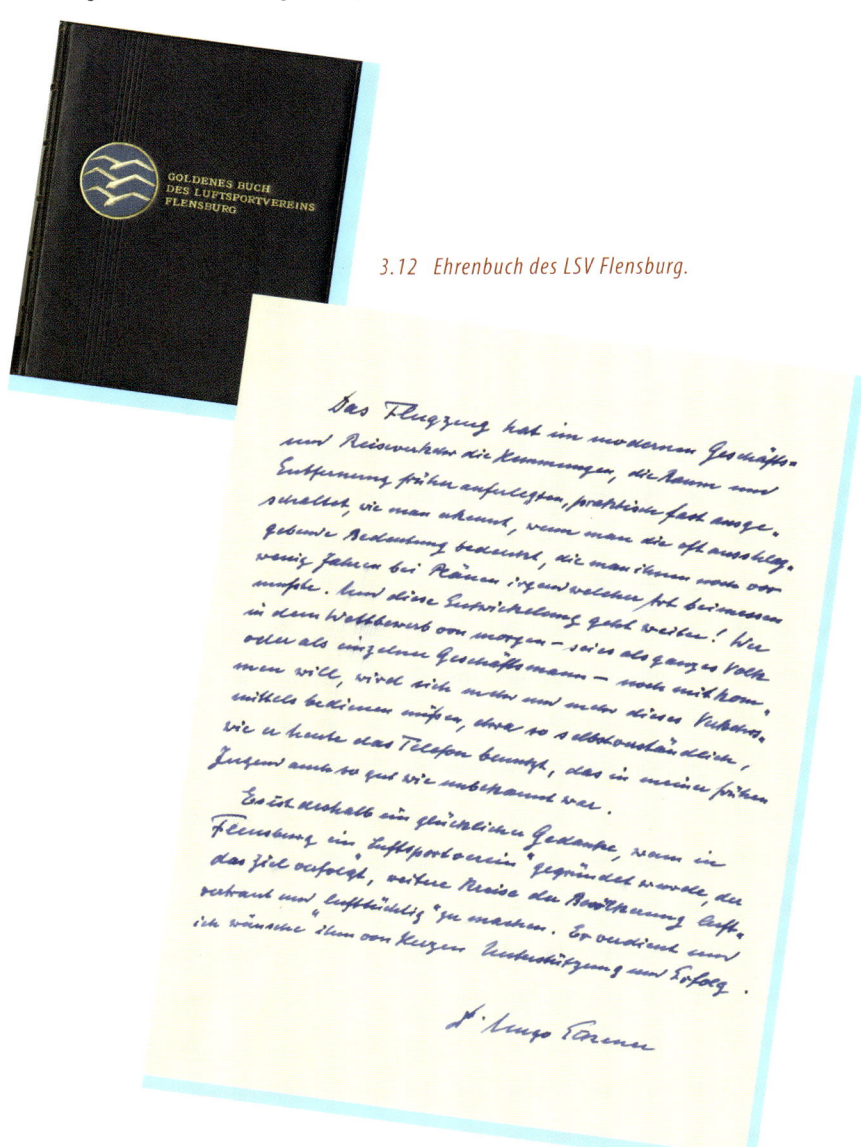

3.12 Ehrenbuch des LSV Flensburg.

3.13 Aufmunterung durch Dr. Hugo Eckener, 1951.

Kapitel 3   Auf neuen Schwingen. 1950-1960

1953-1957

3.14 Gründungseintrag des LSV Flensburg beim Amtsgericht, 1953.

endgültige Satzung, die Wahl von Peter Bargmann als Ersten Vorsitzenden und einen entsprechenden, bislang ausstehenden Eintrag in das Vereinsregister.[21] Nach außen hin aber kam es im Sommer zum offenen publizistischen Streit zwischen den Flugplatzbefürwortern und der Stadt, die sich ihrerseits unfair behandelt sah, nachdem sie bereits im Mai die Gründung eines vorbereitenden Ausschusses bekannt gegeben hatte, der auch die Belange des Luftsports berücksichtigen sollte.[22]

Mit Hinweis auf die wache Konkurrenz in Schleswig mahnte der Luftsportverein im Juni 1953 zur Beschleunigung des Verfahrens.[23] Als im August der eingesetzte Ausschuss noch immer nicht zusammengetreten war, holte man sich ministerielle Unterstützung aus Kiel und ließ den Verkehrsreferenten Pohl wenig diplomatisch in der Ortspresse mit den Worten zitieren: „Ich bin erschüttert. Jede Stadt wäre froh, wenn sie einen solchen Platz hätte."[24]

Diese verwahrte sich daraufhin pikiert in einer „Richtigstellung" gegen den Verdacht der Untätigkeit und verwies auf laufende Gespräche sowie ihren zwischenzeitlichen Beitritt zur Arbeitsgemeinschaft Deutscher Verkehrsflughäfen. Ungeschickter Weise verband der Magistrat seine Rechtfertigung jedoch mit einer Presseschelte, woraufhin sich das örtliche Tageblatt nun eindeutig auf die Seite der Flugplatz-Befürworter schlug.[25]

Eine Lösung zeichnete sich schließlich zum 1. Mai 1954 mit Ablauf des Pachtvertrages zwischen der Stadt und der mittlerweile zuständigen Bundesvermögensstelle ab. Nun trugen die zahlreichen Kontakte des Luftsportvereins, nicht zuletzt zur Finanzdirektion Kiel, der IHK sowie zum Flensburger CDU-Bundestagsabgeordneten Rasner[26] Früchte. Ausgehend von einem 14 ha großen, zwischen den gesprengten Landebahnen gelegenen Geländedreieck übernahm der Luftsportverein zum 1. Oktober 1956 das Gebiet per Nutzungsvertrag von der Bundesvermögensstelle. Durch Unterverpachtung der zunächst ungenutzten, aber zur Schafgrasung geeigneten Geländeteile konnte ein Teil der laufenden Kosten gedeckt werden, während die notwendigen Einebnungsarbeiten in mühevoller Eigenleistung durch die Vereinsmitglieder erfolgte.[27]

Dies geschah nicht zuletzt mit Kieler Rückendeckung, nachdem die Landesregierung im Juli 1956 offiziell mitgeteilt hatte, dass der Flensburger Flugplatz wieder instand gesetzt werden und der Sportfliegerei zur Verfügung stehen solle.[28] Tatsächlich verfügten nun die Flensburger Luftsportler als einziger Verein im Landesteil Schleswig über ein eigenes Gelände.[29]

3.15 Das Anfangs-Dreieck (800m x 600m x 300m) zwischen den Sprengtrichtern, 1956.

3.16 Helmut Heinze vor der KZ III, 1957.

3.17 Die frühen Motorflieger des LSV Flensburg.

3.2.2 Platzrunde. Schulung und Schautage

Am letzten September-Wochenende, dem 29./30.09.1956, erfolgte sodann im Rahmen eines ersten Flugtages nach dem Kriege die feierliche Wieder-Einweihung des Flugplatzes Schäferhaus. Ein neuer Anfang war gefunden, und auch Oberbürgermeister Andresen war mit Flensburgs stv. Stadtpräsident Wang auf dem Flugplatz erschienen, der verkündete: „Unser Flensburger Flugplatz soll weder militärischen noch Forschungszwecken dienen, sondern nur dem Sportflug, der die Ertüchtigung des Menschen im Kampf mit den Elementen zum Ziele hat."[30]

Da der Verein bis 1960 über keine eigene Motormaschine verfügte, belebten am Schautag vier Motorflugzeuge aus Sonderburg, eine Bücker 181 und ein Nurflügelsegler AV 36 aus Kiel sowie ein Segler-Doppelsitzer aus Kappeln die Szenerie.[31] Gezeigt wurden Kunstflüge der Motormaschinen mitsamt „Looping und Rolle" sowie Winden-Starts der Segelflugzeuge. Nachdem die Bevölkerung zuvor durch Abwurf von 10.000 Flugblättern informiert worden war, nutzten außerdem mehrere Hundert Besucher die nach fast 20 Jahren erstmalige Möglichkeit, für 10 DM auf einem Rundflug die Fördestadt aus luftiger Höhe betrachten zu können. Die dadurch sowie durch den Verkauf von Programmheften erzielten Erlöse legte der Verein für die spätere Anschaffung einer eigenen Motormaschine zurück.[32]

Zur Jahreswende 1956/57 waren die technischen Voraussetzungen soweit gediehen, dass Mitte Januar 1957 das Kieler Ministerium für Wirtschaft und Verkehr den Flugplatz Schäferhaus für den regelmäßigen Segel- und Motorflugsport freigab. Auf dem 800 m x 600 m x 300 m großen Dreieck durfte zudem eine Motorflugschule für Maschinen bis 2500 kg betrieben werden.[33]

Noch im selben Monat charterten daraufhin die Flensburger Motorflieger in Sonderburg zwei Maschinen, eine KZ III und KZ VII. Diese waren allerdings jeden Abend nach Sonderburg zurückzufliegen, so dass jeder Nutzung zunächst eine morgendliche Autofahrt von Flensburg nach Sonderburg vorausging, der abends eine entsprechende Rückfahrt nachfolgte.[34]

Auf diesen Maschinen begann nun neben Rundflug-Angeboten eine intensive Schulung der flugbegeisterten Vereinsmitglieder. Dabei kam es dem Verein zugute, dass manch kriegserfahrener Altflieger in Schleswig-Holstein schon 1955, gleich mit Aufhebung des Motorflugverbotes, eine Fluglehrer-Ausbildung absolviert hatte, darunter Heinz Andersen als einer der ersten in Flensburg.[35] Die ersten 14 Flensburger „Flugschüler", die am 13./14. April 1957 unter Ausbildungsleiter Andersen und Fluglehrer Helms mit ihrer „Ausbildung" in Flensburg begannen, waren ebenfalls frühere Kriegspiloten. Sie verfügten bereits über Alleinflug-Erfahrung, konnten ihre Maschinen auch ohne Fluglehrer starten und legten so binnen nur 6-8 Wochen sämtliche Prüfungen zur Zulassung als Privatflugzeug-Piloten ab.[36]

Unter einem etwas unglücklichen Stern stand der Flugtag am 23. Juni 1957. Durchaus in Anerkennung der hier geleisteten Aufbauarbeit, diente die Fördestadt erstmals wieder nach dem Kriege als Etappenziel eines vom Deutschen Aero-Club ausgerichteten Deutschlandfluges. Etwa 20 Flugzeuge wurden erwartet und entsprechend vielseitig waren die Vorbereitungen. Schlechtes Wetter aber verhinderte schließlich für nahezu sämtliche Maschinen den Anflug auf Flensburg, so dass die bereitgestellte Verpflegung von den Gastgebern zu guter Letzt selbst verspeist wurde. Lediglich drei Wettbewerbs-Flugzeuge trafen nach deutlicher Verspätung auf dem Platz ein. Unter ihnen aber befand sich der Präsident des Deutschen Aero-Clubs, Harald Quandt, der, vom Vereinsvorsitzenden Jipp freudig begrüßt, warme Worte über den „nördlichsten Sportflugplatz Deutschlands" fand: „Sie haben einen schönen Platz, auf dem man gut landen kann."[37]

Alles in allem konnte der Luftsportverein im Herbst 1957 eine positive Bilanz für das erste Flugplatzjahr ziehen. Waren 1956 insgesamt lediglich 590 Starts und Landungen erfolgt, konnten 1957 nicht zuletzt wegen der nun vielen ausbildungsbedingten Platzrunden[38] bereits 6.360 Platzflüge sowie 458 Landungen von auswärtigen Flugzeugen gezählt werden, denen im Jahr 1958 weitere 4.474 Platzflüge und 504 Landungen auswärtiger Flugzeuge folgten.[39]

Kapitel 3 Auf neuen Schwingen. 1950-1960

3.2.3 Per aspera ad astra: Durch Mühsal zu den Sternen

Engagement, Eigeninitiative und Eigenleistungen der Mitglieder samt ihrer Familien bildeten eine starke, aber auch unerlässliche Basis beim angestrebten Ziel, Schäferhaus als Luftsportzentrum im Landesteil Schleswig zu etablieren. Segel- und Motorflieger gleichermaßen scheuten bei der frühen Aufbauarbeit keine Mühe, den Platz und den Verein voranzubringen. Dieser gemeinsame Einsatz führte wiederum zu einem enormen Zusammenhalt zwischen allen Fliegern. Die weitgehend gemeinsame Generationen-Erfahrung mit Diktatur, Krieg und Nachkriegs-Not setzte damals eine Schaffenskraft frei, die heute weniger selbstverständlich ist. Als etwa 1958 die Errichtung eines Parkplatzes notwendig wurde, weil zu viele auf dem Flugfeld abgestellte Kraftwagen die dortige Flugsicherheit beeinträchtigten, appellierte der Flugleiter in einem Rundbrief im aufrüttelnden Sprachduktus jener Jahre an die Mitglieder: „Ich schlage daher vor: Sonnabend - Sonntag neben dem Flugdienst – Arbeitsdienst: Alle Kameraden bringen (...) Schaufel, Pickel, Hammer und Krampen mit. Jeder opfert 1 bis 2 Stunden. Ehe am Sonntagabend die Sonne sinkt, ist unser Parkplatz geschaffen. Welcher Kamerad möchte bei dieser Arbeit nicht dabei gewesen sein?"[40] – Kurze Zeit darauf war die Parkfläche fertig gestellt.

Die beschränkten äußeren Umstände erforderten die Einsatzbereitschaft des Einzelnen zum Besten des Ganzen. So hielt auch der Fliegeralltag jener frühen Jahre manch eine, heute kaum mehr vorstellbare Herausforderung bereit. Da auf dem Platz zunächst keine Tankstelle existierte, musste jedes Brennstoff-Fass aus dem Zolllager in der Nikolaiallee 60 selbst herbeigeschafft werden. Die Betankung erfolgte sodann per Hand mittels Kanistern oder Pumpschläuchen aus den Fässern.[41] Zulieferer in die Nikolaiallee war die „Benzin und Petroleum Aktiengesellschaft" (BP), die auf den Flugtagen 1956, 1957 und 1958 auf dem Platz einen eigenen Nottankdienst betrieb. So waren bald alle Beteiligten bemüht, eine ständige Tankstelle oder doch zumindest einen 300 Liter Tankwagen auf dem Platz vorzuhalten, da auch die IHK Flensburg hierin einen wichtigen Anreiz für die noch junge Geschäftsfliegerei sah.[42] Doch bis dahin sollte es noch ein weiter Weg sein.

Ähnlich umständlich war die Beschaffung von Motorenschmieröl. Dieses musste noch im Sommer 1959 eigens aus Hamburg angefordert werden, als sich eine „Tiger Moth" für Banner-Reklameflüge über Flensburg ankündigte.[43]

Ein weiteres Problem bescherte die Grenzlage. Schon früh hatte man die Anerkennung des Platzes Schäferhaus als Zollflughafen angestrebt.[44] Im April 1957 genehmigte das Verkehrsministerium Kiel schließlich eine Zollabfertigung auf dem Platz, wodurch Piloten aus Skandinavien nun nicht mehr vorab den Zollflughafen Kiel anfliegen mussten, sondern direkt nach Flensburg fliegen konnten. Freilich mussten derlei Einflüge mehrere Tage vorher durch Telegramm oder Telex angemeldet werden. Dies vorausgesetzt, erschien zum vereinbarten Termin ein Zollbeamter auf dem Platz für eine dortige behördliche Abfertigung. Reine Frachtenflüge aber blieben von diesem vereinfachten Verfahren ausgeschlossen.[45]

Die Notwendigkeit einer vorherigen Anmeldung galt jedoch nicht nur aus zolltechnischen Gründen für Grenzüberflieger, sondern aus ganz profanen Gründen auch für werktägliche Inlandsflüge nach Schäferhaus. Der dortige Flugleiter Eichsteller war nämlich damals nicht etwa hauptberuflich auf dem Platz tätig, sondern verrichtete diesen wichtigen Dienst in ehrenamtlicher Funktion neben seiner täglichen Arbeit im Kraftfahrtbundesamt (KBA) und war daher nur an den Wochenenden regelmäßig auf dem Flugplatz anzutreffen. Aus diesem simplen Grund gingen die meisten Voranmeldungen beim KBA ein, über dessen Fernmeldenetz, heute undenkbar, Eichsteller unter der Woche alle Fernschreiben, Telegramme und auch Telefonate für die Flugleitung abwickelte.[46]

3.18 Gemeinschaft auf dem Flugfeld. Lieschen Andersen schenkt Kaffee aus.

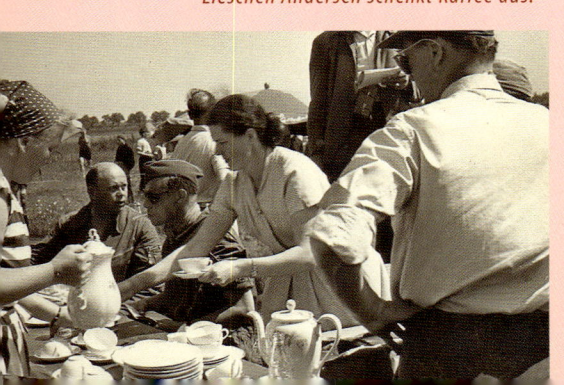

3.19 Gemeinsames Anpacken, 1958

3.20 Handarbeit. Betankung der KZ VII für den nächste Übungsflug. Auf der Tragfläche Heinz Andersen, 1957.

1957-1960

3.2.4 Auf eigenen Schwingen. Der lange Weg zum ersten Vereins-Motorflugzeug

Abgesehen vom Zeitaufwand für die Piloten, belastete den Verein das flugtägliche Zurückbringen der Charter- und Schulungsmaschinen nach Sonderburg mit zusätzlichen Kosten für Treibstoff und Zollabfertigung.[47] Da außerdem zunächst nur wenige Piloten die gecharterte KZ VII in Volllast, also mit drei zahlenden Passagieren, fliegen durften, blieben die Einnahmen begrenzt. Seit dem ersten Flugtag 1956 war der Verein daher bemüht, ungeachtet aller übrigen Beanspruchungen, stetig Rücklagen für ein eigenes Vereins-Motorflugzeug zu bilden.

Schon im Jahr 1957 veranstaltete man nach Abschluss des Flensburger Flugtages und den dort erzielten Erlösen aus Rundflügen und Programmheft-Verkäufen zwei weitere, nun auswärtige Lufttage: zunächst am 10./11. August in Leck, gefolgt von Eggebek am 7./8. September. Auf diesem Wege konnte ein weiteres zahlendes Publikum erreicht werden, das dankbar die neue Gelegenheit zu lokalen Rundflügen über dem jeweiligen Heimatort annahm.

So dienten die Flugtage des Vereins neben der Selbstschau und öffentlichen Werbung für den Luftsport stets auch der Rücklagenbildung, – wie auch der große Flugtag am 19. Juli 1959. Basierend auf den mittlerweile gewonnenen Erfahrungen, stellte das Schauprogramm an jenem Sonntag die früheren Veranstaltungen gleichsam in den Schatten. Spektakuläre Vorführungen wurden geboten: die „Burda-Staffel" zeigte mit drei Maschinen einen „artistischen Luftzirkus". Albert Falderbaum, einer der besten damaligen Kunstflieger in Deutschland, demonstrierte beeindruckende Flugfiguren im Segel- und Motorflug. Die Itzehoer Heeresflieger erschienen mit einer Do 27, und die Kieler Seenotstaffel zeigte ihren Rettungs-Hubschrauber. Und schließlich vollführte die Fallschirm-Gruppe um Buby Schierning diverse Absprünge, mit dabei auch der 22-jährige Karlheinz Frühauf aus Flensburg.

Hinzu kamen die Vorführungen der einzelnen Vereinssparten mit Modellbau, Segel- und Motorflug. Dank des guten Wetters wurden zudem die Rundflüge sehr gut angenommen. Stadtpräsident Dr. Hanno Schmidt, der die Grüße und

3.21 Programm des Flensburger Großflugtages 19.07.1959.

Glückwünsche der Stadt überbrachte, sah wie die vielen anderen Besucher und Gäste einen „tadellos organisierten Großflugtag", der dem Verein alle Ehre machte.[48]

Und auch die Einnahmen waren erfreulich, das Rücklagenkonto wuchs abermals an. Als zudem weitere Spendengelder hinzukamen, wurde 1960 schließlich das lang erstrebte Ziel erreicht: der Verein verfügte nun über die damals bedeutende Summe von 12.000 DM und konnte damit als erste eigene Motormaschine eine amerikanische Piper J3c mit der Kennung D-ECAP erwerben.[49]

3.22 Ziel erreicht: eine Piper J3c als erste Vereins-Motormaschine, 1960.

3.3 Mein Weg in die Lüfte

Die vorausgehende Beschreibung der Jahre von 1950 bis 1960 basiert sowohl auf eigenen Recherchen in Zeitungen und früheren Festschriften wie auch auf Erzählungen und Unterlagen von heute sämtlich verstorbenen Gründungsmitgliedern. Darunter befindet sich der fliegerische Nachlass von Dr. Heinz Morf, der von 1963-1973 und 1982-1984 als 1. Vorsitzender des Luftsportvereins Flensburg amtierte. Ebenfalls durch dankenswerte Hilfe von Frau Lotti Morf konnte ich die Aufzeichnungen von Heinz Andersen einsehen, den ersten Ausbildungsleiter des Vereins. Außerdem gilt mein Dank der Familie von Eitzen, die mir nach dem Tode des Flugplatz-Chronisten Hans Werner von Eitzen dessen Unterlagen bereitstellte, darunter auch die Korrespondenz des ersten ehrenamtlichen Flugleiters Waldemar Eichsteller.

Ich selbst bin erst in den 1970er Jahren zur Fliegerei gekommen, und dieser Weg war mir keinesfalls vorgezeichnet. Nach der Ausbildung meines Mannes 1969 zum Motorflieger und unserem Umzug nach Flensburg bin ich häufig, aber eigentlich immer in Angst mitgeflogen. Schon der leiser werdende Motor durch Gasrücknahme beim Landeanflug verschreckte mich. Diese und viele weitere Verunsicherungen führten schließlich zur Flucht nach vorn und meinem wagemutigen Entschluss, selber den Motorflugschein zu erwerben, dessen Prüfung ich im September 1975 bestand. Hilfreiche Unterstützung fand ich dabei durch meinen Vater sowie sehr geduldige Flugleiter, die zusammen im Tower während der Übungsstunden auf meine beiden Kinder achteten. Diese fanden meine ersten Aufsetzer höchst unterhaltsam: „Ha, Mutter landet mehrmals!"

Sehr dankbar gedenke ich meines damaligen Fluglehrers Heinz Andersen und seiner wohlmeinenden Ratschläge: „Nicht so weiße verkrampfte Knöchel beim Landeanflug, Frau Teichmann. Und die Holzschuhe in Zukunft nicht mehr zum Fliegen anziehen!". Mein anderer Fluglehrer, Gerd Schmitz, war weniger einfühlsam und drückte beim Landen schon mal kräftig das Steuerhorn, was mich als Anfängerin beim dann rapiden Sinkflug sehr erschreckte - und ihn amüsierte. 1975 gab es nur wenige weibliche Motorflieger in Flensburg, was Schmitz wohl als adäquat empfand. Im von vielen Fliegern überfüllten Tower warf er mir eine Rechenscheibe über den Tisch zu: „Hier, das können Sie 'mal üben, wenn Sie am Kochpott stehen!" Ich musste ihm beweisen, dass ich fliegen wollte und konnte – und habe dabei viel gelernt.

Da ich während der Ausbildung die Vereinsmaschine nutzte, trat ich 1975 dem Luftsportvereins Flensburg bei. Bald leitete ich über viele Jahre das in vereinseigener Arbeit errichtete und von den Vereinsfliegern betriebene Clubheim. Anfang 1984 wählte man mich zur 2. Vorsitzenden, und nach dem tödlichen Flugunfall des Vorsitzenden Hans Ekke Heitmann und Geschäftsführers Guschi Tesch am 14. August 1984 übernahm ich zusammen mit Alfred Neumeier

3.23 Flug über Flensburg. Ortrud Teichmann am Steuerhorn.

als Notvorstand die Vereinsleitung. Die folgende Mitgliederversammlung am 28. September 1984 wählte dann Lilo Ullrich zur Ersten Vorsitzenden und bestätigte mich als 2. Vorsitzende, bis ich 1992 dieses Amt abgab.

Vor diesem Hintergrund ist es verständlich, dass mir der Fortbestand des Flugplatzes Flensburg-Schäferhaus am Herzen liegt. Er ist unter schwierigsten Ausgangsbedingungen durch die Schaffenskraft der Kriegs- und Nachkriegsgeneration wieder aufgebaut worden. Heute wie damals bietet er, neben seinem gewerblichen Nutzen, nicht zuletzt vielen jungen Menschen persönlich wie auch technisch anspruchsvolle Herausforderungen, stärkt das Verantwortungs- und Gemeinschaftsgefühl und leistet damit eine gesellschaftsrelevante Sinnstiftung. Auch dies sollte in der aktuellen Kontroverse bedacht werden.[50]

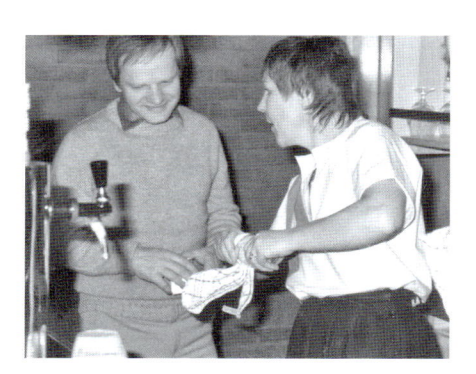

3.24 Mittendrin. Ortrud Teichmann im Vereinsheim.

Kapitel

1960-1981
Touch and go.

Manfred Bühring/Broder Schwensen/Ortrud Teichmann

4. Touch and go.

- 4.1 Gründung der Flensburger Flughafenbetriebsgesellschaft mbH (FFB GmbH)
- 4.2 Platzausbau und Lufthansa-Schulung
- 4.3 Cimber Air
- 4.4 Blindflug
- 4.5 Notlandung

1960-1981

4. Touch and go. 1960-1981

4.1 Gründung der Flensburger Flughafenbetriebsgesellschaft mbH (FFB GmbH)

Die Wiederbelebung des Flugbetriebes am Schäferhaus in den 1950er Jahren kollidierte bald mit den Interessen der 1956/57 neu aufgestellten Bundeswehr. Diese nutzte das umliegende Gelände nun wiederum als Standort-Übungsplatz. So fand sich das kleine Flugfeld-Dreieck bald inmitten eines militärischen Übungsgeländes wieder – eine für beide Seiten unerquickliche und auch nicht ungefährliche Situation.

In gemeinsamen Verhandlungen erörterten das Kieler Wirtschaftsministerium, die Bundeswehr und der Luftsportverein eine Verlegung des Landeplatzes aus der Mittellage in die Nordostecke des Areals, entlang der B 199.[1] Diese Verlegung war dringend notwendig, weil sich der Verkehr auf dem Flugplatz Schäferhaus gegenüber den Vorjahren enorm aufwärts entwickelt hatte, wobei der Juli 1959 einen Rekord verzeichnete, was freilich auch mit dem großen Flugtag in diesem Monat zu tun hatte. Aber auch der Juni 1959 lag mit 328 Starts nur wenig darunter.[2]

Nach dem erfolgreichen Abschluss der Verhandlungen trafen sich Vertreter des Standortes, der Wehrbereichsverwaltung und des Luftsportvereins vor Ort und steckten das neue Flugfeld ab.[3] Dieses Gelände war bedeutend größer als das ursprüngliche Dreieck. Einer der Gründe für die Ausweitung lag in der zeitlich parallelen Vorbereitung einer „Flensburger Flughafenbetriebsgesellschaft mbH" (FFB GmbH), an der die Stadt Flensburg, der Landkreis Flensburg, die regionale Wirtschaft und der Luftsportverein beteiligt werden sollten. Chancen sah man in der Geschäftsfliegerei, dem Bäderverkehr und Zubringerflügen nach Hamburg und Kiel. Die FFB GmbH sollte dazu dienen, den Flugplatz Schäferhaus künftig auch für derlei Zwecke der Bedarfsfliegerei zu betreiben. So waren in die Finanzierungs-Erwägungen neben der Einsaat des neuen Geländes auch eine neue Flugzeughalle, ein Raum für die Flugleiter und entsprechend hinreichende sanitäre Anlagen einbezogen worden. Am 12. April 1960 konstituierte sich die FFB GmbH[4], und die Flensburger Ratsversammlung beschloss am gleichen Tag ihren Gründungsbeitritt, wodurch der Weg zu einem professionellen und kommerziellen Flugplatzbetrieb bereitet wurde.[5]

Zwecks „Benutzung als Luftlandeplatz" wurde die Flugplatz-Liegenschaft mit Vertrag vom 12./18. April 1961 durch die FFB GmbH von der Bundesrepublik Deutschland (Bundesfinanzverwaltung), vertreten durch die Bundesvermögensstelle Flensburg, rückwirkend vom 01. Juli 1960[6] für einen Zeitraum von zunächst 20 Jahren angepachtet.[7]

4.2 Platzausbau und Lufthansa-Schulung

Sogleich erfolgte die Weichenstellung in Richtung eines kommerziellen Ausbaus. Ende Januar 1961 beantragte die FFB GmbH beim Landesministerium für Wirtschaft und Verkehr die Zulassung des gepachteten Flugplatzgeländes samt der neu errichteten Startbahn. Die entsprechende Genehmigungsurkunde vom 01. Juni 1961 erlaubte, allerdings nur vorbehaltlich der Rechte Dritter, eine Nutzung als öffentlicher Landeplatz für Motorflugzeuge, als Segelfluggelände für alle Startarten sowie für Fallschirmabsprünge. Das zulässige Flugzeuggewicht durfte 5,7 to nicht überschreiten, die Rollstrecke bei Start- und Landung höchstens 750 m betragen und lediglich Sichtflug erfolgen, beschränkt auf die Zeit von einer halben Stunde vor Sonnenaufgang bis eine halbe Stunde nach Sonnenuntergang.[8]

Nur wenig später, am 18. Oktober 1961, erteilte die Behörde jedoch auf Antrag der FFB GmbH die Genehmigung, bei technischer Ausrüstung des Platzes durch Landebahn-Beleuchtungen den Flugbetrieb „in Ausnahmefällen" auch auf die Nachtstunden auszudehnen. Eine weitere Genehmigung verdoppelte ab dem 24. Januar 1964 das zulässige Maschinengewicht auf 10 to und gestattete nun Rollstrecken bis zu 780 m. Außerdem wurden die Bedingungen für Nachtflüge neu gefasst.[9]

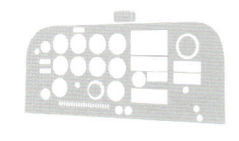

4.01 Blick auf den Flugplatz vor den vielfältigen Ausbauten in den 1960er Jahren.
Der Pfeil verweist auf die frühe Unterkunft der Flugleitung
in einer ehemaligen Luftwaffenbaracke.

4.02 Gründungsschlagzeile der FFB GmbH, Januar 1960.

Flughafengesellschaft „unter Dach und Fach"
Gesellschafter-Vertrag gestern nachmittag unterzeichnet / Stammkapital 80 000 DM
Stadt Flensburg mit 60 Prozent beteiligt

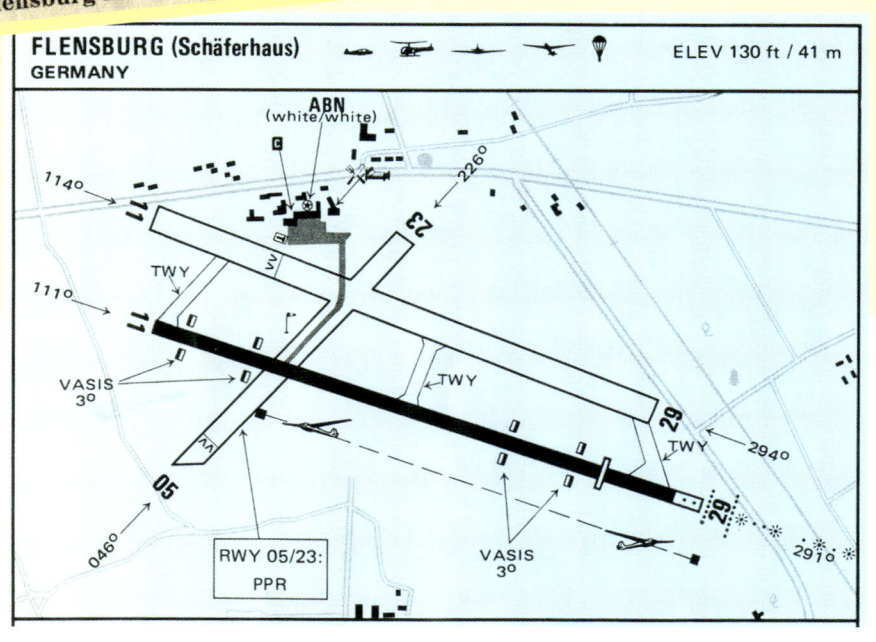

4.03 Lageplan und Ausbau des Flugplatzes Flensburg 1977.

Kapitel 4 Touch and go. 1960-1981

Bis 1978[10] entstanden auf dem schließlich 84 ha großen Platz:

- *1 Grasbahn von 1.200 m Länge (1961/62)[11]*
- *1 Grasbahn von 800 m Länge*
- *1 Betonbahn von 1.200 m Länge*
- *Bahnbefeuerungen und Funkpeileinrichtungen auch für Nachtflüge*
- *3 Flugzeughallen*
- *Arbeitsräume für die Fluglagleitung, einschließlich Tower*
- *1 Flugabfertigungsraum*
- *1 Tankanlage mit zunächst zwei 20 cbm Tanks[12] (1965), 1968 ergänzt um einen 30 cbm Tank[13]*
- *1 Flughafenrestaurant mit 120 Plätzen (1968)[14]*
- *1 Motel mit 28 Betten (1969)[15]*

4.04 *Der neue Tower samt „Platz-Bulli".*

Diese Nutzungsausweitung erfolgte nicht zuletzt wegen der seit 1962 auf dem Flugplatz Schäferhaus in Absprache mit der Deutschen Lufthansa abgehaltenen Pilotenlehrgänge, denen ab 1965 die Errichtung einer Schulungs-Zweigstelle folgte.[16] Anfang 1968 wurde der Lufthansa auf dem Flugplatz Flensburg Schäferhaus gegen ein entsprechendes Nutzungsentgelt die Erteilung von theoretischem und praktischem Flugunterricht für ihre Flugschüler vertraglich genehmigt:[17] „Die DLH errichtet in Flensburg auf dem Flugplatz Schäferhaus eine Außenstelle ihrer Verkehrsfliegerschule Bremen, um dort bis zu drei Lehrgängen mit je rd. 15 Flugschülern Flugtraining, theoretischen Unterricht und Linktraining zu erteilen."

Dafür vermietete die FFB GmbH der DLH „zur ausschließlichen Nutzung":

- ein Unterrichtsgebäude mit 280 qm
- die Flugzeughalle B mit ca. 490 qm
- Unterstellflächen in der Flugzeughalle A für bis drei Flugzeuge
- ein Unterkunftsgebäude von 300 qm
- 30 Parkplätze

Die letztendliche Mietpauschale betrug 100.000 DM jährlich, die Laufzeit zunächst fünf Jahre. Im Gegenzug stellte die FFB GmbH laut Vertragstext die Lufthansa „von allen Schäden und Kosten frei, falls Dritte aufgrund von Lärmbeschwerden trotz ordnungsgemäßer Flugbetriebsdurchführung Ansprüche stellen (…)".[18]

So kam es spätestens seit Mitte der 1960er Jahre zu einer deutlichen Nutzungsverschiebung des Flugplatzes, eindrucksvoll dokumentiert durch das Zahlenverhältnis zwischen den Starts der Lufthansa-Flugschulung einerseits und den übrigen regionalspezifischen Nutzern andererseits:[19]

Monat	Starts DLH	Starts Sonst.
Januar 1967	1434	167
Februar 1967	1470	320
März 1967	1713	265
April 1967	3411	625
Mai 1967	2135	897
Juni 1967	4051	890
Juli 1967	3418	833
August 1967	2686	1113
September 1967	2452	614
Oktober 1967	1800	400
November 1967	1499	251
Dezember 1967	613	169
Januar 1968	289	108
Februar 1968	453	295
März 1968	1138	341

1968

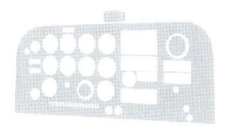

4.05 Seit 1962 erfolgten Schulungskurse der Deutschen Lufthansa auf dem Flugplatz, hier ein frühes Bild mit den zunächst genutzten de Havilland-Maschinen „Chipmunk".

4.06 Der Flugplatz Mitte der 1960er Jahre. Unten links der Flaggenmast mit der damaligen Lufthansa-Fahne, auf dem Vorfeld u. a. abgestellte „Chipmunk"-Schulungsmaschinen, darüber die Tankanlage.

4.07 Frühes Unterkunfts- und Unterrichtsgebäude für die Lufthansa.

4.08 Die damals guten Beziehungen zwischen der Deutschen Lufthansa, der FFB GmbH und der Stadt Flensburg wurden unterstrichen durch die Taufe der ersten Lufthansa Boeing 737 auf den Namen „Flensburg". Hier Taufakt am 16. Februar 1968 in Hamburg, vorgenommen von OB Adler und Frau Anni Jensen, Gattin von Stadtpräsident Leon Jensen.

4.09 Der feierlich enthüllte Namenszug.

4.10 Schmankerl für Philatelisten: der Tagesstempel zum Taufakt über den Nordertor-Briefmarken.

Kapitel 4 Touch and go. 1960-1981

4.12 Flensburgs Sportflieger, hier Helmut Heinze, warfen sogleich ein interessiertes Auge auf die ausgemusterten DLH-„Chipmunk".

Im Sommer 1968 wurde der Lufthansa-Schulungsbetrieb auf dem Flugplatz Flensburg mit zehn Einpropeller-Maschinen des Typs „Beech Debonair" durchgeführt. Parallel liefen drei Kurse mit insgesamt mind. 47 Schülern, wobei regelmäßig fünf Maschinen für ortsnahe Platzrundenflüge und fünf Maschinen für Überlandflüge eingesetzt waren. Zwecks Bewältigung des Ausbildungsplans verlief der Flugbetrieb werktäglich regelmäßig von 8.00-12.00 Uhr und 13.00-18.00 Uhr. Allerdings trafen zurückkehrende Überlandflugzeuge unter Umständen auch erst in der Mittagspause oder in den Abendstunden nach 18.00 Uhr wieder auf dem Flugplatz ein. In Ausnahmefällen erfolgten Starts der Schulungsmaschinen auch sonnabends und sonntags, etwa „bei Privatflügen der 10 Fluglehrer".[20]

4.11 Ab 1968 erfolgte die Piloten-Schulung der Lufthansa in Flensburg mit Maschinen des Typs Beechcraft Debonair.

Eine weitere Fluglärmquelle bildete der Marinefliegerhorst Eggebek mit seinen dort stationierten Starfighter-Düsenmaschinen. Die dortige Landebahn-Ausrichtung erzwang einen Landungsanflug über Flensburg in nurmehr 2.000 Fuß Flughöhe. Hinzu kamen der für viele Zeitgenossen damals noch ungewöhnliche „Überschallknall", auch ausgehend von den Maschinen auf dem Fliegerhorst Leck, sowie übungsbedingte Tiefflüge, die wegen der unvermutet raschen Annäherung der Jets immer wieder zu Schreck-Erlebnissen in der Bevölkerung führten.[21]

So nimmt es nicht wunder, wenn sich alsbald eine „Notgemeinschaft der Lärmgeschädigten vom Flugplatz Schäferhaus" bildete.[22] Der Magistrat versuchte zu vermitteln: einerseits insistierte man ohne Erfolg beim Bundesverteidigungsministerium[23], andererseits versuchte man, die Lufthansa zum Einbau von Schalldämpfern in die Schulungsflugzeuge zu bewegen – erhielt von dort aber eine staubtrockene Abfuhr.[24]
Das Fernsehen schickte ein Kamerateam,[25] und schließlich kam es zur Klage,[26] wobei das Schleswig-Holsteinische Verwaltungsgericht am 28. August 1968 den mittlerweile üblich gewordenen Flensburger Flugplatzbetrieb wegen eines fehlenden entsprechenden Planfeststellungsverfahrens als „rechtswidrig und ungenehmigt" betrachtete.[27]
Infolge der Rechtsfristen samt Teilurteilen und Berufungen zogen sich die Verfahren hin. Erst 1976 wurde die FFB GmbH in letzter Instanz hinsichtlich einer Anwohnerklage aus dem Jahr 1967 gegen den schulungsbedingten Fluglärm und die damit verbundene Nutzungsminderung des Wohngrundstückes zu Schadensersatz verurteilt.[28]
Währenddessen war im Vorgriff auf das nun angeschobene Planfeststellungsverfahren zur Genehmigung eines Verkehrslandeplatz-Betriebes die Anpassung des Pachtvertrages für das Flugplatzgelände erfolgt. Der neue Vertrag datierte vom 17./28. Januar 1969; die Laufzeitvereinbarung blieb dabei unverändert.[29] Nach dem Planfeststellungsbeschluss vom 23. Mai 1969, welcher der Lufthansa u. a. der Einbau von Schalldämpfern in die Schulungsmaschinen auferlegte[30] und für die Wohngebiete am Flugplatz den „äquivalenten Dauerschallpegel" auf 67 dB begrenzte[31], wurde der FFB GmbH mit Schreiben vom 03. Juni 1969 durch den Minister für Wirtschaft und Verkehr des Landes Schleswig-Holstein dann auch die für den weiteren Betrieb des Flugplatzes zwingend notwendige Genehmigung erteilt,[32] – eine Entwicklung, gegen die die „Notgemeinschaft" zwar weitere Klagen anstrengte, welche sich mit Anschlussverfahren bis in die 1970er Jahre hinzogen,[33] der sie aber letztlich in der Sache unterlag.[34]

„Völlig überraschend" erreichte daher am 07. Dezember 1970 OB Adler die Mitteilung der Lufthansa, mit Ablauf des 31. März 1971 ihre Pilotenschulung aus Flensburg abzuziehen und zugunsten einer zentralen Ausbildungsstätte in die USA zu verlegen.[35] Begründet wurden die vorzeitige Kündigung des Mietvertrages für die Unterkunfts- und Schulungsräume und die Verlegung mit den Auflagen aus dem Planfeststellungsbeschluss vom 23. Mai 1969, die nach Meinung der Deutschen Lufthansa den Schulungsbetrieb vertragswidrig einschränken würden.[36] Damit gingen der FFB GmbH jährliche feste Einnahmen in Höhe von 100.000,00 DM aus dem Mietvertrag verloren.[37] Hinzu kamen Einnahmeausfälle von jährlich mindestens 85.000,00 DM aus entgangenen Landegebühren, Benzinabsatz etc.[38] Darüber hinaus verlor der Flugplatz mit der Deutschen Lufthansa einen Imageträger, von dem auch positive Wirkungen für die wirtschaftliche Entwicklung der Region erwartet wurden.
Zur Vermeidung einer gerichtlichen Auseinandersetzung einigten sich die FFB GmbH und die Deutsche Lufthansa auf einen Vergleich, in dem die Lufthansa 100.000,00 DM als Ausgleich für die vorzeitige Vertragsauflösung zahlte.[39]

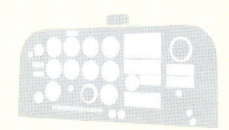

Der Flugzeuglärm

Die meisten Anlieger des Flugplatzes Schäferhaus wünschen ihn schon lange zum Blocksberg! Sie sind auch ohne ihn soviel Großartigem der Technik ausgesetzt, daß sie diesen Lärm durchaus entbehren können. Nach den Ausführungen von Leserbriefschreiber P. F. zu urteilen, lebt man wohl auf dem Blocksberg in der Neandertaler-Epoche und weiß noch nichts von den gesundheitlichen Schäden, die durch Lärm, Auspuffgase usw. verursacht werden.

Was sollen wir denn alles aus irgendwelchen Gründen ertragen? Den übersteigerten Kraftfahrzeugverkehr mit seinen großen Mengen an Auspuffgasen um der Wirtschaft und Konjunktur willen. Den noch größeren Lärm der schweren Bundeswehrfahrzeuge einschließlich Panzer mit ihren widerlich stinkenden Abgasen um der Sicherheit willen. Den Düsenjägerlärm und den Schießlärm vom Truppenübungsplatz um einer gesicherten Freiheit willen. Den Lärm des Schulbetriebes auf dem Flugplatz Schäferhaus um der Rentabilität des Flugplatzes willen. Einmal ist der Topf voll und läuft über. Einmal wird die Grenze des Erträglichen überschritten!

Was nützt uns die Konjunktur, wenn wir krank werden? Was nützt uns die Sicherheit, wenn wir körperlich und seelisch dabei verfallen? Was nützt uns die gesicherte Freiheit, wenn wir dahinsiechen? Wer soll sich im Zeitalter der Technik unsere schöne Heimat, die durch die Technik mit ihrem Lärm weitgehend verschandelt wird, schwärmerisch von oben ansehen, wenn eben der Lärm der Technik seine Nerven zerrüttet hat?

Man braucht nicht gegen die Fliegerei zu sein, um den Lärm vom Flugplatz Schäferhaus auf den Blocksberg zu wünschen. Nicht jede Fliegerei macht Lärm oder soviel Lärm. Die Segelfliegerei ist fast lautlos. Die wenigen Starts und Landungen der Privatmaschinen und der paar Kursmaschinen sind auch noch zu ertragen. Was nervtötend wirkt, ist der Schulbetrieb bei Tag und Nacht mit erst leiseren und dann lauteren Maschinen. Einen Schulbetrieb so dicht an Wohngebieten durchzuführen zeigt Rücksichtslosigkeit an, und man kann dann von den Betroffenen schlechterdings keine Rücksichtnahme verlangen!

Wer ist denn interessiert am Flugplatz Schäferhaus? Die Stadt Flensburg aus wirtschaftlichen Gründen sicherlich nicht, denn bislang war der Flugplatzbetrieb immer noch auf Zuschüsse angewiesen. Der Aeroclub mit vornehmlich Segelfliegerei ist daran interessiert, weiter Fluggesellschaften und die wenigen Flugzeughalter aus Flensburg und Umgebung. Sie sind daran interessiert, daß sich der Betrieb rentabel gestaltet. Möge diese Handvoll Personen sich zur Aufrechterhaltung ihres Sports oder Geschäftes dafür einen anderen Weg suchen als den Schulbetrieb der Lufthansa, unter dem Tausende leiden müssen.

E. Vandreike, Flensburg

4.13 Protest gegen Lärm durch Flugschulung, Truppen-Übungen und Düsenjäger, Juni 1967.

4.15 Planfeststellungsbeschluss und Genehmigung stellen den Flugplatzbetrieb ab 1969 auf rechtlich sichere Grundlage.

1967-1971

Zuviel Lärm auf dem Flugplatz
Betriebsgesellschaft unternimmt Schritte zu seiner Verminderung

4.14 Der Flugplatz rückt ins Zentrum des Lärm-Protestes, August 1967.

Piloten lernen in der Wüste
Ab 1. April kein Fluglärm über Flensburg

Von Dirk Hentschel

Flensburg, 30. Dezember — Die Lufthansa, mit der die Notgemeinschaft der Flensburger Fluglärmgeschädigten seit Wochen wegen der Pilotenschulung auf dem Flugplatz am Schäferhaus im Streit liegt, hat jetzt die Flucht ergriffen. Nachdem auch Bundespräsident Heinemann in einem Brief mitgeteilt hatte, daß „er sich persönlich im Bundesverkehrsministerium über die Vorwürfe gegen die Lufthansa informieren wolle", setzte die Fluggesellschaft dem Streit gestern überraschend ein Ende.

Die ursprünglich bis zum 31. März 1973 befristeten Verträge über die Nutzung des Flugplatzes zur Pilotenausbildung, die die Lufthansa mit der Flughafenbetriebs GmbH. abgeschlossen hatte, wurden vorzeitig zum 31. März kommenden Jahres gekündigt.

Die Lärmgeschädigten buchten diesen Entschluß als ihren Erfolg. Der Geschäftsführer der Flugplatz GmbH war da jedoch anderer Meinung: „Mit den Lärmgeschädigten hat das überhaupt nichts zu tun. Die Lufthansa hat ein völlig neues Ausbildungskonzept vorbereitet, nachdem ihre Flugschüler künftig 300 statt bisher 220 Flugstunden in der Praxis absolvieren müssen." Weil das von keinem Flugplatz in der Bundesrepublik mehr bewältigt werden könne, soll der Lufthansa-Nachwuchs vom April an in Phönix (Arizona) ausgebildet werden. Auf dem Flugplatz Schäferhaus sind seit 1956 für die Pilotenschule der Lufthansa 2,5 Millionen DM investiert worden. Die Flughafengesellschaft führt bereits neue Verhandlungen über die künftige Nutzung der Anlagen mit einer zivilen Gesellschaft

4.16 Abflug. Zum 31. März 1971 verlegt die Lufthansa ihre Pilotenschulung in die USA.

Kapitel 4 Touch and go. 1960-1981

4.21 In den frühen 1970er Jahren flog Cimber Air von und nach Flensburg mit der Nord 262 Turboprop.

1960-1964

4.3 Cimber Air

Die wirtschaftlichen Hoffnungen der FFB GmbH fokussierten sich nun notgedrungen auf den von und nach Flensburg betriebenen Bedarfs- und Linienflug.[40] Am 08. Juli 1960 war ein erster „Bäderflug-Verkehr" von Flensburg nach Wyk aufgenommen worden,[41] dem 1961 ein früher Liniendienst von Flensburg nach Hamburg folgte, der alsbald durch die vom dänischen Piloten Ingolf Nielsen gegründete Cimber Air auf der Linie Flensburg – Kiel – Hamburg betrieben wurde.[42]

Zusammen mit der Flensburg ebenfalls anfliegenden „General Air" kooperierte Cimber Air dabei als Zubringer für die Lufthansa mit ihren Flügen von und nach den größeren deutschen Flughäfen.[43]

Als 1966 Cimber Air auch die Konzession für die innerdänische Flugroute Sonderburg – Kopenhagen erhielt,[44] erwuchs die Vision eines grenzübergreifenden Linien-Shuttles zwischen Flensburg und Sonderburg zwecks Anschluss an die dortigen Flüge von und nach Kopenhagen. Die Stadt Flensburg setzte für dessen Realisierung alle Hebel in Bewegung, scheiterte jedoch 1970 letztlich am Monopolrecht der SAS für internationale Linienflüge von und nach Dänemark.[45]

Grenzübergreifende Charter-Verbindungen aber waren möglich, und zum April 1971 etablierte Cimber Air eine, per frühmorgendlichen Charter auch von Sonderburg erreichbare, Linienflugverbindung von Flensburg über Kiel nach Frankfurt mit Weiterflug-Optionen nach Saarbrücken – Paris oder München.[46]

4.20 1964: Flensburg – Paris in 3 Stunden 40 Minuten, Flensburg – Rom in 5 Stunden 10 Minuten.

Wichtige Flugverbindungen von und nach Flensburg

Sommer 1964
Hinflug I
(werktags außer sonnabends)

Flensburg (Schäferhaus)	ab	6.15
Hamburg (Fuhlsbüttel)	an	6.50

Anschlüsse:

ab Hamburg:		nach:	an:
8.05		Berlin	8.55
7.35		Düsseldorf	8.25
7.30	(bis 7. 6.)	Frankfurt	8.55
8.00	(ab 8. 6.)	Frankfurt	8.55
8.00	AIRBUS	Frankfurt	9.25
7.30	(ab 16. 7.)	Hannover	8.15
7.20		Köln/Bonn	8.45
7.15	(bis 15. 7.)	München	10.25
7.30	(ab 16. 7.)	München	10.20
7.30	(bis 7. 6.)	Nürnberg	11.00
8.00	(ab 8. 6.)	Nürnberg	11.00
7.15		Stuttgart	9.10
8.00	(bis 7. 6.)	London	10.00
8.45	(ab 8. 6.)	London	10.05
7.35		Paris	9.55
7.30	(bis 7. 6.)	Wien	10.55
8.00	(ab 8. 6.)	Wien	10.55
7.30	(bis 7. 6.)	Rom	13.00
8.00	(8. 6. - 15. 7.)	Rom	13.00
8.00	(ab 16. 7.)	Rom	11.25

4.17 Ab 01. August 1963 verband Cimber Air Service über eine „Sonderfluglinie" Flensburg mit Hamburg.

4.19 Eine de Havilland „Heron" von Cimber Air in Flensburg, Mitte der 1960er.

Cimber Streckennetz in Deutschland

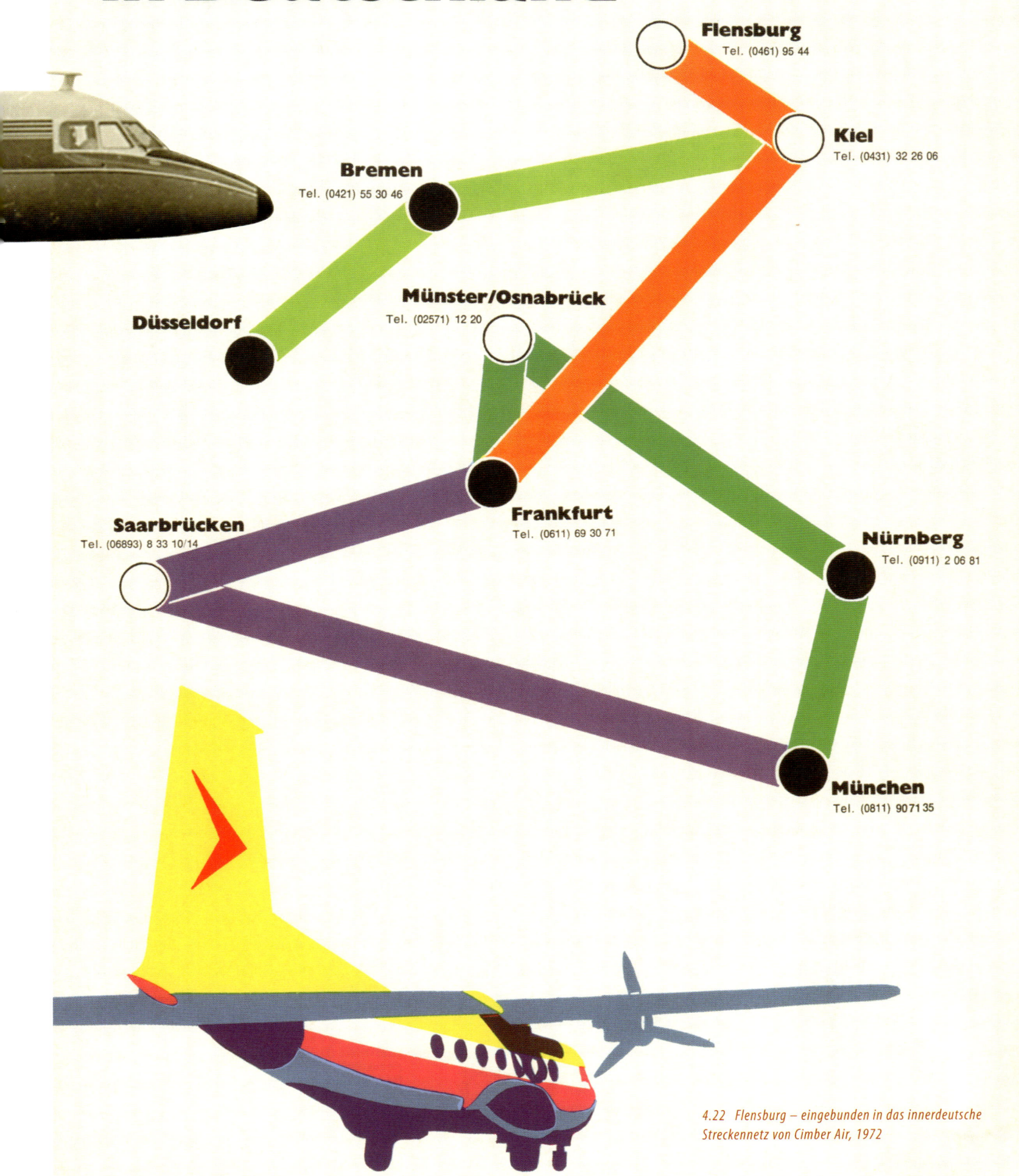

Flensburg
Tel. (0461) 95 44

Kiel
Tel. (0431) 32 26 06

Bremen
Tel. (0421) 55 30 46

Düsseldorf

Münster/Osnabrück
Tel. (02571) 12 20

Saarbrücken
Tel. (06893) 8 33 10/14

Frankfurt
Tel. (0611) 69 30 71

Nürnberg
Tel. (0911) 2 06 81

München
Tel. (0811) 90 71 35

4.22 Flensburg – eingebunden in das innerdeutsche Streckennetz von Cimber Air, 1972

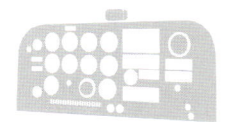

4.23 Pläne zum Einsatz des Kurzstreckenjets VFW 614 durch Cimber Air auch von und nach Flensburg rufen unter den Flugplatz-Anwohnern neue Unruhe hervor.

Nach dem Start der Turboprop Nord 262 um 6.10 Uhr in Flensburg wurde Frankfurt um 8.20 Uhr und Saarbrücken um 9.55 Uhr erreicht.

Dem Tagesflieger war dabei eine abendliche Rückkehr um 21.15 Uhr in Flensburg möglich, wobei das einfache Ticket nach Frankfurt 160,– DM und nach Saarbrücken 229,– DM kostete.[47]

Für diese Linie erhoffte Cimber Air auch mit Blick auf die Geschäftsbelange der Danfoss-Werke eine gute Frequentierung. Binnen zwei bis drei Jahren peilte man eine jährliche Passagierzahl von über 10.000 an. Bis dahin erhielt die FFB GmbH eine jährliche Pauschaleinnahme an Start- und Landegebühren von 50.000,– DM.[48]

Festzuhalten ist allerdings, dass man dabei die Gesamtzahl aller Teilstrecken-Passagiere zu Grunde legte, wodurch Einzelpersonen durchaus mehrfach gezählt wurden.[49]

Dennoch und trotz zurückhaltender Wahrnehmung von dänischer Seite zeigten sich Cimber Air und FFB GmbH mit der Resonanz zufrieden: im ersten Monat waren 1.600 Streckenpassagiere befördert worden[50], und schon nach vier Monaten konnte Cimber Air den 10.000 Streckengast begrüßen.[51] Im Folgejahr wagte man daher einen Routenausbau: ab dem 01. April 1972 ermöglichte die Flensburger Morgenmaschine nach Kiel nun auch einen dortigen Weiterflug entweder über Bremen nach Düsseldorf oder über Köln bis nach Nürnberg. Ab dem Winterflugplan 1972/73 ergänzte die Cimber Air diesen Linienstreckendienst um eine werktägliche Nachmittagsverbindung ab Flensburg über Kiel nach Frankfurt, Bremen und Düsseldorf.[52]

Allerdings gestand die Fluglinie 1973 öffentlich ein, wie auch andere regionale Luftverkehrsgesellschaften nicht ohne staatliche Hilfe fliegen zu können. So gewährte das Land Schleswig-Holstein Zinsverbilligungen für Investitionskredite und errichtete zusammen mit der Stadt Kiel für fast 1 Mio. DM eine Wartungswerft auf dem Kieler Flugplatz, welche sodann „zu angemessenen Konditionen" an Cimber Air weiter vermietet wurde.[53] In Verbindung mit den projektierten Zuschüssen von Bund, Land und Kommune für den Flensburger Flugplatz-Ausbau in Höhe von 1,8 Mio DM allein für die Jahre 1971-1974[54] und dem sich abzeichnenden Ersatz der von Cimber Air eingesetzten Turboprob-Maschinen durch zweistrahlige Düsenflugzeuge vom Typ VFW 614[55] formierte sich in Flensburg neuerlicher Protest, neben der „Notgemeinschaft der Lärmgeschädigten" nun auch getragen von der Flensburger „Arbeitsgemeinschaft Umweltschutz e.V.".[56]

1970-1977

Wenn es eilt!

Es gibt Luftbusse von Flensburg nach Hamburg und zurück. 1. 4. – 31. 10. 64

Fahrplan: Montag bis Freitag

ab Flensburg	6.15 Uhr,	17.45 Uhr
an Hamburg	6.50 Uhr,	18.20 Uhr
ab Hamburg	9.45 Uhr,	19.45 Uhr
an Flensburg	10.20 Uhr,	20.20 Uhr

Einzelpreis: DM 40,–

Hin- und Rückflug: DM 80,–

4.18 1964: Flugdienst Flensburg – Hamburg in 35 Minuten.

AGU fordert die Auflösung der Flughafenbetriebsgesellschaft
Schreiben an den Eingabenausschuß des Landtags gerichtet

4.24 Die Proteste der Lärm-Gegner gegen den Flugbetrieb werden ergänzt durch Vorbehalte der Umweltschützer, 1977.

Wieder aber waren es externe Entwicklungen, die Ende 1973 zu einem nachhaltigen Einbruch im Flensburger Flugbetrieb führten. Ein neuerlicher „Bummelstreik" der deutschen Fluglotsen für bessere Bezahlung und Arbeitsbedingungen zog sich vom Spätfrühling bis in den Herbst 1973. Dabei verschärfte sich das Vorgehen vom anfänglichen „Dienst nach Vorschrift" (go slow) zum angeblich krankheitsbedingten Fernbleiben ganzer Lotsenteams (sick out). War es zunächst nur zu ärgerlichen Verspätungen gekommen, brach so schließlich nahezu der gesamte fein getaktete Streckendienst zusammen. Als die Bundesregierung hart blieb, endete der „Streik" Mitte November 1973 ohne greifbares Ergebnis für die Lotsen.[57] Der entstandene volkswirtschaftliche Schaden aber war gewaltig, insbesondere die kleineren Fluggesellschaften vermochten die Ausfälle nicht zu kompensieren. Dies galt in der hiesigen Region neben der General Air insbesondere für die Cimber Air, welche bis August 1973 bereits Einnahmeverluste in Höhe von 500.000,– DM erlitt und daher ihren Liniendienst einschränkte.[58] Im Oktober flog die überwiegende Zahl ihrer Maschinen nicht mehr, sondern stand in den Hallen. Personal wurde entlassen, Anfang November drohte die Einstellung sämtlicher deutscher Flüge von Cimber Air.[59] Während Nordrhein-Westfalen sich gegenüber Cimber Air zum Verlustausgleich bereit fand, verwies Schleswig-Holstein auf die Zuständigkeit der Bundesregierung, woraufhin die Fluggesellschaft am 05. November 1973 den Linienflugdienst in Kiel und Flensburg einstellte.[60]

Die Bummelstreik-Folgen
(Stand: 9/73)
Lufthansa: Streicht zeitweilig 75% der innerdeutschen Flugverbindungen. Flughäfen wie Bremen, Hannover und Nürnberg werden kaum noch bedient. Die Boeing-737-Flotte steht die meiste Zeit am Boden.
Cimber Air: Notflugplan zur Sicherung weitgehend pünktlicher Dienste mit nur 50% der planmäßigen Verbindungen. Einige Entlassungen von Flug- und Stationspersonal.
General Air: Stellt mit Ausnahme des Seebäder-Verkehrs und einer Saarbrücken-Verbindung sämtliche Dienste bis auf weiteres ein. Erhebliche Personal-Entlassungen. Schließung der Stationen Düsseldorf und Bremen.
Interregional: bedient die Strecke Hannover-Düsseldorf nicht mehr.
Flughäfen: erwägen Entlassungen oder Kurzarbeit, die in Bremen und Hannover bereits eingeführt wurde.

4.25 Im Luftloch. Der Fluglotsen-Streik 1973 bedeutet das wirtschaftliche Aus für den Linienflug von und nach Flensburg.

4.4 Blindflug

Nach dem Weggang der Lufthansa-Flugschule Ende März 1971 bedeutete das tatsächlich dauerhafte Ende des Flensburger Liniendienstes durch Cimber Air ein finanzielles Desaster für die FFB GmbH.

Die Errichtung der für den Flugbetrieb, insbesondere aber den Ausbildungsbetrieb der Deutschen Lufthansa notwendigen Infrastrukturanlagen lag nun weitgehend brach. So hatte das mit satten 400.000,– DM[61] errichtete Flughafen-Restaurant nicht zuletzt zur Verpflegung der Lufthansa-Piloten dienen sollen.[62] Zwar fungierte der Gastronomie-Betrieb mit seiner Flughafenterrasse anfänglich auch als beliebtes Ausflugsziel Flensburger Bürger, denn die Aktivitäten auf dem Flugplatz, Starten, Landen, große und kleine Flugzeuge oder die Fallschirmspringer waren eine Attraktion, die man gerne einmal aus der Nähe besah. Mit dem Abzug der Deutschen Lufthansa im Jahr 1971 begann jedoch ein langsamer, aber stetiger Verfall der Gesamtanlage. Mehreren Pächtern gelang es aus verschiedenen Gründen nicht, einen auf Dauer ökonomisch tragfähigen Hotel- und Gaststättenbetrieb zu organisieren. Rasch blieben die kalkulierten Mieteinnahmen für die FFB GmbH aus.

Flugplatz ohne Zukunft?

4.28 Over and out?

Die Verlagerung der Flugschule samt nachfolgender Einstellung des Flugbetriebes der Cimber Air ließen zudem den Absatz an Flugbenzin drastisch einbrechen:[63]

1967: 530.000 Liter
1973: 317.000 Liter
1977: 185.000 Liter

Die Deutsche BP AG kündigte daraufhin den 1967 geschlossenen Agenturvertrag[64] zum 31. Dezember 1978.[65] Die 1967 von der FFB GmbH an die BP veräußerte Tankanlage wurde der FFB GmbH nun unentgeltlich gegen eine Benzinbezugspflicht übergeben und von dieser wieder in Eigenverantwortung betrieben.[66]

Große Teile der Flugplatz-Infrastrukturen waren von der FFB GmbH überdies durch Kreditaufnahmen finanziert worden. Daraus ergaben sich auf Dauer außerordentlich hohe Belastungen durch die zu entrichtenden Zinsen sowie die Abschreibungen, denen nun drastisch verringerte Einnahmen gegenüberstanden.

Bis zum Jahr 1972 waren die durch den Flugbetrieb entstandenen Verluste von den Gesellschaftern im Verhältnis ihrer Anteile übernommen worden. Das führte im Ergebnis zu einer stetigen Ausweitung des Stammkapitals von 80.000,– DM bei der Gründung am 12. April 1960 bis hin zu 720.000,– DM im Jahre 1972.[67]
In der Folge waren die 14 privaten Gesellschafter, die nach wie vor 20 % des Stammkapitals repräsentierten, nicht mehr bereit, die Verluste weiter anteilig zu übernehmen. Schon am 01. Juni 1972 wurde daraufhin zwischen der FFB GmbH einerseits und der Stadt Flensburg und dem damaligen Landkreis Flensburg andererseits ein Vertrag zur Übernahme der gesamten Verluste im Verhältnis 75 % zu 25 % abgeschlossen.[68] Der Vertrag hatte eine Laufzeit von 5 Jahren und wurde am 14./27. Dezember 1976 bis Ende 1979 verlängert.[69] Eine weitere Verlängerung wurde von der Stadt Flensburg und dem Kreis Schleswig-Flensburg (in Rechtsnachfolge des Landkreises Flensburg) abgelehnt. Die Verlustübernahmen hatten sich während der Vertragslaufzeit auf ca. 1,3 Mio. DM aufsummiert.[70] Und für das Jahr 1980 standen Zinszahlungen in Höhe von 32.358,– DM sowie Abschreibungen von 75.694,– DM an, – bei einem Gesamtverlust von 154.575,– DM.[71]

Im Jahre 1979 stand die FFB GmbH somit absehbar vor der Zahlungsunfähigkeit. Die Stadt Flensburg und der Kreis Schleswig-Flensburg verlangten eine Neuausrichtung der Gesellschaft, die deren Existenz auf Dauer sichern sollte.

4.27 Der Weggang von Lufthansa und Cimber Air lässt die Flugplatz-Tankstelle Mitte der 1970er Jahre „im Regen stehen".

1970

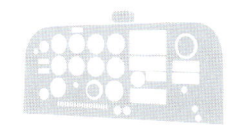

4.26   *Die Aussichts-Terrasse des Flughafen-Restaurants – ein Bild aus guten Tagen, um 1970.*

4.29 Naht Hilfe von oben? Als Verantwortlicher für die Stadt Flensburg und Mitglied des FFB-Verwaltungsrates trägt OB Richter (2.v.r.) aktiv zur Neuausrichtung des Flugplatzbetriebes bei.

4.5 Notlandung

Den Geschäftsführern Hans Callesen und Rolf Rohde fiel nun die sehr schwierige Aufgabe zu, einen für alle Beteiligten akzeptablen Vorschlag zur Konsolidierung der Gesellschaft zu erarbeiten. Am 13. Juli 1979 wurde die Nordwest Treuhand Gesellschaft von der FFB GmbH beauftragt, ein Kurzgutachten über die Möglichkeiten der Sanierung der Gesellschaft zu erstellen. Dieses wurde am 24. Juli 1979 mit folgenden Vorschlägen vorgelegt:

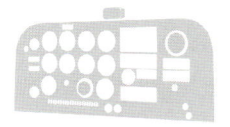

- Übernahme der privaten Gesellschafteranteile zum symbolischen Preis von DM 1,– pro Anteil, nachdem diese den Bilanzverlust per 31.12.1979 durch die Nachschusspflicht abgedeckt haben
- Herabsetzung des Stammkapitals und damit Ausgleich des Bilanzverlustes
- Übertragung der Vermögenswerte der Gesellschaft auf die Gesellschafter Stadt Flensburg und Kreis Schleswig-Flensburg und gleichzeitig Übernahme der Verbindlichkeiten durch diese beiden Gesellschafter
- Stadt Flensburg und Kreis Schleswig-Flensburg treten in den Pachtvertrag der Gesellschaft ein, mit dem das Flugplatzgelände vom Bund gepachtet wird
- Pacht- und Betriebsgelände werden der Gesellschaft unentgeltlich zur Verfügung gestellt.[72]

Daraufhin arbeitete das Amt für Stadtentwicklung der Stadt Flensburg zum 26. Februar 1980 ein Thesenpapier zur bestehenden und zukünftigen Situation des Flugplatzes aus[73], welches eine Sanierung unter Berücksichtigung der Vorschläge der Nordwest Treuhand Gesellschaft und der Geschäftsführung der FFB GmbH zusammenfasste, abschließend allerdings klarstellte, dass der Kreis Schleswig-Flensburg eine anteilige Übernahme der Verbindlichkeiten nicht mittragen würde.[74] „Als äußerstes Entgegenkommen" schlug man daher vor, dass die Stadt Flensburg das gesamte Vermögen und die gesamten Schulden übernähme, wenn der Kreis Schleswig-Flensburg zusagte, zukünftige Unterschüsse im Verhältnis seiner Beteiligung weiter mit zu tragen.[75]

Begleitet wurde der gesamte Prozess der Umstrukturierung von der Gesellschafterversammlung und dem Verwaltungsrat der FFB GmbH. Letzterem[76] gehörten damals an:

- Oberbürgermeister Dr. Bodo Richter (Stadt Flensburg)
- Bürgermeister Dr. Helmuth Christensen (Stadt Flensburg)
- Stadtrat Ernst-August Müller (Stadt Flensburg)
- Landrat Dr. Gernot Korthals (Kreis Schleswig-Flensburg)
- Kreispräsident Andreas Franzen (Kreis Schleswig-Flensburg)
- Erster Kreisrat Wolfgang Börnsen (Kreis Schleswig-Flensburg)

Schlussendlich verständigten sich der Magistrat der Stadt Flensburg[77] und der Kreisausschuss des Kreises Schleswig-Flensburg[78] sowie Verwaltungsrat und Gesellschafterversammlung der FFB GmbH[79] auf die letztgenannte Variante, zumal Mitte August 1980 Wirtschaftsprüfer und Steuerberater Rolf Müller die Kernelemente der Umstrukturierung als steuerlich und gesellschaftsrechtlich umsetzbar beurteilt hatte:[80]

- Vermögens- und Verbindlichkeitsübertragung an die Stadt Flensburg
- Übernahme der privaten Gesellschafteranteile
- Beteiligungsverhältnis 3/4 Stadt und 1/4 Kreis sowie
- unentgeltliche Nutzziehung der FFB GmbH aus den Vermögenswerten

Am 10. Oktober 1980 erfolgte die Anteilsübertragung der privaten Gesellschafter zum symbolischen Preis von 1,– DM pro Anteil derart auf die Stadt Flensburg und den Kreis Schleswig-Flensburg, dass sich die angestrebte 3/4 zu 1/4 Konstellation ergab.[81] Und am 30. Januar 1981 konnte sodann auf der Verwaltungsrats-Sitzung der FFB GmbH mit dem Abschluss eines Vertrags-Paketes der Fortbestand der FFB GmbH und damit des Flugplatz Flensburg-Schäferhaus gesichert werden:[82]

Neufassung des Gesellschaftervertrages

Mit der Neufassung des Gesellschaftervertrages wurde ein gesellschaftsrechtlicher Rahmen gesetzt, der den Erfordernissen der neuen Eigentümerstruktur mit den alleinigen Gesellschaftern Stadt Flensburg und Kreis Schleswig-Flensburg entsprach. So wurde der Verwaltungsrat durch einen Aufsichtsrat ersetzt, von dem 5 Mitgliedern durch die Stadt Flensburg und 2 durch den Kreis Schleswig-Flensburg bestimmt wurden. Weiter wurde eine Nachschusspflicht für die Gesellschafter im Verhältnis ihrer Anteile als zwingend in den Gesellschaftervertrag aufgenommen. Damit waren Liquidität und Handlungsfähigkeit der Gesellschaft auf absehbare Zeit gesichert.[83]

Kapitalherabsetzung

Das Stammkapital wurde von 720.000,– DM um 670.000,– DM auf 50.000,– DM herabgesetzt. Die Herabsetzung diente dem Ausgleich des Bilanzverlustes sowie der teilweise Rückzahlung der Stammeinlagen und trug damit zur Entschuldung der FFB GmbH bei. Die Stadt hielt nunmehr 3/4 des neuen Stammkapitals und der Kreis Schleswig-Flensburg 1/4.[84]

Grundstückskauf

Die FFB GmbH war Eigentümerin der Grundstücke an der Lecker Chaussee, auf denen der Parkplatz, das Air-Hotel, die Hallen, der Tower, das Vorfeld, die Tankanlage und die Unterkunftsgebäude der Lufthansaschule untergebracht waren. Bei der Übertragung des Grundstücks samt den Gebäuden wurde als Kaufpreis der Buchwert per 31.12.1980 vereinbart.[85]

1979-1980

Vermögens- und Schuldenübernahme

Mit dem Vertrag übernahm die Stadt Flensburg als Hauptgesellschafterin das Sachanlagevermögen und entlastete die FFB GmbH im Gegenzug von sämtlichen Darlehensverpflichtungen, beides zum Buchwert per 31. Dezember 1980. Ebenso trat die Stadt Flensburg anstelle der FFB GmbH in den Pachtvertrag mit dem Bund ein, der die Nutzung des Flugplatzgeländes regelte. Von entscheidender Bedeutung waren aber die Absätze 2 und 3 des § 4 des Vertrages:

„Die Stadt überlässt die gem. § 1 dieses Vertrages übertragenen Vermögensgegenstände der Gesellschaft zur Nutzung und zur Nutzziehung. Das gleiche gilt für das Pachtgelände des Bundes."

„Die Gesellschaft behält die Erträge aus diesem Vermögen zur Deckung ihrer Aufwendungen. Sie verpflichtet sich zur Zahlung der darauf lastenden Steuern und Abgaben, zur ordnungsgemäßen Unterhaltung und Instandsetzung, wie wenn sie selbst Eigentümer wäre, sowie zur Zahlung des Pachtzinsen an den Bund."[86]

Kreditvereinbarung

Die letzte Vereinbarung wurde wiederum zwischen der Stadt Flensburg und der FFB GmbH getroffen. Darin übernahm die Stadt Flensburg sämtliche Kreditverpflichtungen, die von der FFB GmbH, der Stadt Flensburg und dem Kreis Schleswig-Flensburg zur Finanzierung der notwendigen Investitionen am Flugplatz eingegangen worden waren. Die in der Vergangenheit hierfür von der FFB GmbH geleisteten Zins- und Tilgungszahlungen wurden fortan von der Stadt Flensburg übernommen.[87]

Mit der Entschuldung der FFB GmbH, der gesellschaftsrechtlichen Neuordnung und der Nachschussverpflichtung der beiden kommunalen Gesellschafter setzten Stadt und Kreis ein klares politisches Signal für den Fortbestand des Flugplatzes als notwendige wirtschaftsnahe Infrastruktureinrichtung einer peripheren Region. In der Vorlage zur Magistratssitzung der Stadt Flensburg am 08. Juli 1980 hatte es dazu geheißen:

4.30 1981: Der Flugplatz mit seiner Technik und Infrastruktur bleibt – und bewahrt so künftige Chancen für die wirtschaftliche Entwicklung Flensburgs.

„Die Flughafen-Betriebs-GmbH wird zu einem reinen Eigenbetrieb der Stadt Flensburg und des Kreises Schleswig-Flensburg umgewandelt, die reine Verwaltungsaufgaben für das Zweckvermögen Flugplatz übernimmt. Damit wird deutlich, dass ein weiterer Vermögensausbau oder ein weiterer Ausbau des Flugplatzes nicht vorgesehen ist. Die Verwaltung des Flugplatzes wird lediglich in privatrechtlicher Form wahrgenommen, um die öffentlichen Aufgaben der Wirtschaftsförderung, der Sportförderung und der Flugverkehrsbedienung der Region zu erfüllen."[88]

Großen Respekt und Anerkennung verdienen der damalige Verwaltungsrat und die beiden Geschäftsführer, die diese Konsolidierung mit viel Engagement und Überzeugungskraft durchgesetzt hatten. Der Flugplatz konnte nun einen Neustart wagen.

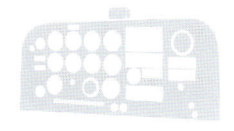

1981

Beflügelnd.
Beate Uhse und Lilo Ullrich

Thomas Raake

5. Beflügelnd. Beate Uhse und Lilo Ullrich

    5.1   Beate Uhse (1919-2001)
    5.2   Lilo Ullrich (1929-2008)

5. Beflügelnd. Beate Uhse und Lilo Ullrich.

Wie Ortrud Teichmann weiter oben in ihrem fliegerischen Selbstporträt verdeutlicht, zählten stets auch flugbegeisterte Frauen zu den Mitgliedern und schließlich führenden Persönlichkeiten im Luftsportverein Flensburg. Sie hatten es allerdings anfangs, und auch daran erinnert Ortrud Teichmann, nicht immer leicht, sich unter den frühen Fliegern zu behaupten und durchzusetzen. Ortrud Teichmann gelang dies dennoch, und über lange Jahre führte sie als erste und zweite Vorsitzende die Vereinsgeschicke. An zwei weitere Frauen sei im Folgenden, stellvertretend für die zahlreichen anderen Pilotinnen im LSV Flensburg, erinnert.

5.01 Beate Uhse als junge Flugschülerin, 1938

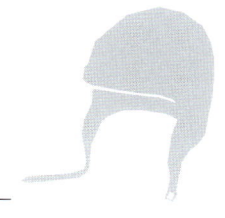

5.1 Beate Uhse (1919-2001)

Den Namen Beate Uhse kennt noch heute, zehn Jahre nach ihrem Tod, fast jeder Deutsche. Ihr Name ist zur Marke geworden, zum Synonym für den kommerziellen Erotikhandel und das Recht auf freie Sexualität.

Neben ihrem Unternehmen aber galt Beate Uhses Leidenschaft von jeher der Fliegerei. Auf ihrem elterlichen Gut Wargenau bei Cranz an der ostpreußischen Samlandküste machte sie 1928 im Alter von neun Jahren die Bekanntschaft zweier junger Flieger, welche die elterlichen Wiesen als Startplatz für Rundflüge der Badegäste nutzen durften. Rasch fand sich für die junge Beate die Gelegenheit zum Mitflug. Diese ersten Rundflüge beeindruckten sie derart, dass sie fortan zielstrebig darauf hinarbeitete, dereinst selbst Pilotin zu werden.

Als einzige Frau unter 60 Flugschülern absolvierte sie 1937 die Fliegerschule Rangsdorf bei Berlin. Und an ihrem 18. Geburtstag lag der frisch erworbene A2 Schein auf dem Gabentisch. Doch damit nicht genug: ihr Ziel war die Berufsfliegerei und vom Oktober 1937 bis Mai 1938 arbeitete sie als „Einfliegerin" bei der Firma Bücker-Flugzeugbau. Darüber hinaus beteiligte sich die junge Beate an Wettkämpfen, belegte 1938 beim „Zuverlässigkeitsflug für Pilotinnen" den ersten Platz und vertrat Deutschland bei einer Flugrallye in Belgien. Mit 19 flog sie in Japan von Deutschland gelieferte Bücker 131 „Jungmann" ein. Und für den UFA-Film „Wasser für Canitoga" mit Hans Albers flog sie als Stuntpilotin, woraufhin weitere fliegerische Aufgaben für den Film folgten.[1]

In Rangsdorf lernte sie ihren zukünftigen Mann kennen, den Fluglehrer Hans Jürgen Uhse. Im Krieg flog er als Luftwaffen-Hauptmann Einsätze bei der Nachtjagd, während Beate Uhse ebenfalls bei der Luftwaffe als Überführungsfliegerin diente. Anfangs flog sie Schulflugzeuge zu den entsprechenden Verbänden. Später schulte sie um auf Kampfflugzeuge der Typen Messerschmidt Me 109 und 110, Focke Wulf FW 190 und Junkers Ju 87 und flog diese zu den Frontplätzen. 1945 begann sie noch die Schulung für den Jetjäger Messerschmidt Me 262. Festzuhalten ist, dass Beate Uhse keine Ausbildung als Jagdfliegerin durchlief, so dass sie von Kampfeinsätzen verschont blieb.

Nachdem ihr Mann 1944 bei einem Flugzeugunglück ums Leben gekommen war, trug sie zudem die alleinige Verantwortung für den gemeinsamen Sohn Klaus. In den Wirren des Kriegsendes gelang es ihr im April 1945, in einer Siebel Fh 104 vom schon fast eingeschlossenen Flugplatz Berlin-Gatow samt Sohn und Kindermädchen zu fliehen. Die Odyssee endete schließlich auf dem Flugplatz in Leck, wo sie kurzeitig in britische Kriegsgefangenschaft ging.[2]

5.02   *Überführungsfliegerin im Zweiten Weltkrieg*

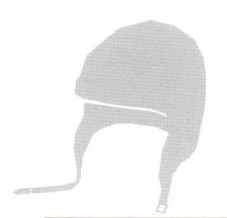

Kapitel 5   Beflügelnd: Beate Uhse und Lilo Ullrich

Im Flensburger Umland begann 1946 Beate Uhses Neuanfang nach dem Krieg. In Erinnerung der ärztlichen Tätigkeit ihrer Mutter, verfasste sie Ratgeber für Frauen. Das Bedürfnis nach Information war überwältigend groß. Nach ihrer Heirat mit dem Flensburger Kaufmann Ernst Walter Rotermund im Jahre 1948 entwickelte sich aus dem Vertrieb der frühen Aufklärungsbroschüren allmählich, aber unaufhaltsam ihr Versandhandel für „Ehehygiene", wie es damals hieß. Dabei hatte sie sich bis weit in die 1960er Jahre in zahlreichen Prozessen gegenüber den damaligen Moral- und Justizvorgaben zu behaupten. 1962 eröffnete Beate Uhse in Flensburg den ersten Sexshop der Welt, 1971 bestanden bereits 25 Geschäfts-Niederlassungen in der Bundesrepublik und nach den gesetzlichen Liberalisierungen während der 1970er Jahre stieg die Firma Beate Uhse rasch zu den erfolgreichsten Erotikunternehmen in Europa auf.[3]

5.03 Ungebrochene Leidenschaft

5.04 Flieger, grüßt mir die Sonne!

Die Liebe zur Fliegerei aber lebte in ihr fort. 1970 trat Beate Uhse dem Luftsportverein Flensburg (LSV) bei, den sie fortan immer wieder großzügig unterstützte. In ihrer freien Zeit flog sie intensiv die vereinseigenen einmotorigen Cessnas. Mit Freunden steuerte sie gerne die dänische Inselwelt an und entwickelte ein Faible für Ziele in Skandinavien. Stets kamen 100 Flugstunden im Jahr zusammen.

Der Flugplatz Schäferhaus aber bildete auch den unverzichtbaren Ausgangspunkt für ihre geschäftlich bedingte, bald europaweite Fliegerei. Die Firma Beate Uhse besaß zeitweise zwei Maschinen, eine einmotorige Piper Malibu und eine Piper PA-42 Cheyenne IIIa Turboprop. Gerade nach Öffnung der Grenzen 1989/90 wurden die Maschinen stark genutzt. Es kamen häufig mehr als 1.000 Flugstunden pro Jahr zusammen. Zusammen mit ihrem Vorstand nutzte Beate Uhse für die Geschäftsfliegerei die Dienste des Flensburger Charterunternehmens Reszka. Auf solchen Flügen wusste Beate Uhse Beruf und Hobby strikt zu trennen: zwar saß sie bei Starts und Landungen gerne auf dem Co-Pilotensitz, während des eigentlichen Fluges aber nahm sie in der Kabine Platz, um Unterlagen zu bearbeiten oder Geschäftsgespräche zu führen. Verantwortlich geflogen ist sie beruflich nicht. Auch erwarb sie keine Lizenz zum Fliegen zweimotoriger Maschinen, da sie um deren hohes Erfordernis an Erfahrung und Können wusste, – Voraussetzungen, die sich neben ihren geschäftlichen Aktivitäten nicht erlangen ließen.[4]

Als Fliegerin und als erfolgreiche Unternehmerin verkörperte Beate Uhse einen bemerkenswerten Pioniergeist. Sie bleibt im Luftsportverein Flensburg unvergessen.

5.07 Persönlichkeit mit Stil, 2005.

5.2 Lilo Ullrich (1929–2008)

Geboren 1929, kam Lilo Ullrich erst im Alter von über 30 Jahren zur Fliegerei, die sie dann aber nicht mehr los ließ. Der fliegerische Ehrgeiz hatte sie bei einem Probeflug gepackt. Der Entschluss stand fest: „Das möchte ich auch können". Gesagt, getan. In den frühen 1960er Jahren begann sie die Flugausbildung, arbeitete sich durch unzählige Theoriebücher und absolvierte Stunde um Stunde in der Schulungsmaschine. Dann der erste Alleinflug – bei dem gegen das mulmige Gefühl die Mütze ihres Fluglehrers auf dem Co-Pilotensitz mitflog.[5]

Rasch wurde die Fliegerei zu Lilo Ullrichs Passion. In den folgenden Jahrzehnten bereiste die Unternehmerin mit ihrer einmotorigen Piper Archer (D-EBDB) ganz Europa, flog über fremden Kontinenten und erwarb in Kanada den Wasserflugzeugschein. Nach dem Mauerfall 1989 knüpfte sie persönliche Kontakte zu DDR-Agrarfliegern in Anklam, die sie zeitlebens pflegte.[6]

Als engagiertes und kompetentes Mitglied vertrat sie stets erfolgreich „ihren" Luftsportverein Flensburg (LSV) auf diversen bundesweiten Wettbewerben. Nach dem tödlichen Unglück von „Ekke" Heitmann wählten die LSV-Mitglieder sie 1984 zur ersten Vorsitzenden. Zusammen mit Ortrud Teichmann bildete sie den damals wohl einzigen Frauenvorstand eines Luftsportvereins in Deutschland.[7]

Aber auch in der überregionalen Fliegerwelt fand Lilo Ullrich rasch Anerkennung. 1981 trat sie mit der Mitgliedsnummer 190 der Vereinigung Deutscher Pilotinnen (VDP) bei, wo sie als begeisterte Wettkampf-Fliegerin mit ihrer D-EBDB neben zahllosen anderen Rallyes auch zweimal die „Goldene Rose von Eddesse" gewann. In Anerkennung ihrer Leistungen sowie infolge ihrer erworbenen Sympathien wählte die VDP sie 1995 bis 2000 zu ihrer Vizepräsidentin.[8]

Mindestens drei Charakter-Eigenschaften prädestinierten Lilo Ullrich für derlei Leitungsaufgaben: Verlässlichkeit, Präzision und Disziplin. Diesen Dreiklang lebte sie vor – und forderte sie ein. Als Unternehmerin und Mensch war sie im Umgang zunächst zurückhaltend, in der Sache aber stets zielklar. Sichtlich enttäuscht zeigte sie sich, wenn Anweisungen nicht befolgt oder gar Versprechen nicht eingehalten wurden.[9] Geprägt war sie dabei auch von den Leitungs-Erfordernissen ihrer Familienfirma, der 1955 gegründeten Flensburger Maschinenbau-Anstalt Ullrich KG. Diese hatte sich vom Fertigungsmaschinenbau zum Straßen- und Tiefbau-Zulieferer und Walzasphalt-Silobauer weiterentwickelt und expandierte in den 1970er Jahren mit einem hochmodernen Zweitwerk samt Gleisanschluss im Flensburger Gewerbegebiet Süd.[10]

5.05 Lilo Ullrich – bereit für einen weiteren Europa-Flug.

So sah Lilo Ullrich durchaus Verbindendes zwischen Beruf und privater Fliegerei: „Man darf sich nicht überschätzen, muss sehr genau sein und die Strecke zu Ende planen. Das sind Eigenschaften, die man auch am Boden brauchen kann." Hinzu kamen ihre gärtnerischen und musikalischen Interessen. Letztere zeigten sie als engagierte Mitstreiterin der ersten Stunde für das Schleswig-Holstein Musik Festival (SHMF), deren Belange sie unermüdlich und, wenn nötig, auch unnachgiebig unterstützte.[11]

Privat war Lilo Ullrich eine geschätzte Gastgeberin, immer ladylike, gern im englischen Stil gekleidet und dazu passend einen weißen Porsche fahrend.[12]

Zwei Jahre vor ihrem Tod, führte sie ihr letzter größerer Flug 2006 noch einmal im Kreise der Flensburger Vereinsmitglieder durch Deutschland, nach Österreich und Dänemark. Die Erinnerung an Lilo Ullrich lebt im Verein fort.[13]

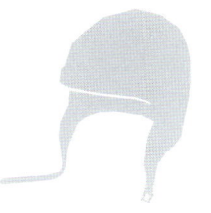

5.06 Treffen der „Vereinigung Deutscher Pilotinnen" in Baden-Baden 1984 mit Lilo Ullrich (m.) und Ortrud Teichmann (r.).

Kapitel

6

1984-2001
Neustart.
Manfred Bühring

6. Neustart

- 6.1 Pachtvertrag und Ankauf
- 6.2 Gesellschafter und Geschäftsführung
- 6.3 Modernisierung
- 6.4 Linie und Charter
- 6.5 Neustart geglückt

1984-2001

6. Neustart. 1984-2001

6.1 Pachtvertrag und Ankauf

Am 24.01./07.03.1984 wurde zwischen der Bundesrepublik Deutschland (Bundesfinanzverwaltung), vertreten durch das Bundesvermögensamt Flensburg, und der Stadt Flensburg ein neuer Pachtvertrag für das Flugplatzgelände Schäferhaus mit einer Laufzeit bis zum 31.12.2001 geschlossen.[1] Die FFB GmbH erhielt damit eine fast 20-jährige Planungs- und Nutzungssicherheit. Allerdings beinhaltete der Pachtvertrag keine Verlängerungsoption.

Mit der Wiedervereinigung 1989/90 und dem Ende der Ost-West-Konfrontation konnten viele Bundesliegenschaften einer zivilen und auch privaten Nutzung zugeführt werden. Frühzeitig ergriff die Stadt Flensburg diese Möglichkeit und führte mit dem Bund Verhandlungen über den Eigentums-Erwerb der Flugplatzliegenschaft. Die Grundlage dazu bildete der Ratsbeschluss vom 10.12.1992:

„1. Der Flugplatz Schäferhaus wird als Verkehrslandeplatz auf der Grundlage der bestehenden luftverkehrsrechtlichen Genehmigung zur Sicherung und Weiterentwicklung insbesondere des vom Wirtschaftsverkehr nachgefragten Angebotes an Luftverkehrsdienstleistungen weiter betrieben.
2. Die Verwaltung wird beauftragt, die Verhandlungen mit dem Bund zur Übernahme der Flächen fortzuführen und zumindest eine langfristige Verlängerung des Pachtvertrages anzustreben."[2]

Die Verhandlungen wurden von Bürgermeister Ernst-August Müller begonnen und von seinem Nachfolger im Amt, Bürgermeister Hermann Stell, trotz äußerst gegensätzlicher Preisvorstellungen zwischen dem Bund und der Stadt Flensburg letztendlich 1994 zu einem einvernehmlichen Ergebnis geführt. Die Liegenschaft mit einer Gesamtfläche von 743.062 qm wurde zu einem Brutto-Preis von ca. 2,3 Mio. DM für die weitere langfristige Nutzung als Flugplatz angekauft.

In den Verhandlungen wurde die Möglichkeit geschaffen, eine Teilfläche für den Bau von dringend benötigten Flugzeughallen und die Etablierung eines luftfahrttechnischen Instandsetzungsbetriebes bereitzustellen.[3]

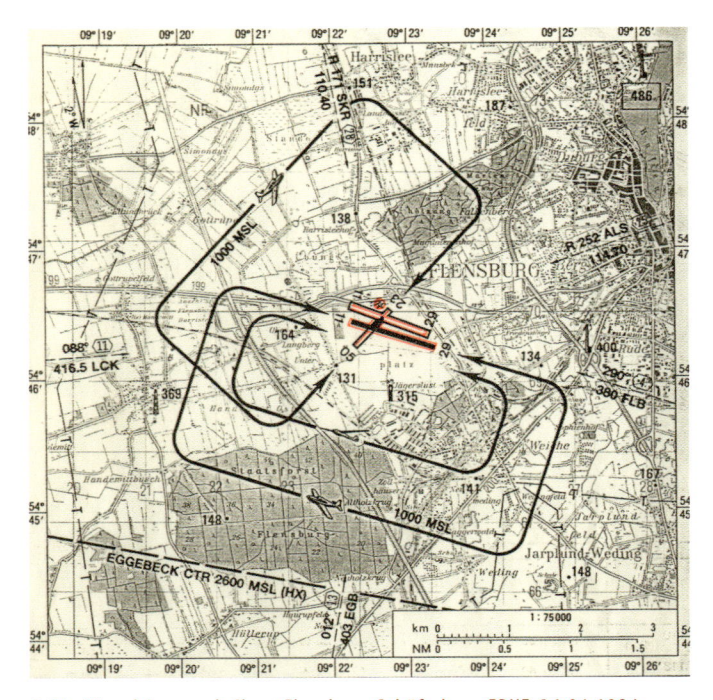

6.01 Visual Approach Chart Flensburg-Schäferhaus EDXF, 26.04.1984.

Vor diesem Hintergrund beschloss die Ratsversammlung der Stadt Flensburg am 15.12.1994 eine mindestens 20-jährige Bestandsgarantie für den Flugplatz Flensburg-Schäferhaus:

„Der Flugplatz-Schäferhaus soll als Verkehrslandeplatz auf der Grundlage der bestehenden luftfahrtrechtlichen Genehmigung zur Sicherung und Weiterentwicklung insbesondere des vom Wirtschaftsverkehr nachgefragten Angebotes an Luftverkehrsdienstleistungen für mindestens weitere 20 Jahre betrieben werden."[4]

Auf dieser Grundlage wurde am 15.03.1995 ein Pachtvertrag zwischen der Stadt Flensburg und der FFB GmbH bis zum 31.12.2004 mit einer Verlängerungsoption bis zum 31.12.2014 abgeschlossen.[5] In der Begründung des Finanzausschusses der Stadt Flensburg zum Abschluss des Vertrages heißt es:

„Das Interesse der Stadt am Erhalt des Flugplatzes wird bei der Festsetzung der Pacht deutlich. Der Betreiber (die FFB GmbH, d. Verf.) übernimmt alle mit dem Objekt verbundenen Aufwendungen und zahlt eine Pacht, die ihn in die Lage versetzen soll, den Betrieb wirtschaftlich zu führen."[6]

Aufwind für Schäferhaus
Stadt kann Gelände kaufen / Hallenbauten: Investoren stehen bereit

(gdn). Die Grundstücksverhandlungen mit dem Bund sind erfolgreich abgeschlossen, Investoren stehen für den Bau neuer Hallen bereit, und die veraltete Leittechnik kann möglicherweise durch modernes Gerät ausgestattet werden: Bürgermeister Hermann Stell informierte heute. Nach Informationen unserer Zeitung soll die Stadt gut zwei Millionen Mark für den Flugplatz an den Bund zahlen. Zunächst ungeachtet der miserablen Kassenlage, freut sich Kämmerer Stell über einen Verhandlungserfolg. Einem Gutachten der Oberfinanzdirektion Kiel, das einen etwa doppelt so hohen Wert für die 74 Hektar ermittelte, konnte die Stadt die Schätzung des Katasteramtes entgegensetzen. Und dessen Mitarbeiter setzten die Zwei vor dem Komma der Millionensumme fest. Dieses Gutachten fand das Wohlwollen Bonns.

Kommt es zur Zustimmung im Finanzausschuß und im Rat, hofft Stell, in Kürze den Kaufvertrag mit der Oberfinanzdirektion schließen zu können — weit vor Auslaufen des Pachtvertrages im Jahr 2001, aber rechtzeitig für mehrere Investoren. Sie planen den Bau von Flugzeughallen und wollen dafür spätestens bis Ende 1994 die Bauanträge stellen. Dann läuft die Zonenrandförderung aus, die für die Hallenbauten noch Sonderabschreibungen ermöglicht.

Auf 5000 Quadratmetern soll nach den Worten Stells in den Neubauten Platz für Flugzeuge geschaffen werden. Die Hangars entstehen jedoch nicht an der Lecker Chaussee — dort würden die Nutzbarkeit der quer angelegten Start- und Landebahn einschränken —, sondern am Ochsenweg. Die notwendigen Rollstrecken („Taxiways") zwischen Hallen und Bahnen möchte die Stadt aus dem Regionalprogramm Schleswig fördern lassen. Die Entscheidung aus Kiel erwartet Stell im September.

Ende 1995 — so die Erwartung des Dezernenten — soll dann auch das „Luftloch" aus der Statistik gewerblicher registriert Aufwind für den Flugplatz Schäferhaus. Voraussichtlich im kommenden Jahr wird die Anlage ausgebaut. Allerdings ist noch eine wesentliche Hürde im Rathaus selbst zu nehmen: die Freigabe der Gelder für den Ankauf.

Starts und Landungen verschwunden sein. Die Zahl ging zurück, weil die Besitzer mehrerer kommerziell genutzter Maschinen wegen fehlender Abstellmöglichkeiten ihre wertvollen „Vögel" auf anderen Plätzen im nördlichen Landesteil unterstellten. Stell: „Ich rechne damit, daß diese Flugzeuge endgültig auf Schäferhaus stationiert werden."

6.02   Die Stadt will den Ankauf des 74 ha großen Flugplatzgeländes, 29.08.1994.

Wenn „wirtschaftlich" im Sinne von betriebswirtschaftlich gemeint war, so war dieser Anspruch von vornherein nicht umsetzbar. Eine wirtschaftliche Führung im Sinne einer Ausgabedeckung durch die erwirtschafteten Einnahmen ist bei einem Flugplatz dieser Größenordnung an diesem Standort so gut wie unmöglich. Also musste ein langfristig tragfähiger Kompromiss zwischen dem Anspruch der Stadt Flensburg, eine angemessene Verzinsung des Kaufpreises (nach Abzug von eingeplanten Verkaufserlösen verbleiben netto 1,8 Mio. DM) von 2 % zu erwirtschaften[7], der wirtschaftlichen Führung eines Flugplatzes und dem regionalwirtschaftlichen Interesse an der Aufrechterhaltung einer Infrastruktureinrichtung gefunden werden. Im Ergebnis musste sich die FFB GmbH die langfristige Sicherung des Flugplatzes mit einer Verfünffachung der Pachtzahlungen im Vergleich zum alten Pachtvertrag mit dem Bund erkaufen.

Von der Verlängerungsoption bis zum 31.12.2014 wurde rechtzeitig und einvernehmlich mit der Stadt Flensburg Gebrauch gemacht.[8] Durch die langfristige Sicherung der Flugplatzliegenschaft und die von der Ratsversammlung ausgesprochene Bestandsgarantie konnten nunmehr die nächsten Schritte zur Anpassung der Flugplatzausstattung an die Anforderungen der Nutzer umgesetzt werden.

– Stadt startet durch
Kauf des Flugplatz-Grundstücks perfekt

(ft). Für Oberbürgermeister Dielewicz steht fest: Ein neues Kapitel kann jetzt für den Flugplatz Schäferhaus beginnen. Gestern unterzeichneten der Verwaltungschef sowie Bürgermeister Stell und Finanzpräsident Norbert Lorenz von der Oberfinanzdirektion Kiel den Kaufvertrag für das Flugplatz-Gelände. In letzter Minute waren noch Details des Vertrages geklärt worden. Eine dreiviertel Million Quadratmeter Fläche gehört der Stadt, gekauft vom Bund für 2,3 Millionen Mark. Damit ist nach Worten von Dielewicz die Voraussetzung für den Bau von Flugzeughallen durch private Investoren gegeben. Die Stadt hofft darauf, dass Flugzeugbesitzer dann ihre Maschinen zurückbringen, die jetzt noch in der dänischen Gemeinde Bau untergestellt sind. „Wir wollen sie zurückholen."

Die Investition in das Gelände sei sicherlich nicht betriebs-, aber volkswirtschaftlich sinnvoll, betonte Dielewicz. „Die Region braucht den Flugplatz; er gehört zur Ausstattung des Oberzentrums Flensburg. Das Geld wird für eine Zukunftsinvestition verwendet."

Finanziert wird der Ankauf aus dem Liegenschafts-Etat, durch Gelder, die der Stadt ihrerseits durch Verkauf städtischer Grundstücke und Gebäude zufließen.

Die Stadt hat sich im Vertrag verpflichtet, dem Bund nachträglich einen Wertausgleich zu zahlen, wenn innerhalb der nächsten 20 Jahre das Gelände für Zwecke verwendet wird, die deutlich lukrativer sind als der Flugplatzbetrieb. Einziger, heute denkbarer Fall könne jedoch nur die Möglichkeit sein, den Fliegerhorst Jagel mitzubenutzen. „Wir gehen aber heute davon aus, den Flugplatz Schäferhaus unbefristet zu betreiben."

Unterschrieben: Das Gelände des Flugplatzes Schäferhaus wird Eigentum der Stadt.   Fotos: Riediger

6.03   Unterzeichnung des Ankaufvertrages durch die Stadt: OB Dielewicz (m.) und Bgm. Stell (r.), 15.10.1994.

1994-1997

6.2 Gesellschafter und Geschäftsführung

Als eines der Ergebnisse der Konsolidierung 1981 wurde die FFB GmbH von den Zins- und Tilgungsleistungen aus der Kreditfinanzierung der Infrastruktur befreit. Entsprechende Abschreibungen auf Sachanlagen fielen auch nicht mehr an, da sich das Betriebsvermögen nun im Eigentum der Stadt Flensburg befand – und bis heute befindet. Trotzdem ließen sich die Ausgaben aus dem laufenden Betrieb und die Personalkosten nicht aus den Einnahmen decken.
Da der Flugplatz als Infrastruktureinrichtung für die gesamte Region zu bewerten ist, vergleichbar mit dem Flensburger Handelshafen oder dem Straßennetz, ist aber auch regelmäßig von einem Zuschussbedarf auszugehen.

Die Finanzbuchhaltung einer GmbH muss einen solchen Zuschussbedarf immer unter Anwendung der handelsrechtlichen Bilanzierungsvorschriften als „Verlust" ausweisen. Dadurch wird die politische Diskussion allerdings semantisch belastet und gelegentlich übersehen, dass es Aufgabe von Staat und Kommunen ist, notwendige Einrichtungen der öffentlichen Daseinsvorsorge, die als solche ja stets einen volkswirtschaftlichen Wert darstellen, finanziell zu stützen und zu unterhalten, wenn diese einen betriebswirtschaftlichen Verlust ausweisen. Staat und Stadt sind keine privatwirtschaftlichen Konzerne am Markt, sondern dem gesellschaftlichen Ganzen verpflichtete öffentliche Dienstleister.

Die auch seit der Konsolidierung 1981 weiter anfallenden Verluste wurden bis einschließlich 1990 von den beiden Gesellschaftern Stadt Flensburg und Kreis Schleswig-Flensburg angesichts der infrastrukturellen Bedeutung des Flugplatzes für die ganze Region entsprechend des Gesellschaftervertrages im Verhältnis 3/4 zu 1/4 getragen. Dann setzte sich im Kreis Schleswig-Flensburg die Meinung durch, dass der Flugplatz eine rein Flensburger Einrichtung sei. Als Konsequenz zog sich der Kreis aus der FFB GmbH zurück. Der Gesellschafteranteil von 12.500,– DM wurde mit Wirkung ab 01.01.1991 zum Nennwert von der Stadt Flensburg übernommen.[9]

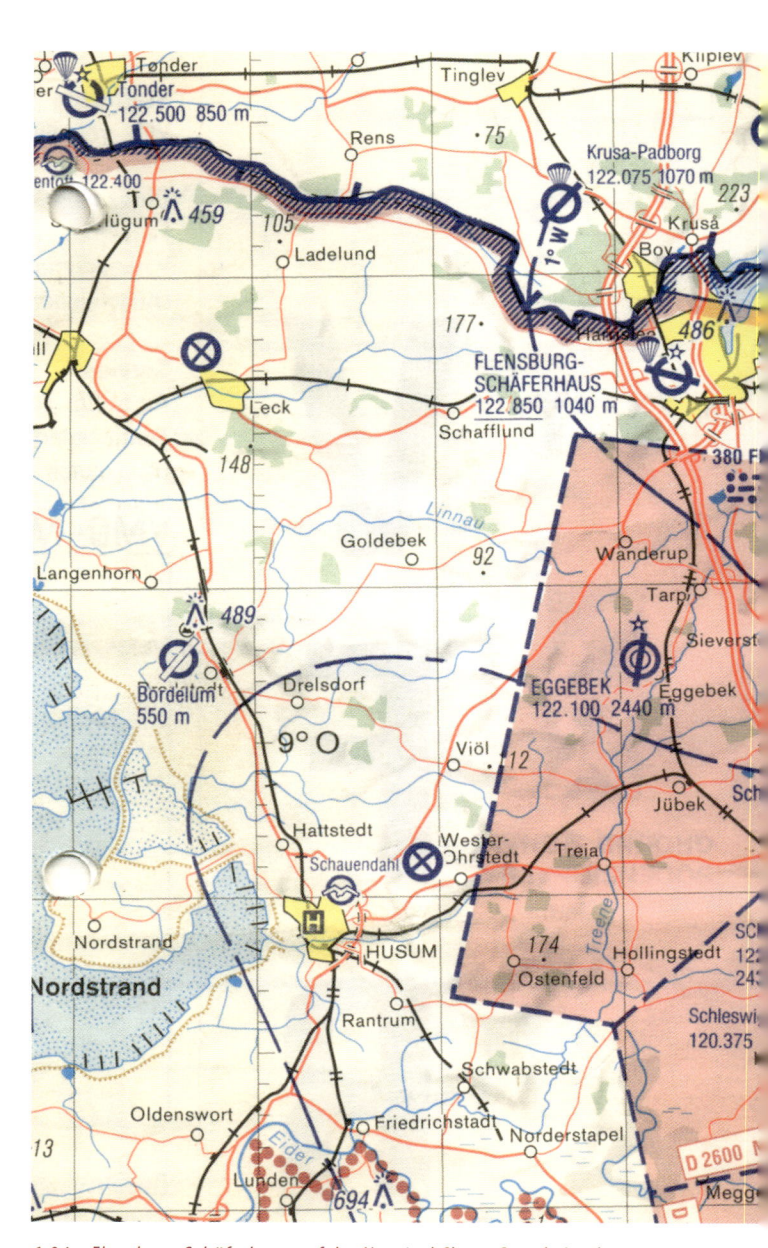

6.04   *Flensburg-Schäferhaus auf der Nautical Chart, Stand: April 1994.*

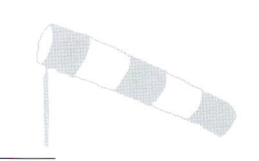

Mit der von der Stadt Flensburg ausgesprochenen Bestandsgarantie bis 2014 wurde ein Meilenstein zum langfristigen Erhalt des Flugplatzes Flensburg-Schäferhaus gesetzt. Dieses positive Signal trug wesentlich dazu bei, dass sich Flensburger Unternehmen, die sich der Region verbunden fühlten, in der Folge an der FFB GmbH beteiligten. Unternehmen der Dethleffsen-Gruppe hatten bereits 1991 angeboten, sich an der FFB GmbH unter Einschluss einer anteiligen Verlustübernahme zu beteiligen.[10] Die Diskussion innerhalb der politischen Gremien der Stadt Flensburg war allerdings lange Zeit von einer möglichen zivilen Mitnutzung des Militärflugplatzes Schleswig-Jagel geprägt, bei der sich dann womöglich die Existenzfrage für den Flugplatz Flensburg-Schäferhaus gestellt hätte.[11]

Als sich dieses als in absehbarer Zeit nicht realistisch darstellte, wurden am 19.05.1995 die gesellschaftsrechtlichen Verhältnisse der FFB GmbH für eine Teilprivatisierung neu geordnet. Es wurde eine Kapitalerhöhung von 50.000,– DM auf 100.000,– DM durchgeführt und der Gesellschaftsvertrag den neuen Verhältnissen angepasst.

Insbesondere wurde die volle Nachschusspflicht für alle Gesellschafter vereinbart und der Aufsichtsrat im Sinne einer Straffung der Organe der Gesellschaft abgeschafft. Dann wurden 30 % des Stammkapitals an sechs bedeutende Flensburger Unternehmen veräußert.[12] Gesellschafter waren nunmehr die Stadt Flensburg, Kurt Beyersdorf GmbH & Co., Dethleffsen GmbH & Co., Motorola Electronic GmbH, Orthmann & Partner GmbH & Co. KG, Queisser Pharma GmbH & Co. und die Beate Uhse AG.

6.05 Die Beate Uhse AG – eine engagierte Mitgesellschafterin der FFB GmbH, hier vertreten durch ihre Namenspatronin bei der Halleneinweihung 1997.

Kapitel 6   Neustart. 1984-2001

6.06   Eiliges von und nach Flensburg per Lufttransport – ein Standortvorteil für die hiesigen Betriebe.

Die Beteiligung wurde von den Unternehmen in dem vollen Bewusstsein eingegangen, dass es sich eben nicht um eine im engeren Sinne rentierliche Kapitalanlage handelte. Vielmehr wurde von diesen die Bedeutung des Flugplatzes als wichtige Infrastruktureinrichtung für den Wirtschaftsstandort Flensburg und die regionale Wirtschaft unterstrichen, woraus sich auch letztlich indirekte Vorteile aus der Beteiligung ergaben.

Es gab aber auch direkte Vorteile für die beteiligten Unternehmen. So war der Flugplatz für die gesamte Unternehmensexpansion der Beate Uhse-Unternehmensgruppe außerordentlich wichtig. Für Motorola war der Flugplatz ein mit entscheidender Standortfaktor in der Organisation und Abwicklung der Unternehmenslogistik zwischen den verschiedenen europäischen Standorten wie z.B. mit dem schottischen Edinburgh.

In den Folgejahren veränderte sich die Gesellschafterstruktur häufiger, was auch Ausdruck des Engagements der Unternehmen in der Region war. So waren Danfoss Compressors GmbH, Marco Hahn GmbH, Northern Air Charter GmbH & Co. KG und die Uwe Reszka Verwaltungs GmbH kurzzeitig Gesellschafter, jeweils durch unterschiedliche Interessenlagen bestimmt.

Seit Gründung der FFB GmbH wurden die Geschäftsführer von beteiligten Unternehmen oder der Stadt Flensburg gestellt. Mit dem Ausscheiden des Kreises Schleswig-Flensburg aus der Gesellschaft erfolgte eine personelle und organisatorische Anbindung der FFB GmbH an die Wirtschaftsförderungs-Gesellschaft der Stadt Flensburg.

Am 26.05.1992 wurde zwischen der FFB GmbH und der Gesellschaft für Wirtschaftsförderung Flensburg mbH (GfW), der Vorgängerin der Wirtschaftsförderungs- und Regionalentwicklungsgesellschaft Flensburg/Schleswig mbH (WiREG) ein Geschäftsbesorgungsvertrag abgeschlossen. Der Vertrag überträgt der GfW die Abwicklung der normalen Geschäftstätigkeit und die Geschäftsführung der FFB GmbH.[13]

2000

6.07 Hallen am Ochsenmarkt samt Taxiways, 2000.

6.3 Modernisierung

Mit der erfolgten Neuordnung der Rechts- und Eigentumsverhältnisse konnte nun auch der infrastrukturelle Ausbau des Platzes vorangetrieben werden.

6.3.1 Taxiway und Hallenbauten

Parallel zu den Ankaufsverhandlungen mit dem Bund wurden bereits Planungen zur Erschließung der Flächen für den dringend notwendigen Bau von zusätzlichen Flugzeughallen vorangetrieben.
Hierzu zählten die Erschließung der Hallenbauflächen über eine Zufahrt vom Ochsenweg und die Herstellung einer Verbindung zu Vorfeld, Tankanlage und Abfertigungsbereich über einen neu zu errichtenden Taxiway. Investoren für den Hallenbau wie z.B. die Beate Uhse-Gruppe standen ebenfalls bereit.

Verantwortlicher Investorin für die Erschließungsmaßnahmen sowie den Bau des Taxiways war die Stadt Flensburg als Grundstückseigentümer. Zusammen mit den Planungsunterlagen für die Bau- und Erschließungsmaßnahmen wurde ein sog. „Landschaftspflegerischer Begleitplan" erarbeitet, mit dem die Eingriffe in die Natur dargestellt und der Ausgleich festgelegt wurden.

Einzelne Bürger und auch die „Notgemeinschaft der Lärmgeschädigten vom Flugplatz Schäferhaus e.V." stellten die Rechtmäßigkeit der Baumaßnahmen in Frage. Nach Auffassung dieser sei für das Vorhaben ein Planfeststellungs- und Genehmigungsverfahren notwendig gewesen.[14]
Die FFB GmbH vertrat allerdings die Auffassung, dass sich diese Infrastrukturmaßnahmen im Rahmen der am 03.06.1969 erteilten Genehmigung für das Anlegen und den Betrieb des Flugplatzes bewegen würden. Das Wirtschaftsministerium als Luftaufsichts- und Genehmigungsbehörde teilte diese Auffassung:
„Da es sich bei diesem Vorhaben um eine Änderung der Platzanlage von nur unwesentlicher Bedeutung handelt, ist im Zusammenhang damit ein Planfeststellungsverfahren nicht vorgesehen. Aus den gleichen Gründen ist auch eine Änderung der Betriebsgenehmigung nicht erforderlich."
Weiter heißt es:
„Die Belange der Flugsicherheit werden selbstverständlich berücksichtigt. Allerdings bestehen aufgrund einer gutachterlichen Stellungnahme der Deutschen Flugsicherung GmbH keine Bedenken gegen das geplante Vorhaben, so dass ich meine Zustimmung zur Baugenehmigung (§17 Satz 1 LuftG) erteilen werde."[15]

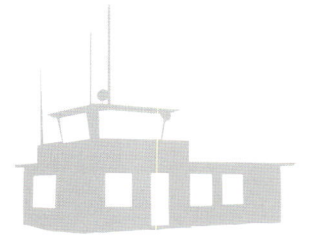

Damit konnte die Erschließungsmaßnahme durchgeführt werden. Die der Stadt Flensburg entstandenen Gesamtkosten von ca. 880.000,00 DM wurden mit 80 % aus dem „Regionalprogramm für den Landesteil Schleswig" gefördert.[16]

Durch die Erarbeitung des notwendigen „Landschaftspflegerischen Begleitplans" verzögerte sich der Bau des Taxiways. Am 23.04.1997 wurde dieser dann seiner Bestimmung übergeben und die neue Flugzeughalle der Unternehmensgruppe Beate Uhse durch die Unternehmensgründerin, Vorsitzende des Aufsichtsrates der Beate Uhse AG Deutschland und leidenschaftliche Fliegerin Beate Rotermund eingeweiht.

6.08 Wir müssen draußen bleiben.
Eine Beweidung des Flugplatzes durch Schafe käme überraschend teuer.

Ein Kuriosum am Rande stellten die Versuche der FFB GmbH dar, eine Beweidung der Flugplatzfreiflächen durch Schafe zu erreichen. Hierzu gab es mehrere Anfragen von interessierten Schäfern, zumal der Flugplatz in der Vergangenheit schon von Schafen beweidet wurde. Zur Abschätzung der Folgen für die Natur war eine Ergänzung des „Landschaftspflegerischen Begleitplans" erforderlich, die im April 1996 vorgelegt wurde. Danach hätten sich aus der Beweidung mit Schafen, die eigentlich eine Entlastung für die FFB GmbH von notwendigen Mäharbeiten mit sich bringen sollte, jährliche Zusatzkosten von 20.490,00 DM ergeben![17] Daraufhin wurde von einer Beweidung durch Schafe Abstand genommen.

6.09 Landebahn mit Überrollstrecken, 2000.

6.3.2 Erneuerung der Landebahn

Im Zuge der Harmonisierung des Luftverkehrs innerhalb der Europäischen Union wurden 1991 die JAROPS 1 (Joint Aviation Authorities über die gewerbsmäßige Beförderung von Personen und Sachen in Flugzeugen) verabschiedet. Diese stellt u.a. erhöhte Anforderungen an Zustand und Länge von Start- und Landebahnen sowie entsprechende Sicherheitsstrecken.[18] Die neuen Sicherheitsvorschriften sollten zum 01.04.1998 bzw. 01.10.1999 in Kraft treten.

Für die Sicherung des gewerblichen Flugverkehrs auf dem Flugplatz Flensburg-Schäferhaus war es zwingend Notwendigkeit, diese neuen Sicherheitsnormen durch entsprechende Anpassung der Landebahn zu erfüllen. Anderenfalls wäre z.B. die Luftfrachtlogistik für Motorola Flensburg oder die Beate Uhse-Gruppe nicht mehr durchführbar gewesen.[19] Im Jahr 1999 wurde daher die Bitumen-Landebahn im Westen und im Osten mit sog. Sicherheits-Überrollstrecken in einer Länge von 350 m und 60 m versehen. Gleichzeitig wurde der Bitumenbelag auf der vorhandenen Landebahn erneuert, so dass ab dem Jahr 2000 die komplette Landebahn in ihrer gesamten Länge von 1.630 m incl. der Überrollstrecken zur Verfügung stand. Damit erfüllte der Flugplatz Flensburg-Schäferhaus die neuen Sicherheitsnormen als einer der ersten Flugplätze in Schleswig-Holstein.

Der mit der Maßnahme verbundene Eingriff in die Natur wurde – wie schon bei der Errichtung des Taxiways 1997 – durch umfangreiche Ausgleichsmaßnahmen kompensiert. Ein von der Stadt Flensburg in Auftrag gegebener „Landschaftspflegerischer Begleitplan" definierte den Ausgleich im Detail; die Umsetzung wurde zum 31.12.2004 abgeschlossen.

Die Gesamtkosten der Landebahnerneuerung lagen bei 883.700,00 EUR; auf die Ausgleichsmaßnahmen entfielen davon 86.000,00 EUR. Die Investitionen wurden mit 57,46% aus dem Regionalprogramm für strukturschwache ländliche Räume des Landes Schleswig-Holstein gefördert.[20] Maßnahmeträger war die FFB GmbH, die auch die Ko-Finanzierung durch entsprechende Kreditaufnahmen aufzubringen hatte.

6.3.3 Treibstoff und Flugbewegungen

Im Zuge der Modernisierung der Infrastruktureinrichtungen und der starken Belebung der gewerblichen Flugverkehre in der zweiten Hälfte der 90er Jahre war eine Erneuerung der nunmehr 30 Jahre alten Tankanlage zwingend notwendig geworden. Die Deutsche BP Holding AG und die FFB GmbH knüpften an die alte Zusammenarbeit vor Kündigung des Agenturvertrages an und vereinbarten 1995 die Einrichtung einer neuen und modernen Agenturtankstelle. Der Vertrag sah vor, dass die BP eine Tankanlage mit zwei jeweils 50 cbm fassenden Tanks errichtet und die FFB GmbH diese gegen entsprechende Provision als Agentur betreibt.[21]
Im August 1996 nahm die BP dann auf dem Flugplatz Flensburg-Schäferhaus eine der modernsten Tankanlagen dieser Größenordnung in Europa in Betrieb. In den ersten Jahren konnte der Flugbenzinabsatz dann bis zu einem Allzeithoch von 827.510 Liter im Jahr 2000 gesteigert werden.
Die gewerblichen Flugbewegungen erreichten ebenfalls im Jahr 2000 ihren höchsten Stand seit der Konsolidierung 1981. Durch die Einstellung des Flugbetriebes der Northern Air Charter GmbH & Co. KG als unmittelbare Folge der Schließung der Motorola-Betriebsstätte in Edinburgh/Schottland sowie der Reduzierung und letztendlichen Einstellung des Flugbetriebes der Beate-Uhse Unternehmensgruppe und der Mobilcom AG ging auch der Flugbenzinabsatz drastisch zurück. Gleichwohl pflegen die FFB GmbH und die BP bis heute eine sehr gute Zusammenarbeit.

6.10 Erdeinbau der Flugbenzin-Tanks, 1994.

Flugplatz Flensburg-Schäferhaus – Verkauf von Flugbenzin (Angaben in Liter)

	1996	1997	1998	1999	2000	2001	2002
AVGAS 100 LL	124.247	227.202	150.104	109.142	92.986	79.896	75.465
JET A1	21.508	80.889	276.088	480.765	734.524	408.107	176.722

Quelle: Angaben der FFB GmbH

6.11 Absatz Flugbenzin 1996 – 2002.

Flugplatz Flensburg-Schäferhaus – Flugbewegungen

	1996	1997	1998	1999	2000	2001	2002
Flugbewegungen	17.374	16.370	15.606	18.560	19.780	24.104	16.404
gewerbliche	3.338	3.926	5.588	5.800	6.854	6.432	4.688
sonstige	14.036	12.444	10.018	12.760	12.926	17.672	11.716

Quelle: Angaben der FFB GmbH

6.12 Flugbewegungen 1996 – 2002.

Kapitel 6   Neustart. 1984-2001

6.13   Das Air Hotel (r.) – eine schwierige Immobilie.

6.3.4 Das Air Hotel

Mit dem Abzug der Deutschen Lufthansa im Jahr 1971 begann ein langsamer aber stetiger Verfall der Gesamtanlage des Air Hotels. Mehreren Pächtern gelang es aus verschiedenen Gründen nicht, einen auf Dauer ökonomisch tragfähigen Hotel- und Gaststättenbetrieb zu organisieren.

Der Verkehrswert der Immobilie wurde 1984 durch den Gutachterausschuss der Stadt Flensburg auf 500.000,00 DM geschätzt.[22] Es wurden seitens der FFB GmbH dann Überlegungen angestellt, den Bereich für insgesamt 650.000,00 DM zu verkaufen.[23] Allerdings fand sich für diesen Preis kein Interessent, so dass sich der Aufsichtsrat der FFB GmbH dann doch wieder für eine Verpachtung entschied.[24]

Aber auch dieses Pachtverhältnis stellte sich als langfristig nicht tragfähig heraus. Im Jahr 1990 wurde dann ein erheblicher Reparaturstau festgestellt, zu dessen Beseitigung die FFB GmbH vertraglich verpflichtet gewesen wäre.[25] Schließlich einigten sich die FFB GmbH und der Pächter auf eine vorzeitige Auflösung des bis zum 31.10.1994 laufenden Pachtvertrages zum 31.03.1991 bei Zahlung eines sechsstelligen Ablösebetrages an den Pächter.[26]

Die für die FFB GmbH leidvolle und sehr teure Geschichte des Air Hotels fand sein Ende mit Rückgabe der im Hauptvertrag von 1981 vereinbarten Nutzungsrechte an die Stadt Flensburg zum 01.04.1991.[27]

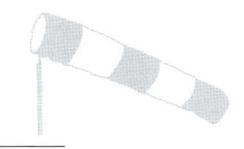

6.4 Linie und Charter

6.4.1 Linienverkehr

Trotz negativer Erfahrungen der CIMBER AIR mit der Einrichtung eines Linienverkehrs wurden immer wieder Stimmen laut, einen solchen insbesondere nach Frankfurt am Main einzurichten. Am 19.5.1985 beschloss der Aufsichtsrat der FFB GmbH, einen Luftverkehrsberater aus der Region mit der Prüfung der Möglichkeiten der Wiedereinführung eines Linienverkehrs zu beauftragen.[28] Der Beratervertrag wurde am 31.05.1985 abgeschlossen.[29]

Der Berater kam während seiner Tätigkeit zu der Einschätzung, dass mit der Einführung eines Linienverkehrs enorme Kosten auf die FFB GmbH zugekommen wären, die in keinem Verhältnis zu dem Nutzen gestanden hätten. So lagen bei einer Beispielrechnung auf der Grundlage eines Linienverkehrsangebotes der Fluggesellschaft C.A.M. Corporate Aircraft Management von 1987 die Ticketpreise Flensburg – Frankfurt am Main fast 50 % über dem Ticketpreis von Hamburg, nach München sogar 70 % über dem von Hamburg.[30] Die Preise aber auch die Flugzeiten seien am Markt überhaupt nicht durchsetzbar. Hinzu kämen notwendige Millionen-Investitionen in die Infrastruktur sowie jährliche Zusatzkosten zwischen 250.000,00 DM und 400.000,00 DM, die auf die FFB GmbH zugekommen wären.[31]

Der Beratervertrag lief am 30.06.1988 aus. Das Rechnungsprüfungsamt der Stadt Flensburg stellte fest, dass die Beratertätigkeit insgesamt ca. 30.500,00 DM gekostet habe und bemerkt im Prüfbericht zum Jahresabschluss 1987: „Konkrete Ergebnisse bezüglich einer Realisierung einer Anbindung des Flugplatzes konnten bis heute nicht vorgewiesen werden."[32]

Sämtliche spätere Versuche, einen Bedarfslinienverkehr einzurichten, endeten relativ schnell mangels Nachfrage.

6.14 Dem Liniendienst, etwa durch die Cimber Air, war in Flensburg bislang kein dauerhafter Erfolg beschieden.

6.4.2 Northern Air Charter

Am 01.04.1991 gründete sich die Northern Air Charter GmbH & Co KG (NAC). Gegenstand des Unternehmens war die „Durchführung von Bedarfsluftverkehr, Charterflügen und Luftfrachtverkehr. Der Flugbetrieb wird vorbehaltlich der behördlichen Genehmigung zum 01.10.1991 aufgenommen werden."[33] Das erste Flugzeug war eine Cessna 206, das Personal bestand aus zwei erfahrenen ehemaligen Bundeswehrpiloten.[34]

Aus dieser Gründung hat sich eine enge und langjährige Zusammenarbeit zwischen NAC und der FFB GmbH entwickelt, die von Höhen und Tiefen geprägt war.

Neben gelegentlichen Flügen nach Barth, Stralsund und Berlin konnte als erster Festkunde das Fernmeldeamt Flensburg gewonnen werden. Montags und freitags wurden Mitarbeiter des Amtes im Rahmen der „Aufbauhilfe Ost" von und nach Neubrandenburg, der Partnerstadt Flensburgs in den „Neuen Bundesländern", geflogen. Zuerst führten diese Flüge noch durch den dänischen Luftraum über die Insel Møn und dann über Rügen und Greifswald nach Neubrandenburg. Grund war die noch nicht existierende Luftraumstruktur im Osten und der noch aktive Flugbetrieb der russischen Streitkräfte. Nach einem halben Jahr waren dann aber auch Routen über Lübeck möglich.

Als weitere Kunden auf diesen Flügen dazukamen – Sparkassen, Banken und Kaufleute –, wurde das erste zweimotorige Flugzeug, eine Cessna 402 am 12.05.1991 gekauft. Der dänische Partner Padborg Airservice brachte eine weitere Cessna 414 in das Unternehmen ein. Mit beiden Flugzeugen wurde jetzt diese wöchentliche Verbindung geflogen. An anderen Tagen wurden die Maschinen für Charterflüge eingesetzt. Diese Flüge führten hauptsächlich in die Neuen Bundesländer und weiter nach Polen, Litauen und Estland.

Ab April 1993 betrieb die NAC eine Cessna 208 für die Firma „Baltic Foto Aviation", die sich auf Luftbilderauswertung spezialisiert hatte. Mit dem Flugzeug wurden Luftbildflüge durchgeführt, in erster Linie um landwirtschaftlich genutzte Flächen aufzunehmen und deren Fläche als Grundlage für die Agrar-Bezuschussung zu berechnen (Luftbildvermessung). Das Unternehmen konnte sich aber am Markt nicht durchsetzen und ging in die Insolvenz.

Ein Streik der LKW-Fahrer in Dänemark, mit dem die Grenzübergänge blockiert wurden, führte zu einer Transportanfrage von Motorola. Mit allen verfügbaren Flugzeugen wurde nun Fracht geflogen. Die LKW brachten die Fracht für Motorola nach Padborg, Sønderborg oder Roskilde. Von dort wurde diese verladen und nach Flensburg geflogen.

Der große Vorteil des Flugplatzes, bei Bedarf (ppr = prior permission required) 24 Stunden am Tag angeflogen werden zu können, zahlte sich nun aus. Der Konzernlogistik von

6.15 Über ein Jahrzehnt in Flensburg erfolgreich: Northern Air Charter (NAC), in den frühen Jahren mit einer Cessna 208 auch für Luftbildflüge tätig, 1993.

Motorola, aber auch anderen Kunden, konnte damit ein Höchstmaß an Flexibilität angeboten werden.

Der erste Flug von Flensburg nach Edinburgh/Schottland wurde mit der Cessna 402 durchgeführt. Hieraus entwickelte sich eine regelmäßige Verbindung, die in besten Zeiten täglich und mit bis zu 4 Flugzeugen geflogen wurde. Die Cessna 402 und die Cessna 414 wurden zu klein und waren zu langsam. Beide Flugzeuge wurden verkauft und ab Juli 1995 durch 4 Cessna 421 ersetzt. Ständig steigende Frachtmengen machten den Einsatz eines Metroliners notwendig. Dieses war der größte Flugzeugtyp, der mit voller Beladung in Flensburg starten und landen konnte.

Nach einer „Probephase" wurde der Metroliner im Oktober 1997 gekauft und dafür zwei Cessna 421 verkauft. Gleichzeitig veränderte sich die Gesellschaftsstruktur. Neuer Gesellschafter wurde u.a. ein Reeder aus Hamburg.

Weitere Reeder aus dem Umfeld des Hamburger Reeders finanzierten ein gemeinsam genutztes Turbopropflugzeug für Geschäftsreisen, das von der NAC betrieben wurde. Die Jetstream 31 kam im November 1997 ins Unternehmen. Die Flüge mit diesem Flugzeug gingen hauptsächlich ab Hamburg oder Lübeck. Die Ziele waren meist Istanbul, Zypern, Isle of Man, Rotterdam und Neapel.

1993-1997

6.16 Dreigestirn: NAC Metroliner mit zwei NAC Cessna 421, 1997.

Kapitel 6 **Neustart. 1984-2001**

2001

Das Frachtgeschäft mit Motorola expandierte weiter und auch andere Speditionen und Luftfrachtunternehmen kamen hinzu. Am 28.04.1998 wurde der 300. Flug nach Edinburgh registriert und ein weiteres Frachtflugzeug vom Typ Merlin auf den Namen „City of Flensburg" getauft.[35] Ebenfalls 1998 wurde die neue Handyfabrik von Motorola im Flensburger Stadtteil Weiche eingeweiht.

Um die technische Betreuung gewährleisten zu können und teure Leerflüge nach Köln und zurück zu sparen, wurde in Flensburg eine Halle gebaut und die NAYAK Aircraft Service GmbH & Co. KG, ein international tätiger luftfahrttechnischer Betrieb, richtete eine Außenstelle in Flensburg ein.

6.19 Der imposante NAC-Flugzeugpark auf Flensburg Schäferhaus, 2001.

6.17 Jubiläum: der 300. Flug für Motorola nach Edinburgh, 1998.

Die Reederei Oldendorff aus Lübeck, zu der Zeit auch Eigner der Flensburger Schiffbaugesellschaft, finanzierte zwei weitere Metroliner und für sich selbst eine Merlin als Geschäftsreiseflugzeug – die Jetstream 31 war zu langsam und die Reichweite zu gering; sie wurde nach Schweden verkauft.

Alle drei neuen Flugzeuge wurden aus den USA (San Antonio / Texas) nach Flensburg überführt. Im Februar und März 2000 trafen die von der Reederei Oldendorff finanzierten Metroliner aus den USA in Flensburg ein und flogen auch für Motorola auf der Strecke Flensburg – Edinburgh sowie für andere Unternehmen europaweit. Damit standen für Motorola ständig zwei reine Frachtflugzeuge und ein Kombiflugzeug, welches auch Passagiere fliegen konnte, zur Verfügung.

Im Juni 1999 folgte eine weitere Merlin über den Atlantik – dieses Mal für die Mobilcom AG in Büdelsdorf und deren Vorstandsvorsitzenden Gerhard Schmidt.

In der Hochphase bestand der Flugzeugpark der NAC aus 7 Fracht-, Passagier- und Ausbildungsmaschinen unterschiedlicher Größe und Bauart[36], 34 Mitarbeiter und Mitarbeiterinnen wurden beschäftigt, davon 12 Piloten.[37] Darüber hinaus war NAC in dieser Zeit auch Gesellschafterin der FFB GmbH.

Noch im Jahr 2000 errichtete NAC drei Hallen zur Unterbringung des Flugzeugparks. Im Januar 2000 erreichte Motorola Flensburg mit 2.989 Mitarbeitern seinen höchsten Stand.[38] Ab 2001 zeichnete sich allerdings schon ein Rückgang des Frachtaufkommens bei Motorola ab, so dass ein Metroliner als Ambulanzflugzeug umgebaut wurde und für den „ASB" – Arbeiter Samariter Bund – aus Köln flog. Diese medizinischen Rückholflüge führten von Island/Grönland über Israel bis nach Nordafrika und die Kanarischen Inseln. Ein anderer Vertrag mit der italienischen Post bedeutete tägliche Nachtpostflüge von Palermo/Sizilien nach Rom und zurück. Die Besatzungen waren im 14-tägigen Rhythmus in einem kleinen Dorf westlich Palermos stationiert.

Im Jahr 2001 schloss Motorola die Betriebsstätte Edinburgh zu Gunsten des Erhalts der Betriebsstätte in Flensburg. Damit ging NAC der größte Kunde verloren. Wenig später stelle auch Mobilcom seinen Flugbetrieb ein. Im Oktober 2002 bot NAC eine Linienverbindung Kiel – Lübeck – Kaliningrad an, die aber auch wieder mangels Nachfrage nach kurzer Zeit eingestellt wurde. Andere Aufträge wurden von den Auftraggebern gekündigt oder nicht verlängert[39] oder konnten diese Ausfälle nicht ausgleichen. Hinzu kamen technische Nachrüstungsnotwendigkeiten bei den verbliebenen Metrolinern zur Sicherung der Betriebsgenehmigungen über 2002 hinaus, die nicht mehr finanzierbar waren. Aber auch Unstimmigkeiten innerhalb der Gesellschaft über den zukünftigen Kurs des Unternehmens trugen zu dessen Erosion bei.[40]

Der letzte Flug der NAC wurde vom Gründer und geschäftsführenden Gesellschafter Heiko Harms am 02.12.2002 von Berlin-Tempelhof nach Köln durchgeführt. Als Endpunkt des Höhenflugs der NAC folgte die unsanfte Landung mit Beantragung des Insolvenzverfahrens im Dezember 2002. Der unternehmerische Mut, mit dem Heiko Harms persönlich und seine Gesellschafter ein modernes Luftfrachtunternehmen am Standort Flensburg aufgebaut hatten, wurde leider nicht belohnt. Der FFB GmbH ging damit kurzfristig einer der größten Kunden verloren. Ein Schicksal, das in der sehr schnelllebigen Luftfahrt heute auch andere Flugplatzbetreiber schnell und schmerzhaft ereilen kann.[41] Die Expansion von Motorola oder auch anderer Unternehmen wäre jedoch in dieser Form ohne den Flensburger Flugplatz nicht möglich gewesen.

6.18 Beladung des NAC Metroliners für einen der zahlreichen Frachtflüge ab Flensburg, 2000.

6.4.3 Flugdienst Uwe Reszka

Beginnend mit dem Jahr 1983 bot der Pilot Uwe Reszka mit dem Flugdienst Flensburg Uwe Reszka GmbH Charterflüge zu allen wichtigen Zentren in Europa an. Zuvor war Uwe Reszka u.a. bei der Cimber Air als Pilot tätig. So kostete 1984 z.B. ein Flug Flensburg – Zürich – Flensburg mit einer zweimotorigen Piper für 5 Personen netto 3.600,00 DM, London 4.000,00 DM, Frankfurt/Main 2.380,00 DM und Kopenhagen 1.160,00 DM.[42] Von 1986 bis 2002 war Uwe Reszka als persönlicher Pilot für Beate Rotermund, die Unternehmensgründerin der Beate Uhse AG, tätig. Geflogen wurde u.a. mit einer zweimotorigen Cheyenne, die 8 Passagieren komfortablen Platz bot.[43] Für kurze Zeit war die Reszka Verwaltungs GmbH auch Mitgesellschafterin der FFB GmbH.

Das Unternehmen Flugdienst Reszka ist dem Standort Flensburg bis heute treu geblieben und stellt mit der eigenen Cessna ein modernes und komfortables Business-Charterangebot zu allen Zielen in Europa zur Verfügung.

6.20 Mit dem „Flugdienst Reszka" von Flensburg nach ganz Europa – seit 1983.

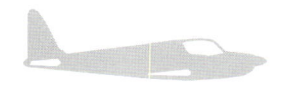

6.5 Neustart geglückt

Mit der Konsolidierung der FFB GmbH, dem Ankauf des Flugplatzgeländes und der Bestandsgarantie für den Flugplatz durch die Ratsversammlung der Stadt Flensburg und der Neuordnung der gesellschaftsrechtlichen Verhältnisse wurden die Voraussetzungen für dringend notwendige, Zukunft sichernde Infrastrukturinvestitionen geschaffen. Der Flugplatz konnte nun seinen Status als eine für die Region unverzichtbare Einrichtung festigen, die dem gewerblichen Flugverkehr, dem allgemeinen Luftsport mit dem Luftsportverein Flensburg und den sonstigen Fliegern gleichermaßen bis heute zur Verfügung steht. Die Entwicklung von 2002 bis 2011 verlief dann auch in wesentlich ruhigerem Fahrwasser.

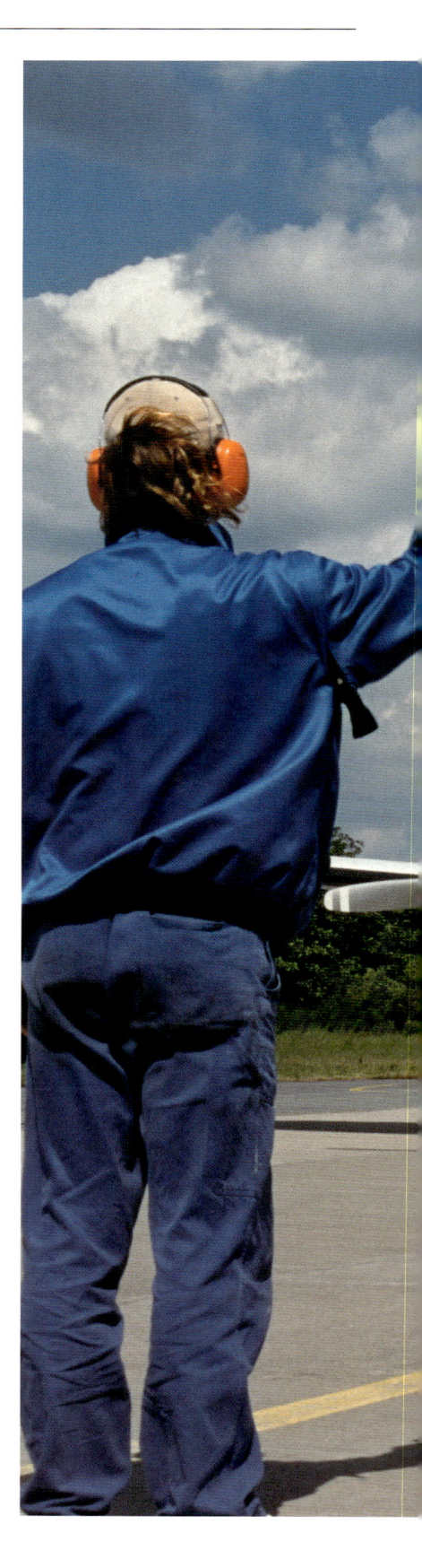

2001

6.21 Nach turbulenten Jahren: „Thumb up" für Flensburg-Schäferhaus, 2001.

Kapitel

7

2002-2011
Take off.

Manfred Bühring

7. Take off.

- 7.1 Gemeinsam für Flensburg
- 7.2 Flugzeugwerft und Allzweckschlepper
- 7.3 Air-Shows und Insel-Hopping
- 7.4 Kanada-Feeling:
  Im Wasserflugzeug über Flensburg

7. Take off. 2002-2011

Mit dem Abschluss des Organschaftsvertrages war eine sukzessive organisatorische und wirtschaftliche Eingliederung in den Konzernverbund Stadtwerke Flensburg mit seinen entsprechenden Dienstleistungen verbunden.
Das komplette Rechnungswesen bis hin zur Entwicklung der Jahresabschlüsse aus der Finanzbuchhaltung, die Personalbetreuung und -abrechnung, die Sicherstellung der Liquidität durch Einbeziehung in das Konzernclearing, die Betreuung in Rechts- und Versicherungsfragen, für alles stand der FFB GmbH nun das Know-how der Stadtwerke Flensburg GmbH zur Verfügung.

Stadtwerke kaufen den Flugplatz

Von der Mutter Stadt übernimmt der Energieerzeuger die Anteile an der Flughafenbetriebs-Gesellschaft. Das beschloss di Ratsversammlung am Donnerstag in nicht öffentlicher Sitzung.

Flensburg
gdn

Die Stadtwerke gehen in die Luft. Damit besteht die Möglichkeit, Fehlbeträge aus dem Betrieb des Flugplatzes Schäferhaus mit den Einnahmen des Strom- und Fernwärmeabsatzes auszugleichen. Im vergangenen Jahr betrug das Defizit, das aus der leeren Stadtkasse gedeckt werden muss, gut 100 000 Mark.

Der Eigentümerwechsel wird allerdings kein Akt der Haushaltssanierung für die Stadt Flensburg auf Kosten der Stadtwerke: Sie übernehmen das Stammkapital in Höhe von 40 000 Mark, das die Stadt in die GmbH eingebracht hatte. „Verhältnismäßig kleines

Geld", wie Stadtwerke-Dir tor Matthias Wolfskeil k mentierte. Wie passt ein Fl platz in das Unternehme profil der Stadtwerke? Mit fen- und Busbetrieb(Aktiv B werde die Kompetenz im reich Verkehr gebündelt, läuterte Wolfskeil. Dies sei ne einmalige Lösung Deutschland. Auch für d Flugplatz Münster sei ein ä liche Konstruktion gefund worden.

Organisatorisch sieht Wo keil keinen Änderungsbed Die Flughafenbetriebsges schaft sei optimal aufgeste Allerdings hat die Firma ei drastischen Sinkflug ihrer nahmen hinnehmen müss Der Hauptgrund ist die Ve gerung des schottischen M

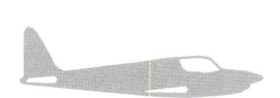

7.01 Die Stadtwerke Flensburg übernehmen die FFB-Anteile, 2002.

2002-2011

egen für die Stadtwerke: Der Energieversorger steigt in die Betreibergesellschaft ein. Foto: Jahr

a-Werkes. Das sicherte in ensburg Arbeitsplätze, achte aber die häufigen Flü- zwischen Flensburg und hottland überflüssig. Das fizit des Flugplatzes (1999: ;00 Mark, 2000: 25 100 Mark, 01: 118 000 Mark) spiegelt se Entwicklung wider. Ver- sacht werden diese Defizite rch Personalkosten und die standsetzung der techni- en Einrichtungen.

Gesellschafter-Versamm- ngen der Flughafen-Betriebs- ellschaft sind keine ge- hlossenen Veranstaltungen. April 1991 war der Be- luss von der Mehrheit der Ratsversammlung gefasst worden, bis zu 20 Prozent der Anteile an Unternehmen der Region zu verkaufen. Davon sind heute noch als Gesellschafter mit an Bord: Die Dethleffsen-Holding und Queisser-Pharma, Motorola sowie das Charterflug-Unternehmen „Northern Air Charter". Ihre Anteile an die Stadt zurückverkauft haben Danfoss, der Beate-Uhse-Konzern und die Marco-Hahn-Gruppe.

In den vergangenen Jahren war immer wieder in den Ausbau des Flugplatzes investiert worden. Seine Existenz auf Stadtgebiet und seine Nutzbarkeit gelten als Gründe, warum die Ansiedlung des großen Motorola-Werkes in Weiche gelang. Einen Anteilsverkauf kann sich Geschäftsführer Manfred Bühring gut vorstellen, wenn die 50 Prozent nicht überschritten werden. Denn dann würde das Unternehmen den Status einer öffentlichen Firma verlieren. Damit wären Investitionen nicht mehr förderfähig. Einen potenziellen Gesellschafter hat Bühring im Visier: die Betreiber der Campushalle. Ein Argument für den Auftritt von Stars wäre, dass es möglich sei, nach Flensburg zu fliegen.

Kapitel 7   Take off. 2002-2011

7.1 Gemeinsam für Flensburg

Die FFB GmbH war damit über die Erbringung von operativen Dienstleistungen in die Gesamtkonzernorganisation der Stadtwerke Flensburg GmbH erfolgreich eingebunden. Die Steuerung des Geschäftes erfolgt aber weiterhin über eine Drittgesellschaft. Der Geschäftsbesorgungsvertrag mit der WiREG wurde zu einem Zeitpunkt abgeschlossen, als die FFB GmbH noch eine 100%ige Tochter der Stadt Flensburg war. Strategisches Ziel der Stadtwerke Flensburg GmbH war es nun, auch die Geschäftsführung der FFB GmbH in das Gesamtkonzern-Management zu integrieren. Folgerichtig wurde der Dienstleistungsvertrag mit der WiREG neu definiert und ab April 2009 auf die Unterstützung in der Öffentlichkeitsarbeit beschränkt.[1]

7.02   50 Jahre FFB. Die stolzen Jubilare (von links): Ralf Wanger (Luftaufsichts-Beauftragter), Erich Seifen (stv. Stadtpräsident), Thomas Liebelt (LSV-Vorsitzender), Rüdiger Hildebrandt (SH-Luftfahrtbehörde), Axel Kostrzewa (Stadtwerke Flensburg), Manfred Bühring (FFB-Geschäftsführer) und Carsten Wilke (Luftaufsichts-Beauftragter), 2010.

Als Meilensteine auf dem Weg zur „emotionalen" Eingliederung in den Stadtwerke-Verbund und Anerkennung als Tochter können zwei außerordentlich gelungene Veranstaltungen bezeichnet werden. Im Mai 2009 fand auf dem Flugplatz die traditionelle „After-Work-Party" für die Mitarbeiterinnen und Mitarbeiter des Stadtwerke-Konzerns statt. Viele der Gäste kamen erstmals mit dem Flugplatz direkt in Berührung und konnten sich von dessen Leistungsfähigkeit überzeugen. Die Begeisterung war so groß, dass im September 2009 auch das offizielle Konzernfest auf dem Flugplatz stattfand.

Am 12. April 2010 konnte die FFB GmbH ihr 50-jähriges Bestehen feiern. Von den Gründungsgesellschaftern, die sich wie das „Who is Who" der Flensburger Wirtschaft liest, sind nach 50 Jahren weiterhin die Stadt Flensburg und die Unternehmensgruppe Herm. G. Dethleffsen mit zwei Unternehmen als Gesellschafter engagiert. Aktuell sind die Stadtwerke Flensburg GmbH, dat repair GmbH, Herm. G. Dethleffsen AG & Co. KG, Motorola GmbH und Queisser Pharma GmbH & Co. Gesellschafter der FFB GmbH (Stand: 31.12.2010).

Flugplatz Flensburg-Schäferhaus – Verkauf von Treibstoffen (Alle Angaben in Liter)

	1996	1997	1998	1999	2000	2001	2002	2003	2004	2005	2006	2007	2008	2009	2010
AVGAS 100 LL	124.247	227.202	150.104	109.142	92.986	79.896	75.465	72.799	70.176	69.128	66.372	57.987	71.256	111.031	98.218
JET A1	21.508	80.889	276.088	480.765	734.524	408.107	176.722	33.002	72.417	55.781	52.811	80.564	77.929	90.759	59.948

Quelle: Angaben der FFB GmbH

7.03 Flugbenzinabsatz 1996 – 2010

Anlässlich des Jubiläums betonte Manfred Bühring, seit 1992 Geschäftsführer der FFB GmbH, die Bedeutung von Schnelligkeit und Erreichbarkeit als entscheidende Kriterien für einen Wirtschaftsstandort, insbesondere in zentrumsfernen Regionen wie dem Landesteil Schleswig. So bleibe es eine wichtige öffentliche Aufgabe, den Landesteil Schleswig überregional und international anzubinden und erreichbar zu halten. Dazu gehöre auch ein diesen Notwendigkeiten entsprechender Flugplatz. Tatsächlich zählten zu den Nutzern des Flugplatzes insbesondere die regionalen Produktionsunternehmen sowie zunehmend national und international tätige Dienstleister. Auch Individualtouristen mit eigenem oder gechartertem Flugzeug wüssten den Flugplatz mit seiner unkomplizierten und persönlichen Betreuung zu schätzen.

Flugplatz Flensburg-Schäferhaus – Flugbewegungen

	1996	1997	1998	1999	2000	2001	2002	2003	2004	2005	2006	2007	2008	2009	2010
Flugbewegungen	17.374	16.370	15.606	18.560	19.780	24.104	16.404	18.478	15.924	13.816	13.828	14.030	14.126	14.848	13.560
gewerbliche	3.338	3.926	5.588	5.800	6.854	6.432	4.688	2.344	2.620	2.156	2.456	2.786	2.896	3.126	2.876
sonstige	14.036	12.444	10.018	12.760	12.926	17.672	11.716	16.134	13.304	11.660	11.372	11.244	11.230	11.722	10.684

Quelle: Angaben der FFB GmbH

7.04 Flugbewegungen 1996 – 2010

Nach Aussage des Landesrechnungshofes gehöre der Flugplatz Flensburg-Schäferhaus zu den effizientesten Regionalflugplätzen in Schleswig-Holstein und müsse den nationalen Vergleich nicht scheuen. „Wir sind kein gewinnorientiertes Unternehmen; es gilt, einem öffentlichen Auftrag bestmöglich nachzukommen, dabei die Kosten aber natürlich im Auge zu behalten. Alles in allem haben wir einen hervorragend ausgestatteten, kleinen aber feinen Flugplatz hier in Flensburg", bilanziert Manfred Bühring.

„Unsere Zusammenarbeit mit der Flensburger Flughafenbetriebsgesellschaft läuft reibungslos", betont abschließend Axel Kostrzewa, der bei den Stadtwerken Flensburg für Beteiligungen zuständig ist. Außerdem seien Flughafen, Hafenbetrieb und Aktiv-Bus als städtische Infrastruktur-Unternehmen im Stadtwerke-Verbund gut aufgestellt.[2]

Flugplatz Flensburg-Schäferhaus – Erträge / Aufwendungen (Alle Angaben in TEUR)

	1996	1997	1998	1999	2000	2001	2002	2003	2004	2005	2006	2007	2008	2009	2010
Erträge operativ	155,40	194,90	215,60	239,30	313,27	245,84	172,41	169,95	167,34	155,10	167,83	165,31	160,60	164,05	169,59
Erträge Aufl. Rü	0,00	0,00	0,00	15,90	28,60	28,60	28,60	26,98	25,78	25,46	25,46	25,46	25,46	25,46	25,46
Erträge	155,40	194,90	215,60	255,20	341,87	274,44	201,01	196,93	193,12	180,56	193,29	190,77	186,06	189,51	195,05
Aufwendungen operativ	195,31	220,85	205,83	238,31	277,36	258,22	242,91	237,93	260,84	235,22	222,72	236,11	244,97	228,35	230,10
AfA	3,79	4,00	7,00	37,05	61,27	61,44	62,36	58,93	55,27	52,43	51,97	52,74	50,70	50,55	54,19
Zinsen	1,00	2,45	3,77	5,10	16,07	15,33	16,13	17,45	18,58	20,72	18,36	17,59	16,83	13,39	14,58
Aufwendungen	200,10	227,30	216,60	280,46	354,70	334,99	321,40	314,31	334,69	308,37	293,05	306,44	312,50	292,29	298,87
Verlust	44,70	32,40	1,00	25,26	12,83	60,55	120,39	117,38	141,57	127,81	99,76	115,67	126,44	102,78	103,82
Verlust operativ	39,91	25,95	-9,77	-0,99	-35,91	12,38	70,50	67,98	93,50	80,12	54,89	70,80	84,37	64,30	60,51

Quelle: Jahresabschluss der FFB GmbH

7.05 Kosten und Ertrag 1996 – 2010

118 Kapitel 7   Take off. 2002-2011

*7.06 Halle der neuen „Luftwerft Petersen"
zwecks Wartung und Reparatur von Flugzeugen auf
dem Flugplatz Schäferhaus, 2009*

7.2 Flugzeugwerft und Allzweckschlepper

Im März 2009 nahm die „Flugzeugservice Petersen GbR" ihren Betrieb auf. Nach fast 100 Jahren Flugplatz Flensburg-Schäferhaus hat sich somit erstmals eine kleine Flugzeugwerft am Platz etabliert. Im Mai 2009 erfolgte die Anerkennung des Betriebes als EASA Part-145 Betrieb (DE.145.0445), im Juli des gleichen Jahres wurde der Betrieb zertifiziert als CAMO+ (DE.MG.0445) und im Dezember 2009 erfolgte die Genehmigung als Luftfahrttechnischer Betrieb LTB II A 341.[3]

Damit können Instandsetzungsarbeiten und Wartungen für eine Vielzahl von Flugzeugtypen wie z.B. einmotorige Flugzeuge mit Kolbenmotor in Metallbauweise, Holzbauweise, Kunststoffbauweise und Gemischtbauweise sowie für einige zweimotorige Typen am Flugplatz Flensburg-Schäferhaus durchgeführt werden. Das Dienstleistungsangebot wurde damit weiter um einen wichtigen Betrieb abgerundet.

Als anschauliches Beispiel, wie eine solche Existenzgründungsidee entsteht und gefördert wird, soll an dieser Stelle der Investor selbst zu Wort kommen:

„Im Frühjahr 2008 kontaktierte mich der Flugzeugtechniker Karl-Heinz Petersen, um mir seine Pläne zur Gründung einer Flugzeugwerft auf dem Flugplatz Flensburg-Schäferhaus zu erläutern. Karl-Heinz Petersen sah für sich bei seinem damaligen Arbeitgeber keine Perspektive und sah große Chancen in einem Start-Up. Diese Idee klang vielversprechend. Von etlichen Eigentümern privater Flugzeuge wusste ich, dass sie aus verschiedenen Gründen eine alternative Flugzeugwerft in näherer Umgebung ihres Standortes suchten, weil sie mit der bestehenden Betreuung nicht einverstanden waren. Das Start-Up-Problem war die Finanzierung einer geeigneten Werfthalle. So kam es zu dem Entschluss, die schon im Besitz meiner J.O.S.S. Beteiligungsgesellschaft befindlichen Hallenflächen (bis dahin insgesamt 2.775 m²) um 420 m² Werfthallen- und 210 m² Werftbürofläche zu erweitern. Der sich daran anschließende Bau weiterer 420 m² Hangarfläche ergab sich aus der steigenden Nachfrage nach Flugzeugstellflächen durch neu hinzugekommene Nutzer des Flugplatzes Flensburg. Das Investitionsvolumen betrug 750.000,00 EUR. Mittlerweile sind bis auf einen noch freien Stellplatz alle Flächen vermietet. Die Flugzeugwerft hat regen Kundenzulauf aus Norddeutschland und Dänemark, beschäftigt mittlerweile 3 fest angestellte Mitarbeiter zzgl. Aushilfskräfte (Stand: Dezember 2010, d. Verf.). Kunden sind sowohl Eigner eigener Flugzeuge, als auch Luftsportvereine und gewerbliche Flugbetriebe."[4]

7.08 Dank neuer Technik startklar auch bei Frost und Schnee, 2009

Im Laufe des Jahres 2009 erneuerte die FFB GmbH einen Teil ihres Fuhrparks. Es wurde ein Allzweckschlepper angeschafft, mit dem die Mäharbeiten, das Kurzhalten der beiden Graslandebahnen und die notwendigen Schneeräumungsarbeiten im Winter durchgeführt werden können. Darüber hinaus wurde die EDV-Ausstattung modernisiert, so dass die Kunden am Flugplatz weiterhin optimal bedient werden können. Insgesamt wurden 91.000,00 EUR investiert, die mit 60 % aus dem Zukunftsprogramm Wirtschaft des Landes Schleswig-Holstein gefördert wurden.[5]

7.07 Karl-Heinz und Britta Petersen, 2009

Kapitel 7   Take off. 2002-2011

7.09 Immer wieder ein Publikumsmagnet: die „Air Shows" auf Schäferhaus, 2004.

7.3 Air-Shows und Insel-Hopping

2004-2006

In enger Kooperation mit der FFB GmbH führte der Luftsportverein Flensburg e.V. schon seit den 1980er Jahren Air-Shows durch, zuletzt wieder im Jahr 2009. Aufgrund der positiven Resonanz sowohl bei den aus ganz Deutschland und vorwiegend Nordeuropa kommenden Piloten mit ihren „fliegenden Kisten" als auch bei den Medien und den Besuchern wurden die Luftschauen fester Bestandteil der Flugplatz-Veranstaltungen. Ein bleibendes Zeugnis dieser Events bietet die lebendige Film-Dokumentation von Marcus Füchtenschnieder über die Air-Show 2004, welche diesem Buch beigefügt ist.

AIR-SHOW

7.11a/b Ob am Boden oder in der Luft – die Ju 52 ist auch in Flensburg immer ein Blickfang, 2004.

AIR-SHOW

Flugplatz Flensburg-Schäferhaus
Sonntag von 10.00 - 17.00 Uhr

NONSTOP-ACTION

Parken/Transfer:
Zwei Parkplätze am Flugplatz
Kostenloser Bustransfer
über Cittiparkplatz-Schäferhaus u. zurück.

Eintrittspreise:
Erwachsene: 9,00 Euro
Jugendliche 13 - 18 Jahre: 4,00 Euro
Kinder bis 12 Jahre frei.

Absolute Highlights …
FLUGAKROBATIK
„WINGWALKING Stearman"
Formationskunstflug
AIRSHOW-Team-Fliegerrevue
L-29 „DÜSENTRAINER"
DC-3 „RUNDFLÜGE"

AIR-SHOW
Flensburg, 27. August 2006

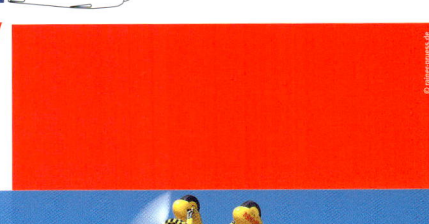

7.10 Spektakulär: Stuntgirl Wioletta Roslan auf der „Wingwalking Stearman" mi Sten Svensson als Pilot, 2004.

Kapitel 7   Take off. 2002-2011

Eine weitere Besonderheit des Flugplatzes Schäferhaus ist seine Lage unmittelbar am Segelrevier der Flensburger Förde und der „Dänischen Südsee", eines der schönsten Wasser- und Küstenreviere Nordeuropas mit traumhafter Landschaft, einsamen Badestränden und verträumten Inselorten, die man mit oft kostenlos zur Verfügung stehenden Fahrrädern erkunden kann.

Viele der kleinen Inseln verfügen auch über einen „Flugplatz", meist nur bestehend aus einer relativ kurzen Graspiste, markiert durch einen weiß-roten Luftsack. Dieses überregional weitgehend unbekannte Juwel für Hobbyflieger gab 2003 den Ideen-Anstoß zum Erlebnis-Projekt „Flensburger Insel Hopping" und dessen bundesweite Vermarktung.

Der Luftsportverein Flensburg e.V. und die FFB GmbH entwickelten zusammen mit „RAINER PRÜSS wirtschafts- und kulturkonzepte" ein Konzept, mit dem die Inselwelt der „Dänischen Südsee" den interessierten Fliegern in Deutschland, Österreich, der Schweiz und natürlich auch in Dänemark selbst näher gebracht werden sollte. Dazu wurde ein Flyer mit beeindruckenden Luftbildern in hoher Auflage an alle Luftsportvereine in den genannten Ländern verschickt. Die einschlägige Presse für die Piloten berichtete ausführlich über dieses Angebot.[6]

Der Reiz bei dem Angebot besteht darin, dass sich diese einmalige Inselwelt mit ihren sehr individuellen Flugplätzen in entspannten Tagesausflügen von der ideal gelegenen „Homebase" Flensburg-Schäferhaus erleben lässt. Als besonderen Service stattet die FFB GmbH die Urlaubsflieger mit einem Manual aus, das alle wichtigen Informationen wie z.B. Anflugkarten, Routenempfehlungen und inselspezifische Besonderheiten enthält. Auf Wunsch werden auch Übernachtungen und Mietfahrzeuge organisiert.

Das „Flensburger Insel-Hopping" wurde hervorragend angenommen und ist zum festen Bestandteil für fliegende Urlauber in der Region geworden. Inselnamen wie Endelave, Vejrø, Ærø, Femø und Samsø, die bisher nur Seglern ein Begriff waren, gehören mittlerweile auch zum festen Fliegervokabular.

7.12 Flensburg – Lufttor zur Inselwelt der dänischen Südsee, 2003.

7.14 Auch vielen Einheimischen als Luftziele weitgehend unbekannt: gastfreundliche Erlebniswelten gleich vor der Haustür, 2003

Flensburger Insel Hopping

2003

7.13 „Insel-Hopping" von Flensburg aus – ein attraktives und einzigartiges Angebot für den Flugtourismus, 2003.

7.15 Die Flensburger Förde als Start- und Landebahn, 2004.

7.4
Kanada-Feeling:
Im Wasserflugzeug über Flensburg

Nach dem Ende des Luftfahrtunternehmens Northern Air Charter ließ deren geschäftsführenden Gesellschafter Heiko Harms die Leidenschaft für das Fliegen nicht los. Zusammen mit dem flugbegeisterten Unternehmer Dietmar Knauer aus Baden-Württemberg gründete er 2004 die Clipper Aviation GmbH (CA), eines der wenigen gewerblichen Wasserflugunternehmen in Deutschland.

Auf dem Rückweg von Schweden hatte Wasserflieger Knauer nach vorheriger Genehmigung durch das Kieler Wirtschafts- und Verkehrsministerium einen Zwischenstopp in Flensburg eingeschoben, wodurch Heiko Harms die Gelegenheit zur Verlängerung seiner Wasserflugberechtigung samt ersten Wasserlandungen auf der Förde erhielt.

Beflügelt vom Gelingen, erreichten beide eine Genehmigungsverlängerung aus Kiel und stationierten das Wasserflugzeug in Flensburg. Die Räumlichkeiten der ehemaligen „Northern Air Charter" wurden gemietet und eine Flugschule mit Schwerpunkt „Wasserflug" genehmigt. Rasch kamen mehr und mehr Flugschüler, schließlich auch zahlreiche Rundfluggäste.

Schon 2005 benötigte die „CA" ein größeres Flugzeug. Es wurde ein „Beaver", der auf einem abenteuerlichen 4,5-Stunden-Flug von Notodden in Südnorwegen nach Flensburg überführt wurde – samt Zwischenwasserung nördlich von Kerteminde (DK) und Nachtanken aus einem, in der Kabine mitgeführten 250 Liter-Fass. Der „Beaver" besaß zu diesem Zeitpunkt noch keine amphibischen, d.h. auch bodentauglichen Schwimmer,

2004-2010

konnte daher nicht in Schäferhaus landen, sondern blieb im Yachthafen Flensburg-Sonwik. Mit der Installation amphibischer Schwimmer gewann das Flugzeug ab 2006 eine neue Einsatzflexibilität für die Flugschule, im gleichen Jahr ergänzt um eine Piper Pa-18 D-ESEA aus Italien. In Sonwik komplettierten ein Ponton und ein Anleger den Liegeplatz. Zugleich erfolgte, trotz Bedenken einiger Anwohner, die Genehmigung für einen dauerhaften Wasserlandeplatz, den dritten in Deutschland – und den wohl auch schönsten neben Welzow und Hamburg. Landeplätze in Plau am See und auf dem Fleesensee in Mecklenburg sowie auf dem Schweriner See kamen hinzu. An allen Wasserlandeplätzen sorgen Steg oder Anleger, ein Sicherheitsboot sowie die vorgeschriebene Ausrüstung in Form von Tankstelle, Feuerlöscher, Werkzeug und Funk für die nötige Funktionalität und Sicherheit.

Dennoch legte sich ein dunkler Schatten über den norddeutschen Wasserflug. Bei einem tragischen Unglück in Hamburg stürzte Jörg Steber mit dem „Beaver" tödlich ab. Die „CA" übernahm in der Folgezeit den Landeplatz Hamburg und führte den Flugbetrieb zunächst mit einer Cessna 206 Turbine, dann mit einer Cessna 206 Kolbenmotor weiter. Im Juli 2009 folgte ein weiteres Unglück, als sich die Maschine bei der Landung im Hamburger Bakenhafen überschlug und zwei Passagiere den Tod fanden. Neben der seelischen Belastung für alle Beteiligten führten die Stornierung hunderter von Tickets sowie weitere Flugausfälle die „CA" an den Rand des Ruins.

Nur mit Mühe konnte der Flugbetrieb an den anderen Landeplätzen aufrecht gehalten werden, so auch in Flensburg. Ein positives Zeichen setzten hier Ausbau und Aufwertung der Station durch einen Pavillon auf dem Anleger Sonwik, wo die „CA" erreichbar ist, während Wasserflugzeuge und Schulungsbetrieb in den Flugzeughallen auf Schäferhaus untergebracht sind, die einst der Luftfrachtlogistik für Motorola dienten. So bilden die Aktivitäten der „Clipper Aviation" heute einen festen Bestandteil sowohl der Flensburger Flugplatz-Ökonomie, als auch des hiesigen Tourismus-Angebots.[7]

7.16 „Clipper Aviation" (CA) von Heiko Harms erschließt die Förde als Wasserflugrevier, 2004

7.17 Dank „amphibischer Schwimmer" mit Fahrgestell sind auch Bodenlandungen, wie hier zwecks Wartung in Schäferhaus, möglich, 2006.

7.18 Der Wasserlandeplatz bei Sonwik, 2010.

Kapitel

8

Gewitterfronten. Argumente im Meinungsstreit um Flugplatz und Flugbetrieb

Mona Andresen/Manfred Bühring/Rüdiger Hildebrandt/Thomas Liebelt

8. Gewitterfronten. Argumente im Meinungsstreit um Flugplatz und Flugbetrieb

8.1 Bedeutung der Regionalflugplätze für den Wirtschaftsstandort Schleswig-Holstein
8.2 Flughafen Flensburg: „Kostenbewusst und sehr effizient"
8.3 Flugplatz Sønderborg (DK): Ersatz oder Ergänzung?
8.4 Fluglärm
8.5 Wirken und Leistungen des Luftsportvereins Flensburg e.V.

8. Gewitterfronten.
Argumente im Meinungsstreit um Flugplatz und Flugbetrieb

8.1 Bedeutung der Regionalflugplätze für den Wirtschaftsstandort Schleswig-Holstein[1]

Flugplätze gehören zu den klassischen Verkehrsinfrastrukturanlagen – wie andere Infrastruktureinrichtungen für den Personen- und Güterverkehr auf der Straße, der Schiene und dem Wasser. Sie sichern die regionale Luftverkehrsanbindung an in- und ausländische Wirtschaftszentren. Sie können eine erhebliche Bedeutung als Wirtschafts- und als Standortfaktor haben. Daher werden sie im öffentlichen Interesse der Allgemeinheit zur Verfügung gestellt.

Der Flugplatz Flensburg-Schäferhaus ist einer von 13 Verkehrslandeplätzen in Schleswig-Holstein. Daneben bestehen noch die beiden Verkehrsflughäfen Lübeck-Blankensee und Sylt, 13 Sonderlandeplätze, 25 Hubschrauberlandeplätze sowie drei Segelfluggelände bei uns in Schleswig-Holstein.

Nicht zuletzt kann man Hamburg-Fuhlsbüttel als den internationalen Verkehrsflughafen für Schleswig-Holstein bezeichnen, auch wenn er nicht auf Landesgebiet liegt.

An den Flughäfen Lübeck und Sylt wird Linienflugverkehr zu verschiedenen Zielen im In- und Ausland angeboten. An den übrigen Flugplätzen in Schleswig-Holstein wird hauptsächlich die sogenannte Allgemeine Luftfahrt betrieben.

Die Allgemeine Luftfahrt ist sozusagen der Individualverkehr in der zivilen Luftfahrt. Darunter versteht man unter anderem privaten Motorflug, Motorseglerflüge, Ultraleichtflüge sowie die fliegerische Ausbildung, also Schul- und Trainingsflüge. Aber auch der individuelle Geschäftsreiseverkehr (Taxiflüge, Charterflüge) und der firmeninterne Flugverkehr (Werkverkehr) sind darunter zu verstehen. Sonstige gewerbliche Flüge umfassen beispielsweise Rundflüge und die Arbeitsluftfahrt wie Bildflüge, Monitoring (zum Beispiel Zählen von Seehunden im Wattenmeer), Sprühflüge, Überwachungsflüge. Unter den Begriff der Allgemeinen Luftfahrt fallen auch die staatliche Luftfahrt der Polizei und Einsätze der Luftrettung (zum Beispiel Transport von Patienten nach erfolgter Erstversorgung, Rücktransport Erkrankter aus Urlaubsgebieten). Insgesamt zählen über 95 % der in Deutschland registrierten Luftfahrzeuge zur Allgemeinen Luftfahrt.

8.01 Verkehrslandeplatz Flensburg-Schäferhaus

Kapitel 8   Gewitterfronten. Argumente im Meinungsstreit um Flugplatz und Flugbetrieb

8.02 Lübeck-Blankensee – neben Sylt einer der zwei Verkehrsflughäfen mit Linienbetrieb in Schleswig-Holstein.

8.03 Flugplatz Helgoland – in Notfällen und bei stürmischer See einzige Verbindung zum Festland.

Heutzutage wird der Luftverkehr von einigen großen Fluggesellschaften beherrscht, die ihre Langstreckenverbindungen an bestimmten Drehkreuzen (zum Beispiel Frankfurt/ Main, München) bündeln. Diese großen internationalen Verkehrsflughäfen arbeiten oft schon am Rande ihrer Kapazitäten. Dies gilt in eingeschränkter Form auch für Hamburg-Fuhlsbüttel, wo in den Stoßzeiten Engpässe auftreten können. Leistungsfähige Regionalflugplätze können hier eine Ergänzung bieten. Für das Beispiel Hamburg folgt daraus, dass der Flugplatz Uetersen einen großen Teil der Schul- und Trainingsflüge sowie des individuellen Geschäftsreiseverkehrs abwickelt, und dass der Flughafen Lübeck-Blankensee für größere Flugzeuge als Ergänzung und Entlastung dienen kann.

Regionalflugplätze bedienen die wachsende Nachfrage nach Luftverkehr näher am Entstehungsort. Damit lässt sich erhebliche Zeit für die Anfahrt zum weiter entfernt gelegenen großen Verkehrsflughafen einsparen. An Regionalflugplätzen steht nicht der Linienverkehr mit Passagieren und Fracht und der planmäßige touristische Charterverkehr im Vordergrund, sondern die Allgemeine Luftfahrt. Von hier wird Zubringerverkehr zu den Drehkreuzen angeboten, aber auch der sogenannte Punkt-zu-Punkt-Verkehr. Für Geschäftsreisende bieten Regionalflughäfen gegenüber Großflughäfen daher einige Vorteile: hohe zeitliche Flexibilität durch selbst bestimmte Abflug- bzw. Ankunftszeit, selbst bestimmte Zielwahl, also auch Anfliegen eines dem eigentlichen Zielort näher gelegenen Flughafens und dadurch Vermeidung zeitaufwendiger Umsteigeflüge, kürzere Abfertigungszeiten, kürzere Wege zum Flugzeug.

Für Wirtschaftsförderer ist der Zusammenhang von Erreichbarkeit und Förderbedürftigkeit von Regionen nichts Neues. Schleswig-Holstein liegt nicht in der Mitte Deutschlands, sondern an der Peripherie. Internationale Verflechtungen der Wirtschaft und Politik nehmen zu, daher wird es immer wichtiger, auch entferntere Ziele schnell zu erreichen. Ein dezentraler Standort hat für ein Unternehmen zwar meist Vorteile bei den Lohnkosten, Mieten, Steuern und staatlicher Förderung. Ein Nachteil ist aber die räumliche Distanz zu wichtigen Kunden und Lieferanten. Daher ist es für die Unternehmensansiedlung und -sicherung ein wichtiges Argument, wenn es einen leistungsfähigen Regionalflugplatz in der Region gibt.

Der Flugplatz Flensburg-Schäferhaus ist insofern für den ganzen Norden Schleswig-Holsteins eine wichtige Infrastruktureinrichtung, die die geografische Randlage zumindest teilweise kompensieren kann. Dies gilt auch für den Flugplatz Husum-Schwesing. Wenn in Husum die Windenergie-Messe stattfindet, reisen viele Aussteller und Besucher auf dem Luftweg an. Noch viel deutlicher wird die Anbindungsfunktion beim Flugplatz Helgoland-Düne. Die Anbindung mit dem Flugzeug gewährleistet für Einwohner und Touristen die Erreichbarkeit der Insel, vor allem wenn bei Starkwindlagen keine Schiffe verkehren können. Ohne den Flugplatz wäre es für die Einwohner nicht möglich, zum Beispiel geschäftliche Termine auf dem Festland wahrzunehmen, ohne dort zu übernachten. Der Flugplatz Heide-Büsum bietet regelmäßige Flugverbindungen zur Insel Helgoland an. Der Flugplatz Kiel-Holtenau dient unter anderem zur direkten Anbindung der Werften. Auftraggeber kommen, um den Baufortschritt bei ihren Schiffen zu sehen, oder Mitarbeiter der Werft reisen zu Schiffen, die schnell Ersatzteile und eine erfahrene Reparatur-Crew benötigen. All diese beispielhaft genannten Flugplätze erfüllen damit Aufgaben im Rahmen der öffentlichen Daseinsvorsorge.

Die Anbindung an das europäische Luftverkehrsnetz kann zudem über einreisende Touristen zu positiven wirtschaftlichen Auswirkungen im Gastgewerbe und Handel der Region führen. Durch den Luftverkehr können neue Gästezielgruppen bzw. neue Quellgebiete erschlossen werden, zum Beispiel der Anteil ausländischer Gäste erhöht werden. Zudem steigt die Zahl der Wochenend- und Kurzreisen. Regionen, die nicht schnell erreichbar sind, können davon nicht profitieren. In Schleswig-Holstein werden vor allem die Flughäfen Lübeck und Sylt für den touristischen Luftverkehr genutzt. In Lübeck dient das Angebot der Low-Cost-Fluggesellschaften dem Städtetourismus, was auch zu einer erheblichen Steigerung der Übernachtungen von ausländischen Gästen geführt hat. Und die Insel Sylt bietet sich aufgrund ihrer Lage für die Anreise mit dem Flugzeug an. Viele der auf dem Luftweg anreisenden Gäste würden auf einen Sylt-Urlaub verzichten, wenn sie die Insel nicht per Flugzeug (privat oder per Linienverbindung) erreichen könnten. Zudem würden viele große Veranstaltungen und Kongresse ohne den Flughafen und die damit gebotene bequeme und schnelle Anreise per Flugzeug nicht stattfinden können.

Kapitel 8 Gewitterfronten. Argumente im Meinungsstreit um Flugplatz und Flugbetrieb

Die Auswirkungen des Betriebs und/oder des Ausbaus eines Flugplatzes auf die regionale Wirtschaft kann man grundsätzlich in vier Kategorien einteilen:

- Direkte Effekte: Beschäftigungs- und Einkommenseffekte bei den auf dem Flugplatz ansässigen Unternehmen, zum Beispiel als Zahl der dortigen Erwerbstätigen.
- Indirekte Effekte: Effekte außerhalb des Flugplatzes, die aber von den am Platz ansässigen Unternehmen ausgelöst werden, nämlich Aufträge für Investitionen und Leistungen.
- Induzierte Effekte: Die so entstandenen Einkommen der Arbeitnehmer werden ausgegeben und lösen wiederum Einkommens- und Beschäftigungseffekte aus.
- Katalytische Effekte: Durch die Luftverkehrsanbindung wird die Region attraktiver für Unternehmen und Touristen – der Standortfaktor Flugplatz.

Zudem verursacht ein Flugplatz auch fiskalische Effekte durch Steuereinnahmen aus der Tätigkeit der Flugplatzbetreiber, der luftverkehrsbezogenen Unternehmen, der Zulieferer und anderen.

Diese Wirkungszusammenhänge bleiben häufig unbeachtet, denn meist wird die Allgemeine Luftfahrt als Freizeitvergnügen und nicht als Standort- und Wirtschaftsfaktor eingeschätzt. Der Erfolg von Regionalflugplätzen wird oft allein an den erreichten Passagierzahlen im Linienverkehr gemessen. Daher wird die Meinung vertreten, der Betrieb und Ausbau von Regionalflugplätzen sei eine Verschwendung knapper öffentlicher Ressourcen. Dem sind eben die Bedeutung als Standortfaktor für die Region sowie die positiven fiskalischen Effekte für die Gebietskörperschaften über das Steueraufkommen entgegenzuhalten. Vom volkswirtschaftlichen Nutzen sind allerdings die mit dem Betrieb von Flugplätzen untrennbar verbundenen Umweltkosten etwa für Lärm- und Abgasbelastung abzuziehen. Viele der großen Verkehrsflughäfen erwirtschaften keinen Gewinn, da die Ein-

8.04 Regionalflugplatz Kiel-Holtenau

nahmen durch Gebühren der Fluggesellschaften, Vermietung und Parkraumbewirtschaftung nicht ausreichen. Ein Regionalflughafen kann erst recht kaum gewinnbringend betrieben werden, da im Vergleich zu den Einnahmen die Kosten für Infrastruktur, Rettungswesen, Flugsicherung usw. sehr hoch sind. Die alleinige Beurteilung aufgrund betriebswirtschaftlicher Kriterien greift hier zu kurz, da es ein öffentliches Interesse an einer ausreichenden Flugplatzinfrastruktur gibt. Regionalflugplätze dienen wie andere Infrastruktureinrichtungen für den Personen- und Güterverkehr der regionalen Daseinsvorsorge, also der nachhaltigen sozialen und wirtschaftlichen Entwicklung in den einzelnen Regionen. Die oben aufgezählten Effekte kommen hinzu. Daher ist der Erhalt einer flächendeckenden und bedarfsgerechten Luftverkehrsinfrastruktur als volkswirtschaftliche Investition zu bewerten.

Die positiven externen Effekte kann ein privater Investor nicht direkt für sich verbuchen. Daher ist häufig die öffentliche Hand Träger oder Gesellschafter von Regionalflugplätzen.
Aus diesem Grund besteht die Möglichkeit, für den Ausbau und die Modernisierung von Regionalflugplätzen einen finanziellen Zuschuss der Landesregierung Schleswig-Holstein zu erhalten (Flugplatzinvestitionszuschussrichtlinie).

Hiervon hat in der Vergangenheit auch der Flugplatz Flensburg-Schäferhaus profitiert.
Es bleibt zu wünschen, dass der Flugplatz Flensburg-Schäferhaus noch viele Jahre zum Nutzen der Region betrieben werden kann.

8.05 Auf direktem Luftweg von und nach Flensburg – nur möglich durch den Flugplatz.

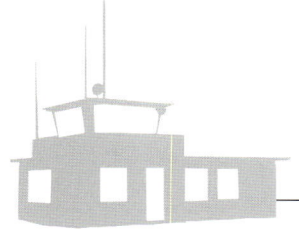

8.2 Flughafen Flensburg: „Kostenbewusst und sehr effizient"[2]

Mit der Einstellung des Flugbetriebes für die Motorola GmbH Flensburg, der Abkehr der Unternehmensgruppe Beate Uhse vom Flugverkehr sowie mit dem Ausscheiden von Gerhard Schmid aus der Mobilcom AG gingen der FFB GmbH zu Beginn des neuen Jahrtausends gleich drei wichtige Kunden verloren. Das hatte erhebliche Auswirkungen auf die Ökonomie.

Als unmittelbare Folge war ein starker Rückgang der Flugbewegungen und damit der Einnahmen aus den Landegebühren und dem Flugbenzinverkauf zu verzeichnen. Hinzu kamen Aufwendungen aus dringend notwendigen Investitionen wie die zur Erfüllung der europäischen Sicherheitsbestimmungen JAR-OPS 1,[3] die von der FFB GmbH durchgeführt und auch finanziert wurden, obwohl die Flugplatzliegenschaft nicht der FFB GmbH, sondern der Stadt Flensburg gehört. Trotz der Förderung durch das Land Schleswig-Holstein entstanden hieraus eine zusätzliche Zinsbelastung und ein höherer Abschreibungsbedarf, die das wirtschaftliche Ergebnis der FFB GmbH seit dem Jahr 2001 erheblich zusätzlich belasten.

Aus der mit der Genehmigung von 1969 verbundenen Betriebspflicht als Verkehrslandeplatz ergibt sich ein nicht reduzierbarer Fixkostenblock aus Vorhaltung von Personal und Infrastruktur, der völlig unabhängig von der Intensität der Nutzung des Flugplatzes entsteht.

Ohne die Zusatzbelastungen aus dem Neubau der Landebahn in den Jahren 1999/2000 würde der Zuschussbedarf in etwa dem operativen Verlust entsprechen. So lag dieser in den letzten 10 Jahren im Schnitt bei ca. EUR 66.000,00 im Jahr, der ausgewiesene Verlust hingegen bei ca. EUR 112.000,00 (Stand 2010).

Für die gewerbliche Wirtschaft bleibt die schnelle Überwindung der Entfernung zu den Geschäftspartnern ein entscheidender Faktor. Die Stadt Flensburg hält einen Flugplatz mit einer hervorragenden Ausstattung vor, der genau diesen Zweck erfüllt und dazu noch den mitgliederstärksten Luftsportverein Schleswig-Holsteins beherbergt. Der Zuschuss-Bedarf entspricht den Kosten zweier Personalstellen. Selbst der Landesrechnungshof stellt daher der FFB GmbH ein hervorragendes Zeugnis aus: „Im bundesweiten Vergleich ist der Flensburger Flughafen sehr effizient und kostenbewusst geführt."[4]

Damit braucht der Flugplatz Flensburg-Schäferhaus den Vergleich mit anderen Flugplätzen in Schleswig-Holstein wie Lübeck, Kiel oder Westerland oder auch mit dem Flugplatz Sønderborg im benachbarten Dänemark nicht zu scheuen, die allesamt einen wesentlich höheren Zuschussbedarf haben.[5]

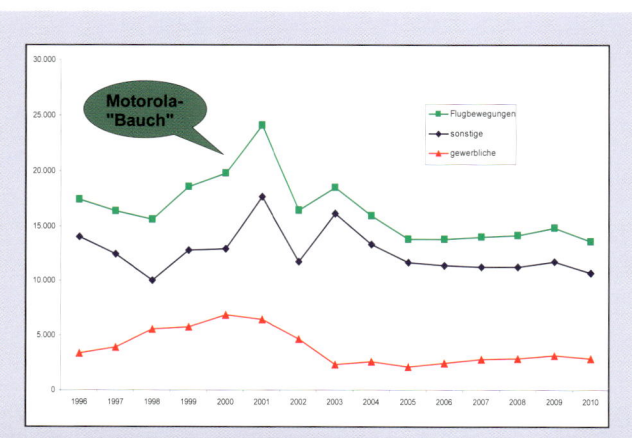

8.06 Flugbewegungen 1996-2010

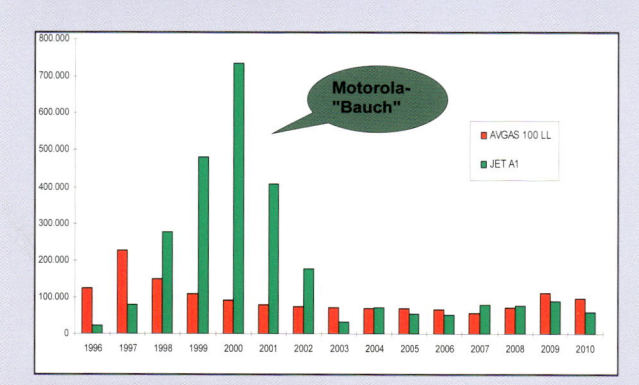

8.07 Flugbenzinabsatz 1996-2010 / Angaben in Litern

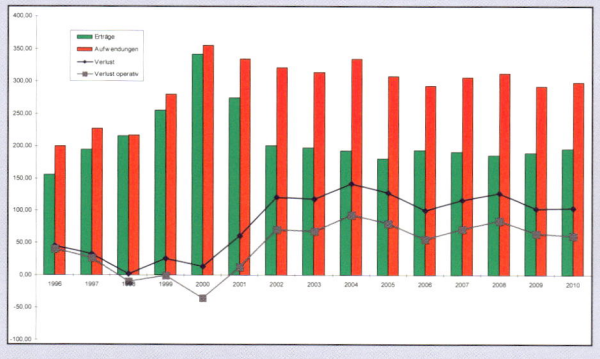

8.08 Aufwand / Erträge 1996-2010 / Angaben in TEuro

Flugzeugtyp:
Cessna 560 XLS Citation,
Geschäftsreiseflugzeug
9 Passagiere, 2 Piloten, Leermasse 6,8 to,
max. Startgewicht 9,2 to,
Reisegeschwindigkeit 820 km/h,
Reichweite 3.441 km
gelandet am: 10. Mai 2011
gestartet am: 10. Mai 2011 mit Ziel Salzburg

Kapitel 8 Gewitterfronten. Argumente im Meinungsstreit um Flugplatz und Flugbetrieb

8.09 *Verkehrsflughafen Sønderborg.*

8.10 *Ergänzung, nicht Ersatz für Flensburg.*

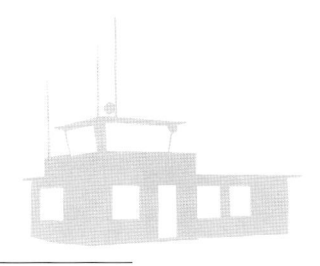

8.3 Flugplatz Sønderborg (DK): Ersatz oder Ergänzung?

Der Flugplatz Sønderborg im benachbarten Dänemark verfügt über eine gut ausgebaute Infrastruktur mit einer Landebahn 1.797 m x 30 m, einem ILS CAT I sowie Radarführung und NDB (ungerichtetes Funkfeuer).[6] Derzeit werden als einzige Linienverbindung von der Fluggesellschaft Cimber Sterling A/S (vormals Cimber Air A/S) täglich vier Linienflüge nach und von Kopenhagen angeboten.

Der Flugplatz Sønderborg hat jedoch unter einem starken Rückgang der Flugbewegungen zu leiden, der ursächlich mit der durchgehenden Straßen- und Bahnverbindung nach Kopenhagen und Malmö zusammenhängt. So haben sich die Flugbewegungen im Jahr 2010 um 41 % im Vergleich zum Vorjahr vermindert. Die Zahl der Passagiere ist im gleichen Zeitraum um 11 % gestiegen.[7]

Zur Aufwertung des Flugplatzes sollen Möglichkeiten zur Weiterentwicklung untersucht und im Herbst 2011 vorgelegt werden. Das Projekt wird aus Mitteln des grenzüberschreitenden EU-Programms INTERREG gefördert und hat im Wesentlichen folgende Zielsetzung:

„Das Projekt ‚Flughafen Sønderborg als Binationaler Flughafen' ist eine Untersuchung der Möglichkeiten der Entwicklung des kommunalen Flughafens in Sønderborg zu einem gemeinsamen grenzüberschreitenden binationalen Flughafen für die gesamte Region Sønderjylland-Schleswig. Mit der neuen Autobahn nach Sønderborg erhält der Flughafen einen natürlichen Einzugsbereich von ca. 1 Mio. Einwohnern, davon 40 % auf der deutschen Seite der Grenze.
Binationaler Flughafen heißt, dass der Flughafen von den Luftfahrtbehörden in sowohl Dänemark als auch Deutschland rechtlich gesehen als Inlandsflughafen zugelassen wird. Der Vorteil eines binationalen Flughafens ist, dass die Flugabgaben für die Fluggesellschaften und Fluggäste niedriger sind, was das Anwerben von Fluggesellschaften für neue Strecken erleichtert. Heute gibt es vom Flughafen Sønderborg nur Linienflüge nach Kopenhagen. Da die Errichtung eines binationalen Flughafens ein komplizierter Prozess ist, müssen Experten die rechtlichen Fragen der Errichtung eines binationalen Flughafens klären, und es muss eine Marktanalyse durchgeführt werden, die die Kundengrundlage und den möglichen Einbezug des deutschen Markts beleuchten soll, u. a. für welche deutsche Flugstrecken in dem Gebiet Bedarf besteht. Darüber hinaus soll untersucht werden, welche deutschen Fluggesellschaften an der Nutzung des Flughafens Sønderborg für Inlandsflüge interessiert sind. Die Eröffnung neuer Flüge zu deutschen Inlandsflughäfen wird wesentlich bessere Rahmenbedingungen für Unternehmen auf beiden Seiten der Grenze schaffen, da die Reisezeit zu deutschen Städten wesentlich reduziert wird.
Nach der Durchführung der Untersuchung wird geklärt sein, wie der Flughafen zu einem binationalen Flughafen entwickelt werden kann, und es wird ein detaillierter Fahrplan für die Einführung und eine Strategie für die Vermarktung des gemeinsamen Flughafens erstellt worden sein."[8]

Sofern sich aus dem Projekt nachweislich Vorteile für die Region z.B. durch die Generierung neuer Linienverbindungen in Wirtschaftszentren ergeben sollten, kann dieses nur begrüßt werden. Dieses würde eine qualitative Ergänzung des Luftverkehrsangebots in der Region bedeuten.

Eine Konkurrenzsituation würde daraus für den Flugplatz Flensburg-Schäferhaus nicht entstehen, denn Linienverkehr ist seit dem Abzug von Cimber Air aus Flensburg im Jahre 1973 und nachfolgender, am fehlenden Bedarf gescheiterter Versuche nicht das Geschäft des Flugplatzes Flensburg-Schäferhaus. Vielmehr steht hier der Charter- und Geschäftsflugverkehr im Focus, mit dem die regionalen Unternehmen „von Tür zu Tür" völlig unabhängig von Linienverbindungszeiten, Bahnfahrplänen oder dem Zustand von Autobahnen ihre gemeinsamen Termine schnell und problemlos wahrnehmen können.

Allerdings ist darauf zu achten, dass diese Arbeitsteilung bzw. Funktionsergänzung auch langfristig erhalten bleibt, denn Sønderborg kann Flensburg nicht ersetzen und Flensburg will Sønderborg nicht ersetzen. Folgerichtig beinhaltet der Untersuchungsauftrag auch eine Abschätzung der Auswirkungen eines binationalen Flugplatzes auf Flensburg-Schäferhaus.[9] Diese gilt es abzuwarten.

8.4 Fluglärm

Die Geschichte der Industrialisierung und des technischen Fortschritts, des Wohn- und Freizeitverhaltens und der Entwicklung der Bevölkerungsdichte geht einher mit einem rasanten Anstieg der Mobilitätsanforderungen an die Menschen und an Warenströme und Dienstleistungen. Der Ausbau von Straßen- und Schieneninfrastrukturen, von Schifffahrtswegen und Schiffen und auch Luftfahrtzeugen und Flugplätzen folgte und folgt weiterhin diesem Drang der Menschheit nach Weg- und Zeitverkürzung.

Dabei ist die Bevölkerung zwangsläufig auch mit den Folgen einer solchen Entwicklung konfrontiert, die sich u.a. in der Zunahme von Lärmbelastungen äußert und bei den Betroffenen nicht selten zu Belastungsproblemen führt.

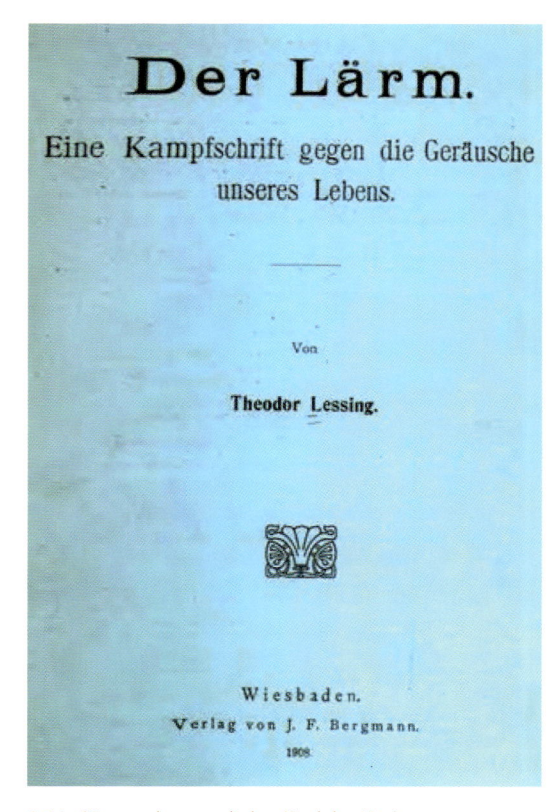

8.11 Lärm – das ungeliebte Kind der Moderne. Titelblatt einer frühen Anti-Lärm-Schrift von Theodor Lessing (1872-1933).

8.12 Seit den späten 1950er Jahren gibt es Beschwerden aus der umwohnenden Bevölkerung des Flugplatzes gegen Fluglärm.

8.4.1 Lärm und Luftraum

Ein allgemeines Gesetz zum Schutz vor Lärm gibt es in Deutschland nicht. Für die Beurteilung eines konkreten Falls sind deshalb die verschiedensten Rechtsvorschriften unterschiedlicher Fachgebiete heranzuziehen.[10]

Vor 100 Jahren, als die ersten Aktivitäten auf dem heutigen Flugplatz Flensburg-Schäferhaus stattfanden, war das alles noch kein Thema. Frei nach Kurt Tucholsky: „Lärm ist das Geräusch der anderen"[11] hatte die Diskussion um Lärm, und damit auch um Fluglärm, gar keine Bedeutung im öffentlichen Bewusstsein. Wenn man heute nach dem Begriff „Lärm" googelt, so erhält man 488.000 Treffer, beim Stichwort „Fluglärm" sind es immerhin noch 49.400 Treffer.[12] Das zeigt, welchen immensen Stellenwert dieses Thema in der öffentlichen Diskussion hat. Vom Umweltbundesamt wird Fluglärm als „Lärm von Flugzeugen und Hubschraubern beim Start, bei der Landung oder während des Fluges"[13] definiert.

Für den Betrieb eines Flugplatzes ist es heute notwendig, die Anforderungen an eine moderne Verkehrsinfrastruktureinrichtung für die Wirtschaft, den Tourismus und die Freizeitgestaltung in Einklang zu bringen mit dem Schutzbedürfnis der Bevölkerung einer Region vor den Emissionen eines Flugplatzes, eben dem „Fluglärm". Bei der Abwägung der divergierenden Interessen steht dem Flugbetrieb allerdings auch ein Schutzbedürfnis zu, was in der öffentlichen Diskussion bisweilen gerne vergessen oder ignoriert wird. Das Luftverkehrsgesetz sagt hierzu, dass die Nutzung des Luftraums grundsätzlich frei ist:

„Die Benutzung des Luftraums durch Luftfahrzeuge ist frei, soweit sie nicht durch dieses Gesetz, durch die zu seiner Durchführung erlassenen Rechtsvorschriften, durch im Inland anwendbares internationales Recht, durch Verordnungen des Rates der Europäischen Union und die zu deren Durchführung erlassenen Rechtsvorschriften beschränkt wird."[14]

Die FFB GmbH kann bei der Abwägung dieser unterschiedlichen Interessen auf eine lange „Auseinandersetzungstradition" zurückblicken.

Flugplatz-Anlieger haben jetzt eine Notgemeinschaft gegründet

Entschädigungsklage in Vorbereitung
Vorläufiger Vorstand

Am Sonntag haben sich 25 Einwohner von Gottrupel, Langberg und Handewitt-Ost zu einer „Notgemeinschaft der Lärmgeschädigten vom Flugplatz Schäferhaus" zusammengeschlossen. Wie es in einer Mitteilung der neugegründeten Notgemeinschaft heißt, sieht diese ihre Aufgabe darin, „die betroffenen Bürger in ihrem Abwehrbemühen gegen die Lärmschädigungen zu unterstützen und Lärmschädigungen, die ihren Ausgangspunkt im Flugplatz Schäferhaus haben, auszuschalten."

Es ist zunächst eine vorläufige Satzung ausgearbeitet worden, in der die Ziele der Notgemeinschaft festgelegt sind. Dem ebenfalls vorläufigen Vorstand gehören Landwirt Hans-Peter Hansen (Handewitt-Ost) als 1. Vorsitzender, Herbert Maas (Langberg) als 2. Vorsitzender und Paul Chr. Schmidt (Gottrupel) als Schriftführer an. Die Anmeldung der Notgemeinschaft bei dem zuständigen Amtsvorsteher ist in die Wege geleitet worden. Sitz der Notgemeinschaft ist Gottrupel (Tel. 0 46 08 / 4 14).

Die Notgemeinschaft rechnet damit, daß sie in Kürze etwa 250 bis 300 Mitglieder haben wird. Von den Mitgliedern wird zur Deckung der Kosten ein geringer Beitrag erhoben. Eine endgültige Vorstandswahl ist vorgesehen, sobald der Notgemeinschaft eine größere Zahl von Mitgliedern beigetreten ist. Auch in Flensburg-Weiche wollen sich dem Vernehmen nach Lärmgeschädigte zusammenschließen. Die Notgemeinschaft beabsichtigt, beim Landgericht Flensburg Entschädigungsklage zu erheben. Pt.

8.13 Im August 1968 gründete sich die „Notgemeinschaft der Lärmgeschädigten vom Flugplatz Schäferhaus e.V."

Als Notgemeinschaft der Lärmgeschädigten an einem Flugplatz in Flensburg sind wir täglich mit der Praxis konfrontiert. Nach unserer jahrelangen Erfahrung über das Ausmaß der Schädigungen durch Fluglärm können wir feststellen, daß das dem Bundesrat zum Beschluß vorliegende Gesetz höchstens ein äußerstes Minimum angesprochen werden kann. Wer jemals das Schicksal und die Qualen eines durch Fluglärm zum menschlichen Wrack, zum nervlich Gestörten und zum chronisch magen- und darmkranken Menschen usw. hat miterleben können, wird begreifen, daß wir erwarten und alles dafür einsetzen werden, daß der nächste Bundestag sich erneut schnellstens mit dem Fluglärmproblem befaßt. Es muß für einen Staat, dessen Verfassung auf den Grundsätzen der Menschenrechte basiert und der das Recht auf Leben und auf körperliche Unversehrtheit, auf Unantastbarkeit der Wohnung und des Eigentums in die Grundrechte aufgenommen hat, unerträglich sein, daß Bürger nach altchinesischen und afrikanischen Methoden durch Fluglärm zu tode oder zu menschlichen Wracks gequält werden. Nach unserem Grundgesetz soll der Mensch und sein körperliches und seelisches Wohlbefinden im Mittelpunkt der Betrachtungen stehen. Alle anderen Faktoren können also nur Mittel zum Zweck sein, um diesem Grundsatz zu dienen. Das zum Beschluß vorliegende Gesetz zum Schutz vor Fluglärm in der Umgebung von Flugplätzen stellt höchstens ein äußerstes Minimum zur Forderung auf Einhaltung des Grundgesetzes dar. Es bedarf im neuen Bundestag schnellstens einer Verbesserung, denn es ist im Prinzip gleich, ob z.B. Menschen zur Erhaltung und Festigung faschistischer oder bolschewistischer Ideologien in Konzentrationslägern oder für zum Selbstzweck gewordene wirtschaftliche, finanzielle oder technische Zwänge gefoltert und in ihren Grundrechten verletzt werden. Wir werden darum auch keine Partei zur bevorstehenden Bundestagswahl empfehlen, die sich nicht ausdrücklich verpflichtet, sich baldigst für eine entscheidende Verbesserung des Gesetzes zum Schutz vor Fluglärm in der Umgebung von Flugplätzen einzusetzen.

Gottrupel, den 6.7.69

Notgemeinschaft der Lärmgeschädigten
vom Flugplatz Schäferhaus e.V.
2391 Gottrupel

8.14 Früher Aufruf der „Notgemeinschaft der Lärmgeschädigten" (Ausschnitt/Juli 1969).

Schäferhaus-Notgemeinschaft nimmt Stellung: Nicht gegen den Flugplatz, aber gegen Lärm

8.15 Im Zentrum der frühen Kritik stand der Fluglärm durch den Lufthansa-Schulungsbetrieb (1967).

8.4.2 Fluglärmstreit und Urteile in Flensburg

Auf der Grundlage des Planfeststellungsbeschlusses vom 23.05.1969 wurde der FFB GmbH am 03.06.1969 „die Anlegung und der (Erg.durch Verf.) Betrieb eines Landeplatzes des allgemeinen Verkehrs (Verkehrslandeplatz) und Segelfluggeländes" genehmigt.[15] Die Genehmigung vom 01.06.1961 wurde durch diese Genehmigung ergänzt bzw. ersetzt.

Notwendig geworden war die Durchführung eines Planfeststellungsverfahrens u.a., um den seit 1961 stattfindenden Schulungsbetrieb der Flugschule der Deutschen Lufthansa rechtlich einwandfrei abzusichern. Die höchstzulässigen Lärmemissionen wurden in der Genehmigung auf einen äquivalenten Dauerschutzpegel von 67 dB (A) festgeschrieben. Das entsprach den Vorgaben des im Entwurf befindlichen Fluglärmschutzgesetzes.[16]

Basierend auf dieser Genehmigung konnten damit täglich 170 Starts mit einer Beechcraft-Debonair, der Schulungsmaschine der Lufthansa, durchgeführt werden, mit einer schallgedämpften Maschine sogar 340 Starts.[17] Neben der Limitierung der Starts sieht die Genehmigung eine Beschränkung des Schulungsbetriebes von Montags bis Freitags zwischen 07.30 Uhr und 13.00 Uhr und 14.00 Uhr bis 18.30 Uhr vor. Die Deutsche Lufthansa fühlte sich durch den Planfeststellungsbeschluss und die darauf beruhende Genehmigung in ihrem Schulungsbetrieb allerdings eingeschränkt. In der Konsequenz verlegte sie die Flugschule in die USA.[18]

Massiv in die Diskussion eingebracht hat sich seinerzeit die „Notgemeinschaft der Lärmgeschädigten vom Flugplatz Schäferhaus e.V.", die sich in den 1960er Jahren gegründet hatte. Bisweilen wurden in der emotional aufgeladenen Debatte die Grenzen einer sachlichen Auseinandersetzung überschritten. So formulierte die „Notgemeinschaft" im Zusammenhang mit der Diskussion um das Fluglärmgesetz, dessen Entwurf ihr nicht weit genug ging: „Es muss für einen Staat, dessen Verfassung auf den Grundsätzen der Menschenrechte basiert und der das Recht auf Leben und auf körperliche Unversehrtheit, auf Unantastbarkeit der Wohnung und des Eigentums in die Grundrechte aufgenommen hat, unerträglich sein, dass Bürger nach altchinesischen und afrikanischen Methoden durch Fluglärm zu Tode oder zu menschlichen Wracks gequält werden." Und weiter: „(...) es ist im Prinzip gleich, ob z.B. Menschen zur Erhaltung und Festigung faschistischer oder bolschewistischer Ideologien in Konzentrationslägern oder für zum Selbstzweck gewordene wirtschaftliche, finanzielle oder technische Zwänge gefoltert und in ihren Grundrechten verletzt werden."[19]

So wundert es nicht, wenn die Auseinandersetzungen um den Fluglärm im Allgemeinen und um den Flugplatz Flensburg-Schäferhaus im Besonderen seit den 1960er Jahren bis zum vorerst letzten Gerichtsurteil des Oberverwaltungsgerichts Schleswig am 28.06.2000 teilweise mit großer Schärfe und auch persönlichen Angriffen bis hin zu sich als haltlos erwiesenen Strafanzeigen gegen die FFB GmbH geführt wurden.

Die nach dem Abzug der Lufthansa folgenden Auseinandersetzungen zwischen der „Notgemeinschaft", der „Arbeitsgemeinschaft Umweltschutz e.V." und einigen Bewohnern der Region auf der einen Seite und der FFB GmbH bzw. der Luftfahrtbehörde des Landes Schleswig-Holstein als Genehmigungs- und Aufsichtsbehörde auf der anderen Seite drehten sich im Kern immer um die Frage der Rechtmäßigkeit der Genehmigung und um vermeintliche oder tatsächliche Lärmbelästigungen. Stellvertretend für alle Auseinandersetzungen sollen hier nur zwei Gerichtsurteile zitiert werden.

Am 24.01.1974 hat das Verwaltungsgericht Schleswig eine Klage auf Einschränkung des Flugbetriebes u.a. mit folgender Begründung abgewiesen: „Der Anspruch des Klägers, vor einer unzumutbaren Lärmbeeinträchtigung durch den Luftverkehr auf dem Flugplatz Flensburg-Schäferhaus geschützt zu werden, ist dadurch rechtlich ausreichend gesichert, dass dem Flugplatzunternehmer in dem angefochtenen Planfeststellungsbeschluss die Einhaltung eines äquivalenten Dauerschallpegels von 67 dB (A) für die Wohngebiete am Flugplatz aufgegeben worden ist (...) Eine Geräuschbeeinflussung, die diesen Messwert insgesamt nicht überschreitet, ist von einem Flugplatzanwohner hinzunehmen."[20]

Erklärung
zum Planfeststellungsverfahren betreffend Flugplatz Flensburg-Schäferhaus

Achtung! Wertminderung droht

Sie müssen dies wissen!

Für den Flugplatz Schäferhaus soll erst jetzt **lt. öffentlicher Bekanntmachung** das gesetzlich vorgeschriebene Planfeststellungsverfahren durchgeführt werden.

Was heißt das?

Mit einem Planfeststellungsverfahren soll offen dargelegt werden, was der Antragsteller des Verfahrens, in diesem Falle die Flensburger Flughafenbetriebsgesellschaft m b H, plant. Er ist gesetzlich verpflichtet, in dem Verfahren seine Absichten deutlich erkennbar der Öffentlichkeit vorzustellen. Insbesondere muß er das, wenn Dritte durch sein Vorhaben belästigt, gefährdet oder geschädigt werden könnten.

Was ist zu tun?

Jedermann, der sich durch die geplanten Maßnahmen in irgendeiner Form betroffen fühlt, hat die Möglichkeit, Einwendungen zu erheben. Diese werden dann in einem folgenden Erörterungstermin geprüft und erörtert.

Was erfolgt dann?

Die Planfeststellungsbehörde entscheidet nach der Erörterung mit den Betroffenen, ob dem Antrag der Flugbetriebs G m b H nicht, ganz oder teilweise stattgegeben wird.

Es steht dann Betroffenen frei, Entschädigungsansprüche gegen den Antragsteller des Planfeststellungsverfahrens geltend zu machen.

In den ausliegenden Planunterlagen wird der Flugplatz Schäferhaus als Verkehrslandeplatz bezeichnet. Gegen einen Verkehrslandeplatz wäre kaum etwas einzuwenden.

Da aber der sogenannte „Verkehrslandeplatz" seit Jahren fast ausschließlich der Ausbildung von Flugschülern der Lufthansa dient, wie es von Seiten des Antragstellers von Anfang an beabsichtigt war, ist die Bezeichnung **„Verkehrslandeplatz" eine Täuschung**. Nach den gesetzlichen Bestimmungen hätte ein diesbezügliches Planfeststellungsverfahren schon durchgeführt werden müssen, als der Plan gefaßt worden ist, die Lufthansa-Flugschule in Flensburg einzurichten. Der Ausbau des Platzes in Zielrichtung Lufthansa-Flugschule ist seitdem rechtswidrig erfolgt.

Alle in den vorliegenden Planfeststellungsunterlagen genannten Anlagen sind mit Ausnahme der dritten Start-Landebahn bereits fertiggestellt und – abermals rechtswidrig – in Betrieb genommen worden.

8.16 Droht den Anwohner-Immobilien ein Wertverlust? Flugblatt der „Notgemeinschaft" (Ausschnitt/1968).

AGU fordert die Auflösung der Flughafenbetriebsgesellschaft
Schreiben an den Eingabenausschuß des Landtags gerichtet

8.17 Harte Anwürfe gegen die FFB GmbH (1977).

In einem Urteil zur Klage gegen die Anlegung der Überrollstrecken als Sicherheitseinrichtungen stellt das Oberverwaltungsgericht Schleswig am 24.06.2000 u.a. folgendes fest: „(…) steht einem Erfolg der Klage bereits entgegen, dass diese streitbefangenen Verkehrsflächen mit Planfeststellungsbeschluss vom 23. Mai 1969 im Sinne einer verkehrlich-funktionalen Einheit (…) unanfechtbar als Start- und Landebahn planfestgestellt worden sind." [21]

Weiter heißt es, dass die Einrichtung von Sicherheitsmaßnahmen nicht dazu dienen könne, „(…) daraus einen Anspruch des Eigentümers eines dem Flugplatzgelände benachbarten Grundstücks auf Reduzierung des bisher rechtlich zulässigen Flugbetriebes abzuleiten (…) Dem Kläger als Anlieger des Flugplatzgeländes steht insoweit auch kein Schutz vor einer verstärkten Ausnutzung des bereits vorhandenen Genehmigungsrahmens zur Seite." Der Kläger habe den Flugbetrieb „weiterhin hinzunehmen." [22]

Der rechtliche Rahmen für den Bestand und die Nutzung des Flugplatzes Flensburg-Schäferhaus ist damit endgültig bestätigt und abgesichert.

Schalldämpfer für „fliegende Kisten"
Lärmschutz: Luftsportverein rüstete Maschinen u

(mf). Weil Flensburgs Motorflieger ihr Hobby künftig ruhiger angehen lassen wollen, gab's nun gleich Dämpfer für ihre „fliegenden Kisten": Sämtlichen fünf Motormaschinen am Flugplatz Schäferhaus stattete der Luftsportverein mit zusätzlichen Schalldämpfern aus — „nach Auskunft der Herstellerfirma schlucken sie ein Drittel des Lärms," erklärte Flugwart Karl-Ernst Petersen gestern.

Insgesamt läßt sich der 250 Mitglieder starke Verein dies 12 500 Mark kosten; „eine freiwillige Investition — hübsch sind die Dinger nicht, aber sie erfüllen ihren Zweck." Dabei denken die „Luftikusse" vor allem an durch Flug-

glärm genervte Anlieger, de man mit der neuen Anschaff entgegenkommen will. „Auch e ge private Maschinen-Besitzer Flugplatz Schäferhaus", weiß tersen, „wollen unserem Beis folgen."

Nebenbei sollen die Däm dem Piloten selbst Vorteile bie wie er weiter verriet: „Denn a im Cockpit wird's leis „Außerdem", ergänzte Ralf Wan — mit Petersen und Günther S. eith der dritte im Bunde der F zeugwarte des Luftsportvereins „zahlen wir so weniger Land bühren: 25 Prozent Ermäßig gibt es mit Nachschalldämpfer den meisten schleswig-holste schen Flugplätzen."

8.18 Frühe Versuche individueller Fluglärm-Dämpfung in Flensburg (1991).

8.4.3 Lärmbegrenzung

Darüber hinaus haben die Luftaufsichtsbehörde in Kiel, die FFB GmbH und die Stadt Flensburg die Bedürfnisse der Anlieger des Flugplatzes stets ernst genommen und versucht, auf einen angemessenen Ausgleich der Interessen hinzuwirken. So wurde die notwendige Platzrunde von der Luftaufsichtsbehörde so gelegt, dass Wohngebiete weitestgehend ausgespart bleiben. Beim Verlassen der Platzrunde für Überlandflüge sind Mindesthöhen zu beachten. Bereits 1988 hat der Aufsichtsrat der FFB GmbH beschlossen, zum Schutz der Anwohner zwischen 13.00 Uhr und 15.00 Uhr keine Platzrunden mehr für motorgetriebene Luftfahrzeuge zuzulassen.[23] Die Einschränkung ist in der Sommerzeit jeweils vom 15.03. bis 30.09. wirksam.[24] Neben dieser freiwilligen Selbstbeschränkung

„Nicht schön, aber zweckmäßig." Flugzeugwart Karl-Ernst Petersen hat die zusätzlichen Schalldämpfer selbst in die Motorflieger eingebaut.
Foto: Grätsch

Heute zahlen Maschinen ohne Lärmschutzzeugnis 40 % Aufschlag zur Landegebühr.

sieht die Landeentgeltregelung der FFB GmbH einen Zuschlag auf die Landegebühren für solche Flugzeuge vor, die kein anerkanntes Lärmschutzzeugnis vorweisen können. Der Zuschlag liegt derzeit bei 40 %.[25]

Ergänzend hierzu haben sich Propeller und Triebwerke so weiterentwickelt, dass sich die hieraus resultierenden Lärmemissionen um zum Teil bis zu 90 % vermindert haben.

Wie widersprüchlich der Umgang mit der Lärmproblematik manches Mal auch zwischen der Politik, der Verwaltung und der FFB GmbH als Tochtergesellschaft der Stadt Flensburg war, zeigt ein Schreiben des Ordnungsamtes der Stadt Flensburg an das Innenministerium des Landes Schleswig-Holstein. Darin wird „im Interesse des Gesundheitsschutzes der in diesem Umfeld lebenden Bevölkerung" eine drastische Reduzierung der Flugbewegungen auf 15.000 im Jahr durch Anordnung des Innenministeriums gefordert.[26] Aber noch im gleichen Jahr 1992 beschließt die Ratsversammlung der Stadt Flensburg, den Flugplatz Flensburg-Schäferhaus weiterzuentwickeln und hierfür die Flächen vom Bund anzukaufen.[27]

Kapitel 8 Gewitterfronten. Argumente im Meinungsstreit um Flugplatz und Flugbetrieb

8.19 Flugplatz und Briesen-Kaserne Mitte der 1990er – vor der Konversion zur Wohnsiedlung „Gartenstadt Weiche".

8.4.4 Fluglärm und Stadtentwicklung

In seinen Anfängen lag der Flugplatz Flensburg-Schäferhaus, seinerzeit war es nur ein Flugfeld, bestehend aus einer Wiese, weit vor den Toren Flensburgs. Im Laufe der folgenden 100 Jahre hat sich die städtische Bebauung und Nutzung als Agglomerationsraum für Wohnen, Freizeit und Gewerbe immer weiter in Richtung Flugplatz bewegt. Bei begrenzten Flächenkapazitäten mussten sich hieraus zwangsläufig Nutzungskonflikte ergeben. Verdeutlicht werden die Entwicklungshemmnisse durch einen Flächen-/Einwohnervergleich mit der westlich an den Flugplatz und damit an die Stadt Flensburg angrenzenden Gemeinde Handewitt. Die Landfläche der Stadt Flensburg mit ihren derzeit 88.656 Einwohnern liegt bei 4.865,4 ha. Die Gemeinde Handewitt hingegen hat bei 10.694 Einwohnern[29] eine Fläche von ca. 6.500 ha zur Nutzung zur Verfügung.[30]

Mit dem Abzug der Bundeswehr aus der Briesen-Kaserne im Flensburger Stadtteil Weiche stand mit einem Schlag eine große Fläche für eine Wohn- und Gewerbenutzung zur Verfügung. Eine Gruppe Flensburger mittelständischer Unternehmer erwarb die Fläche, um dort das Wohn- und Gewerbegebiet „Gartenstadt Weiche" zu entwickeln. Da die Flächen unmittelbar an das südliche Flugplatzgelände angrenzten – nur getrennt durch einen Grüngürtel, dem „Stiftungsland Schäferhaus", stellte sich bei der Aufstellung des notwendigen Bebauungsplans sofort die Frage der Verträglichkeit von Wohnen und Flugplatzbetrieb. Die Betriebsgenehmigung für den Verkehrslandeplatz vom 03.06.1969 sieht die Anlage eines beschränkten Bauschutzbereiches nach § 17 Luftverkehrsgesetz in einem Umkreis von 1,5 km um den Flugplatzbezugspunkt vor. Dieser hat allerdings bisher keine negativen oder einschränkenden Auswirkungen auf die Bebaubarkeit und Nutzung der in diesem Radius liegenden Flächen gehabt.

Um eine gesicherte Grundlage für die Erschließung und Vermarktung des neuen Wohngebietes zu haben und auch zur Absicherung des Flugbetriebes wurde im Auftrag der Investorengruppe ein „Schalltechnisches Gutachten" erstellt und am 03.12.1998 vorgelegt.[31] Auf Intervention der FFB GmbH wurde das Gutachten um ein „Ergänzendes Schallgutachten (Fluglärm)" erweitert. Letzteres wurde am 06.05.1999 vorgelegt.[32] Der Gutachter kommt zu folgendem Ergebnis: „Ausgehend vom Flugplatz Flensburg-Schäferhaus treten im Bezugszeitraum tags (06.00 Uhr bis 22.00 Uhr, d.Verf.) keine Überschreitungen der Orientierungswerte nach DIN 18005 im Bereich der gepl. Bebauung auf."[33]

Die friedliche Koexistenz zwischen Flugplatzanforderungen und Wohnbebauung war damit planungsrechtlich abgesichert. Und bis heute hat sich diese bewährt, denn es gab seitdem keine nennenswerten Beschwerden aus dem Wohngebiet Gartenstadt Weiche.

Ein weiteres derzeit (Stand: 2/2011) zur Erschließung vorgesehenes Wohngebiet befindet sich an der Nikolaiallee südöstlich des Flugplatzes, teilweise direkt unter der östlichen Einflugschneise gelegen. Auch hier wurde im Rahmen der planungsrechtlichen Voruntersuchung ein Schalltechnisches Gutachten erstellt, das zu folgendem Ergebnis kommt: „Werden zusätzlich[e] die Fluggeräuschimmissionen (…) berücksichtigt, so kann der schalltechnische Orientierungswert von 55 dB(A) tagsüber mit dem o.g. Lärmschutzwall nahezu im gesamten Plangebiet eingehalten werden (…) Nachts wird der Immissionsgrenzwert der 16. BImSchV (…) von 49 dB(A) unter Berücksichtigung des o.g. Lärmschutzwalles und des Fluglärmes nahezu im gesamten Plangebiet eingehalten." [34]

Gestörte Ruhe
Lärmbelästigung am Flugplatz

Luftsport ist Breitensport, besonders dann, wenn möglichst viele Unbeteiligte, vorzugsweise an Wochenenden, in weitem Umkreis gewaltsam mit einbezogen werden. Ein großer Teil der Einwohner von FL-Weiche, Harrislee, Ellund, Gottrupel, Handewitt und Langberg kann ein Lied davon singen. Da schraubt sich eine kleine Maschine in quälend langen Minuten mit nervtötendem Gebrumm nach oben, entlädt ihre Fracht, manchmal nur einen (!), aber doch auch bis zu fünf „Luftsportler", und dröhnt dann wieder nach unten, um neue Ladung aufzunehmen. In manchen Gegenden dürfen an Wochenenden nicht einmal die Kirchenglocken die Gläubigen zum Gottesdienst rufen. Doch diese sogenannten Sportler zerstören die wohlverdiente Wochenendruhe einer ganzen Region. Autofahrer müssen ihre Fahrzeuge mit einem Katalysator ausrüsten und bezahlen den vollen Benzinpreis. Wie ist das im Luftsport? Mögen sich die Luftsportler doch bitte dort springen, wo der Pfeffer wächst. Aber da würde ihnen bestimmt der Umweltschutz einen Riegel vorschieben.

GERHARD PROEFROCK, Handewitt

8.20 Anwohner-Beschwerde gegen das Absetzen von Fallschirmspringern an Wochenenden (1997).

8.4.5 Die Haltung der Luftfahrtbehörde

Abschließend sei hier auf die grundsätzliche Haltung der Luftfahrtbehörde des Landes Schleswig-Holstein hingewiesen, welche als Genehmigungs- und Aufsichtsbehörde bei den Auseinandersetzungen um die Lärmproblematik stets in besonderer Weise gefordert war und ist: [35]

„Luftfahrt"
- eine kleine Gruppe belästigt den übrigen Teil der Bevölkerung,
- wenige vergnügen sich auf Kosten vieler,
- ausgerechnet bei gutem Wetter,
- Erholung auf Terrasse und Balkon ist nicht möglich,
- immer mehr.

Das sind Zitate aus verschiedenen Lärmbeschwerden an die Luftfahrtbehörde. Ist dies aber so wirklich zutreffend bzw. bezeichnend für den Luftverkehr?
Durch die allgemeine Vermehrung der die Menschen umgebenden Lärmquellen haben – zu Recht – das Ruhebedürfnis und die Forderung nach Lärmminderung zugenommen. Es ist dabei aber nur noch schwer zu unterscheiden, wer alles zu den Verursachern und zu den Betroffenen gehört.

Im Bereich des Straßenverkehrs als alltagsbestimmende Verkehrsart gehören heutzutage durch den Ausbau des Straßennetzes und die Erhöhung der Fahrzeugqualität im Berufs- und Wirtschaftsleben Entfernungen zum Standard, die früher nicht denkbar waren. Insbesondere tägliche Pendelabstände von über 1 Stunde oder 100 km je Richtung sind keine Seltenheit mehr. Durch politische Veränderungen stellen Grenzen auch keine Hindernisse mehr dar.

Neben dieser Zweckmobilität verändert sich hier aufgrund der allgemeinen Motorisierung (Anstieg der zugelassenen PKW zwischen 1980 und 2010 um 50 % auf 42 Mio. bei gleichzeitiger Verdoppelung der Verkehrsleistung) aber auch mindestens in gleichem Maße die Erlebnismobilität (privater Freizeit- und Urlaubsverkehr).

Im Luftverkehr ist zu beobachten, dass mit Luftfahrzeugen letztendlich keine wesentlich anderen beruflichen und privaten Wegzwecke verfolgt werden als mit Kraftfahrzeugen. Auch hier werden heutzutage Strecken weiter bzw. schneller zurückgelegt als vor 50-60 Jahren und wird das Transportmittel vielfältig im nicht alltäglichen Freizeitverkehr genutzt.

Während beim Straßenverkehr der Lärm flächendeckend entlang der Verkehrswege entsteht, konzentriert sich flugbetrieblich bedingt der deutlich wahrnehmbare Lärm überwiegend auf die Nähe von Flugplätzen, wenn Luftfahrzeuge grundsätzlich erst einmal starten oder landen, aber auch wenn sie für bestimmte platzbezogene Betriebsarten genutzt werden wie z.B. Schulung, Schleppen von Segelflugzeugen oder Absetzen von Fallschirmspringern.

8.22 Kein Lärm, kein Flugbenzin, keine CO2-Emission: Das zukunftsweisende Elektro-Kleinflugzeug „Elektra One" von PC-AERO absolvierte im März 2011 seinen erfolgreichen Erstflug. Ein innovativer Prototyp für den künftigen Motorflugsport.

© Calin Gologan

Bemerkenswert ist zudem, dass sich die Anzahl der zugelassenen Luftfahrzeuge bis 5,7 to (von der Nutzung her mit dem motorisiertem Individualverkehr vergleichbar) zwischen 1980 und 2010 mit zuletzt ca. 15.000 nur unwesentlich verändert hat.

Warum daher die Ablehnung des Luftverkehrs als Lärmquelle angesichts dieses Vergleich unverhältnismäßig hoch ist, kann nur vermutet werden. Es mag damit zusammenhängen, dass eine Lärmquelle umso weniger als solche erkannt wird, je mehr sie als selbstverständlich zum eigenen Leben zählt. Andererseits mag auch das wochentags bedingte zeitliche Zusammentreffen ausschlaggebend sein. Nicht zu unterschätzen ist sicher auch die optische Wirkung des weithin sichtbaren Luftfahrzeuges. Tatsache ist aber, dass das Verkehrsmittel Luftfahrzeug rechtlichen Zulassungs- und Betriebsvorschriften unterliegt, die mindestens gleichwertig zu denen für das Verkehrsmittel Kraftfahrzeug sind und die hier ebenso technische Fortschritte zur Lärmminderung (z.B. an Motoren und Propellern) zum Standard setzen. Allein unter diesem Aspekt wäre es nur konsequent, wenn dieser Verkehrsart mit mindestens der gleichen Selbstverständlichkeit und Toleranz begegnet wird.

Der Bundesgerichtshof hat hierzu anerkannt, dass niemand zur Duldung jeglicher Immissionen verpflichtet ist, wohl aber zur Duldung derjenigen, die sich in den Grenzen der zulässigen Richtwerte halten.

Bei der Bearbeitung der deutlichen – in den letzten Jahren aber auch nur wenigen - Beschwerden über den Flugbetrieb am Verkehrslandeplatz Flensburg-Schäferhaus durch die Luftfahrtbehörde wurde festgestellt, dass sich der Betreiber des Flugplatzes mit seinen Aktivitäten im Rahmen der erteilten Betriebsgenehmigung bewegt hat und die rechtlichen Grenzen nicht überschritten wurden. Darüber hinaus bemüht sich der Flugplatzunternehmer auch über das gesetzlich Gebotene hinaus erfolgreich,

> »Ich bin nie eine zarte Seele gewesen«, bekennt Siegfried Stegemann. Deshalb hat der engagierte Umweltschützer, der seit Jahrzehnten in unmittelbarer Nachbarschaft des Flugplatzes wohnt, jetzt mal das ganz große rhetorische Kaliber hervorgesucht und den Befürwortern einer Erhaltung des Landeplatzes Schäferhaus die volle Breitseite gegeben.
>
> **Erotik-Lobby**
>
> »Wer einen Kotau vor der Erotik-Lobby macht, kann gleich Harakiri begehen«, tönt der Mitbegründer der Notgemeinschaft der Lärmgeschädigten in einer Pressemitteilung, die er im Namen der Arbeitsgemeinschaft Umweltschutz (AGU) verfaßt hat. Schließlich komme der Flugplatz in erster Linie dem Beate-Uhse-Konzern zugute, der so seine »Sexshops mit Kondomen, Vibratoren, Erotikvideos und so weiter« quasi im Fluge beliefern könne.

8.21 Wortmächtiger und medienwirksamer Protest des Flensburger Lärmgegners und Umweltschützers Stegemann (1992).

den Flugbetrieb insgesamt und damit auch die Auswirkungen auf das Umfeld des Verkehrslandeplatzes im Rahmen des Möglichen verträglich zu gestalten wie z.B. durch die höhere Landegebühr für Luftfahrzeuge ohne Lärmzeugnis (140 %). Im Übrigen ist bezüglich der tatsächlichen örtlichen Situation anzumerken, dass die Anzahl der Flugbewegungen in den vergangenen Jahren tendenziell eher rückläufig ist.

Ich bin überzeugt, dass mit der bisher gezeigten Professionalität der gesamte Flugbetrieb auch in Zukunft beanstandungsfrei durchgeführt werden kann und dass der Betreiber weiterhin bemüht sein wird, bezüglich der zwangsläufig mit dem Betrieb verbundenen Immissionen den gebotenen Interessenausgleich aller Beteiligten und Betroffenen herzustellen."

8.4.6 Fortentwicklung im Konsens

Die voran stehenden Darlegungen zur Lärmproblematik beinhalten ganz bewusst keine abschließende Aufzählung der einschlägigen Rechtsvorschriften und Verordnungen zum Thema „Lärm" und „Fluglärm". In erster Linie sollte vermittelt werden, dass die Bürgerinteressen vom Flugplatzbetreiber, von der Stadt Flensburg und von der Luftfahrtbehörde des Landes Schleswig-Holstein jederzeit ernst genommen und im Interesse aller Beteiligten abgewogen wurden. Letztendlich kann derzeit ein tragfähiger Konsens aller Beteiligten konstatiert werden, der sich hoffentlich auch für die Zukunft im Lichte sich fortentwickelnder Gesetzeslage und Rechtsprechung als solcher bewähren wird.

Kapitel 8   Gewitterfronten. Argumente im Meinungsstreit um Flugplatz und Flugbetrieb

8.5 Wirken und Leistungen des Luftsportvereins Flensburg e.V. [36]

1950 aus der Taufe gehoben, bildet der Luftsportverein (LSV) Flensburg heute den mitgliederstärksten Zusammenschluss seiner Art in Schleswig-Holstein. Aktuell sind im LSV Flensburg 240 Mitglieder vereinigt, von denen die Hälfte Motorflieger sind, während Segelflieger und Fallschirmspringer jeweils ein weiteres Viertel stellen.

Damals wie heute steht der Segelflug für viele Flugbegeisterte, zumal für viele Jugendliche, am Beginn einer langen Laufbahn bis hin zum Piloten von kleinen Motorflugzeugen oder gar zum Verkehrspiloten. Segelflug kann schon von Schülern ab 14 Jahren mit vergleichsweise geringem finanziellen Aufwand betrieben werden: die monatlichen Vereinskosten betragen für einen Jugendlichen einschließlich Spartenbeitrag und Windenstart-Pauschale 50 Euro (Stand: 2010).[37] Aber nicht nur bei jungen Menschen ist der Segelflug beliebt. Tatsächlich verbindet er alle Generationen im gemeinsamen fliegerischen Erleben. Dabei bleibt auch für Erwachsene der finanzielle Aufwand überschaubar: für sie betragen die monatlichen Vereinskosten einschließlich Spartenbeitrag und Windenstart-Pauschale 58 Euro (Stand: 2010).[38]

Gefordert von Jung und Alt ist allerdings die Bereitschaft zum Ableisten von jährlich 20 Arbeitsstunden, denn beim Segelflug handelt es sich um einen Teamsport, in dem stets eine Gruppe Gleichgesinnter zusammen kommen muss, um einen oder zwei Piloten gemeinsam in die Luft befördern zu können. Egozentriker sind hier, wie im Luftsport überhaupt, gänzlich fehl am Platz. Die Theorieausbildung vermittelt in jungen Jahren ein profundes Wissen über Wetterkunde, Navigation, Aerodynamik und Flugzeugtechnik, aber auch über Möglichkeiten und Grenzen menschlicher Leistungsfähigkeit, - Wissen, das einem im privaten und beruflichen Werdegang von großem Nutzen sein kann. Die gemeinschaftliche Ausbildung erzieht überdies zu gegenseitig verantwortungsvollem Handeln, bei dem man dem Anderen großes Vertrauen entgegenbringen muss. Absolute Verlässlichkeit ist daher Bedingung.[39]

8.23 Faszination Segelfliegen – beim LSV Flensburg im Doppelsitzer mit Fluglehrer schon ab 14 Jahren möglich. Und bei der Vorbereitung zum Windenstart packen alle mit an.

8.24 Anmutiges Schweben über der Flensburger Förde – für jeden Interessierten möglich mit der vereinseigenen Twin Astir 2000.

Kapitel 8   Gewitterfronten. Argumente im Meinungsstreit um Flugplatz und Flugbetrieb

Dies gilt gleichermaßen für den Fallschirmsport. Die Ausbildung kann im Alter von 15 Jahren begonnen werden und gliedert sich in einen theoretischen und einen praktischen Teil. Ersterer beinhaltet u.a. Wetter-, Rechts- und Platzkunde, Technik des Fallschirms, Verhalten am Schirm sowie Grundsätzliches zur Flug-, Steuer- und Landetechnik. Im praktischen Teil erfolgen in einem einführenden „Schnupperkurs" u.a. Absprung- und Fallübungen am Boden, Anlegen und Notabwurf des Hauptschirms sowie schließlich ein erster „Automatensprung", also der selbständige Absprung aus der Maschine mit allerdings automatischer Schirmöffnung durch eine Aufziehleine.

Kompetenz und Sicherheit stehen bei der Ausbildung obenan, wenn auch stets ein Restrisiko bleibt. Bei den Flensburger „Fallis" werden Unterricht und Sprungbetreuung von erfahrenen Sprunglehrern geleitet. Eingesetzt werden moderne Gleitfallschirme, die Reserveschirme sind mit dem computergestützten Sicherheitssystem CYPRES ausgerüstet. Beim Sprung stehen Sprungschüler und Sprunglehrer über Funk in ständiger Sprechverbindung.

8.25 Jetzt gilt es! Nach zwei Tagen Schnupper-Kurs der erste Absprung mit Aufziehleine. Aussteigen, lächeln – und loslassen.

8.27 Fortgeschrittene lernen das selbstverantwortliche Packen des Fallschirms – auf dass es später kein „Brötchen" gibt.

8.28 Vor der „Falli-Bude". Sammeln für den Gruppen-Sprung.

8.30 Tandem-Gespann kurz vor der Landung.

8.26 Einschweben zur Landung. Nicht vergessen: zum Bremsen mit beiden Händen gleichzeitig und kräftig an den Steuerleinen ziehen.

In einem anschließenden „Grundkurs" werden die genannten Ausbildungseinheiten wiederholt und vertieft, das selbständige Packen des Fallschirms erlernt sowie fünf weitere Automatensprünge durchgeführt.

Wurden beide Kurse erfolgreich durchlaufen, besteht die Möglichkeit zur Teilnahme am abschließenden „Freifall"-Kurs. Dieser umfasst das Erlernen einer stabilen Freiflughaltung, kleinere Flugdrehungen, mindestens 25 Freifall-Sprünge mit individueller Schirmöffnung bei allmählich gesteigerter Absprunghöhe samt nochmals erweiterter Theorieausbildung. Am Ende steht, nach bestandenem Abschlusstest in Theorie und Praxis, der Erhalt einer internationalen Springer-Lizenz.[40]

8.29 "It´s not the fall, that kills you – it´s the sudden stop." Freifall-Absprung aus der „Pink" (Short Skyvan SC-7) in 4.500 Metern Höhe.

Ein vergleichsweise unaufwändiges „Fallschirm-Erlebnis" bietet der „Tandem-Sprung", der gern auch zu Geburtstagen und besonderen Anlässen als Geschenk gewählt wird. Die bis zu 30 Sekunden im freien Fall und anschließenden 5-7 Minuten in der Gleitphase sind immer wieder derart begeisternd, dass manch Tandem-Springer einen weiteren Sprung folgen lässt. So etwa auch die Flensburger Ratsfrau Wilma Nissen, die einen ersten Tandem-Sprung anlässlich ihres 60. (!) Geburtstages gewagt hatte und sieben Jahre später, im August 2010, im jugendfrischen Alter von 67 Jahren aus 2.500 Metern Höhe ihren zweiten Sprung und „Kick" erlebte. Getragen und betreut wurde sie dabei vom Flensburger Frank Herzig, einem erfahrenen Springer mit bald 4.000 Absprüngen, die Hälfte davon als Tanden-Master.[41]

Kapitel 8   Gewitterfronten. Argumente im Meinungsstreit um Flugplatz und Flugbetrieb

8.31 Motorflug-Schnuppern für die Kleinen beim Flugtag. Mit 16 Jahren kann es dann richtig losgehen.

8.33 Nach bestandener Prüfung: Ulrike Nissen, geb. Siegener, als Pilotin.

Der Motorflug schließlich eröffnet die Möglichkeit, die Faszination des gänzlich selbständigen Fliegens zu erleben und das Flugzeug als Transportmittel für Personen und Güter einzusetzen. Der direkte Einstieg in den Motorflug kann bereits im Alter von 16 Jahren begonnen und die Lizenz sodann im Alter von 17 Jahren erworben werden. Mancher aber zögert, - hört und liest man doch immer wieder, der Motorflugsport sei nur Millionären und VIPs vorbehalten. Gewiss ist der Motorsport nicht billig, er ist aber auch nicht unbezahlbar: als Mitglied im LSV Flensburg zahlt man in der Motorflugschule Flensburg für eine komplette PPL (A) Ausbildung zum Piloten 5.760 Euro (Stand: 2010)[42]. Der Einstieg in den Motorflug mit seiner intensiven, ca. 6-8 Monate dauernden Ausbildung neben dem Alltag ist eher eine zeitliche und geistige Herausforderung, der man sich stellen muss. Wer sich aber dem Luftsport verschreibt, dem eröffnen sich neue Dimensionen mit einzigartigen Erfahrungen und Erlebnissen.

Überdies steht der interessierte Anfänger mit seiner Flugbegeisterung nicht allein – gerade die Luftsportvereine, so auch der LSV Flensburg, helfen bei dem Weg in die Lüfte durch günstige Konditionen, und das in allen genannten Arten des Luftsports. Es muss nicht ein eigener Fallschirm oder ein eigenes Flugzeug sein. Die meisten Mitglieder bedienen sich des vereinseigenen Materials. Gerätekosten werden auf viele Schultern verteilt und halten sich so in bezahlbaren Grenzen. Auch dafür ist der LSV Flensburg da, der für seine Mitglieder drei Motorflugzeuge (ein 2-sitziges und zwei 4-sitzige) und drei Segelflugzeuge (ein 2-sitziges und zwei 1-sitzige) vorhält. Zur Ausbildung, die in allen drei Sparten das ganze Jahr über betrieben wird, stehen zudem in ausreichender Zahl professionelle Lehrer bereit, die ihre Schüler nicht nur bis zum Erhalt der jeweiligen Lizenz begleiten. Darüber hinaus werden allen Vereinsmitgliedern Fortbildungsveranstaltungen angeboten, um über aktuelle Entwicklungen zu berichten und den Mitgliedern die Möglichkeit zu bieten, ihr Wissen aufzufrischen.

Check vor dem Start: Fluglehrer Dietrich Brand mit Schülerin Ulrike Siegener. Foto: Matz

8.32 Keine Männersache. Kein Millionärs-Hobby.

8.34 Mit dem Vereinsflugzeug C-172 unterwegs.

Nach Beendigung der Ausbildung können alle Luftsportarten im wahrsten Sinne des Wortes grenzenlos betrieben werden. Fallschirmspringer und Piloten pflegen Kontakte zu befreundeten Vereinen in Deutschland und Europa. Manche betreiben ihren Sport im Urlaub an anderen Plätzen, andere fliegen mit dem eigenen oder Vereinsflugzeug durch Deutschland und Europa, weitere nutzen ihre Lizenz, um ihren beruflichen Wirkungskreis zu erweitern bzw. um auf Geschäftsreisen Zeit zu sparen. Tatsächlich ist der spartenreiche Flugsport, zumal bei uns in Flensburg, ein länder- und schichtenübergreifender Teamsport.

Außerdem macht sich der LSV Flensburg einen rücksichtsvollen Umgang mit Umwelt und Umgebung zur Aufgabe und vermittelt diesen Gedanken aktiv in der Flensburger Fliegergemeinschaft. Lärm- und Umweltschutz spielen bei der Ausbildung sowie beim Flugbetrieb eine große Rolle. In den Sommermonaten wird in der Zeit von 13.00 bis 15.00 Uhr auf Platzrundenflüge, Schulflüge, Rundflüge, Schleppflüge für Segelflieger und Absetzflüge für Fallschirmspringer verzichtet. Zum anderen werden auf dem Flugplatz Schäferhaus keine Düngemittel, keine Insektizide und auch keine Pestizide ausgebracht. Neben den Startbahnen erhält und entwickelt sich so auf den ökologisch wertvollen Trockenrasenflächen eine reichhaltige Flora und Fauna.[43]

Natürlich bedarf es einer größeren Fläche und ausreichender Infrastruktur, um Luftsport zu betreiben. Oft sind es kleine Grasplätze, die die Kommunen Luftsportvereinen kostenlos oder günstig zur Bewirtschaftung überlassen. Diese Flugplätze sind als Sportstätten zu bezeichnen und können in der Regel von der örtlichen Wirtschaft nicht genutzt werden. Anders verhält es sich mit größeren Flugplätzen, wie z.B. Flensburg-Schäferhaus, deren Ausstattung eine gewerbliche Nutzung ermöglicht. Diese Kombination aus gewerblicher und privater Nutzung ist es, die einen wirtschaftlichen Betrieb dieser für die regional ansässigen Unternehmen so wichtigen infrastrukturellen Institution mit minimaler Unterstützung durch öffentliche Mittel ermöglicht.

50 Unternehmen haben sich 2010 selbst des Flugplatzes bedient oder waren Anlass für die Nutzung des Flugplatzes.[44] Rettungshubschrauber und Krankentransporte landen regelmäßig dort, die Bundespolizei benutzt ihn für Personalwechsel bzw. -ergänzung bei der Grenzüberwachung, die Bundeswehr trainiert mit ihren Fallschirmspringern, Transall-Piloten üben hier das Landen auf kleineren Plätzen, Deutschlands einzige gewerbliche Wasserflugschule bildet in Flensburg Piloten aus ganz Europa aus[45] und der schnelle Sprung nach Sylt ermöglicht eine Ärztekooperation zwischen der Diako und der Nordseeklinik.

Umso unverständlicher ist die alle Jahre wieder auftauchende Diskussion um die Notwendigkeit eines Fortbestands des Verkehrslandeplatzes Flensburg-Schäferhaus. Manche Darlegungen entbehren dabei jeglicher Faktengrundlage. Die Addition von Verlusten über einen Zeitraum von fünf Jahren soll eine unverantwortliche Geldverschwendung vermitteln, Steuer sparende Abschreibungen werden dem Subventionsbedarf hinzugerechnet und nicht benötigter Bedarf an Neubauflächen wird konstruiert, um das dem Naturschutz unterliegenden Areal des Flugplatzes als Bauplatz ins Gespräch zu bringen.[46]

Flugplatz-Anwohner fürchten Flugbenzin
AGU sieht Menschen, Tiere und Pflanzen durch hochverbleites Kerosin gefährdet

8.35 Früheren Mahnungen (1995) wird heute durchaus Rechnung getragen. Aktuelle Serienkleinstflugzeuge fliegen bereits mit bleifreiem Superbenzin und in der nächsten Generation dürften zunehmend Elektro-Motoren Verwendung finden.

Fakt aber ist:
- der jährliche Liquiditätsbedarf zum Unterhalt von Flensburg-Schäferhaus belastet jeden Bürger der Stadt gerade einmal mit ca. 0,70 Euro pro Jahr,
- ein Drittel der Flugplatzeinnahmen werden allein von Mitgliedern des Luftsportvereins Flensburg aufgebracht.

Übersehen wird zudem, dass:
- etwa ein Viertel aller Flugbewegungen gewerblich motiviert sind,
- die Stadt Flensburg den Unternehmensgründern, die dort über 1 Mio. Euro investiert und Arbeitsplätze geschaffen haben, Rechtssicherheit garantiert,
- der Flugbetrieb mit den dort ansässigen Unternehmen mehr als 10 Mitarbeitern einen Arbeitsplatz bietet,
- eine vollständige Verkehrsanbindung über Straße, Schiene, Wasser und Luft Grundlage einer funktionierenden und zukunftstüchtigen Flensburger Wirtschaftsstruktur ist. [47]

8.36 Bei Eil-Transporten und Rettungsfällen steht Flensburgs Flugplatz stets zur Verfügung.

8.37 Die Mitglieder des LSV Flensburg erbringen ein Drittel der Flugplatz-Einnahmen, unterstützen jeden Flugsport-Interessierten und vermitteln auf Flugtagen und Ausstellungen die Technik- und Kulturgeschichte der Fliegerei.

8.39 Blick auf die Flensburger Förde – auf einem Rundflug für jeden erlebbar.

Der Luftsportverein Flensburg e.V. lädt jeden ein, sich von der Attraktivität des Luftsports und dem hohen Erlebniswert unseres Flensburger Flugplatzes vor Ort zu überzeugen. Besuchen Sie unsere Veranstaltungen oder kommen Sie einfach nur zum Sonntagskaffee und Zuschauen an einem schönen Wochenende zu uns. Wer nicht nur am Zaun stehen möchte, kann einen Rundflug buchen, im Segelflugzeug mitfliegen oder mit einem erfahrenen Tandem-Master zu zweit einen Fallschirmsprung erleben.

Schauen Sie einfach einmal vorbei –
und erfahren Sie selbst die Faszination der Fliegerei!

8.38 Immer wieder ein Zuschauer-Magnet: die Air-Shows des LSV Flensburg.

AIR-SHOW

Kapitel

9

Vorausflug.
Ein Ausblick auf 2025

Manfred Bühring

bis 2025

9. Vorausflug. Ein Ausblick auf 2025

Nach nunmehr 100 Jahren Auf- und Ausbauarbeit steht auf dem Verkehrslandeplatz Schäferhaus heute eine moderne und sachgerechte Infrastruktur bereit:

Landebahnen
Vorhanden sind drei Landebahnen, von denen zwei parallel in Ost/West-Richtung (29/11) und eine Querbahn in Nord/Süd-Richtung (22/04) verlaufen. Bei den beiden parallel verlaufenden Landebahnen handelt es sich um eine Bitumenbahn mit einer Gesamtlänge von 1.580 m incl. der Überrollstrecken und einer Tragfähigkeit von max. 30 t, sowie eine Grasbahn mit einer Gesamtlänge von 1.200 m und einer Tragfähigkeit von max. 5,7 t. Die Querbahn ist ebenfalls als Grasbahn mit einer Länge von 700 m und einer Tragfähigkeit von max. 5,7 t ausgelegt.

Die Landebahnen können abhängig von der Windrichtung und der Windstärke aus beiden Richtungen angeflogen werden. Ihre Lage bietet eine hohe Flexibilität beim Anflug des Verkehrslandeplatzes Schäferhaus.

Taxiways
Die Landebahnen sind über vier Taxiways, von denen einer asphaltiert ist, untereinander und mit dem Vorfeld verbunden.

Technische Ausstattung
Hohe Aufmerksamkeit gilt den technischen Sicherheitsaspekten. Dazu zählen zum einen die Anflug-, Schwellen- und Landebahnbefeuerung, zum anderen die Gleitwinkelanfluggeräte (Vasis), welche den Piloten eine optische Anflughilfe bieten. Weiter stehen ein Funkpeiler und das ungerichtete Funkfeuer (NDB - Non Directed Biken) in Wielenberg als funktechnische Orientierungshilfen zur Verfügung.

Verfügbar ist ferner das Wetterinformationssystem PC-MET, mit dem in Echtzeit europaweit aktuelle Wetterdaten abgefragt werden können.

Tankanlage
Auf dem Vorfeld befindet sich eine moderne Tankanlage mit zwei Zapfsäulen und zwei unterirdischen Tanks. Angeboten werden AVGAS 100 LL für Kolbentriebwerke und Jet A 1 (Kerosin) für Turboprop- und Jet-Triebwerke. Es besteht ein Zoll-Lager für Flugbenzin, was die Abgabe an gewerblich tätige Luftfahrtunternehmen durch Berücksichtigung der steuerlichen Vorteile erheblich vergünstigt hat.

Hallen
Neben den zwei Hallen der FFB GmbH sind drei kleinere Hallen des LSV sowie sechs Hallen privater Investoren auf den Flächen am Ochsenweg vorhanden. Diese Kapazitäten sind derzeit voll ausgelastet. Zusätzliche Hallen sind geplant.

Verwaltung
Für die Flugsicherung steht ein Tower zur Verfügung, in dem die Flugleitung und die Mitarbeiter untergebracht sind. Im Tower-Gebäude ist ein Warteraum für die Passagiere eingerichtet. Zusätzlich werden in einem gesonderten Gebäude ca. 140 qm Bürofläche vorgehalten.

9.01 Flugplatz Flensburg-Schäferhaus. Ausgebaut und einsatzbereit.

Vor dem Hintergrund der geschilderten Zusammenhänge wäre die breite Erkenntnis wünschenswert, dass Verkehrslandeplätze ebenso wie Autobahnen, Schienenwege und Häfen eine wichtige Infrastruktureinrichtung für die gewerbliche Wirtschaft und die mit ihr verbundenen Arbeitsplätze darstellen. Die Kommunen betreiben die Landeplätze daher weniger aus Gründen der Gewinnerzielung, sondern als Teil der staatlichen Daseinsvorsorge. Betriebswirtschaftliche Rentabilitätskriterien können und dürfen bei einer öffentlichen Infrastruktureinrichtung nicht ausschlaggebende Parameter zur Bewertung des Erhalts von Flugplätzen sein. Öffentliche Daseinsvorsorge setzt genau da an, wo sich Einrichtungen betriebswirtschaftlich nicht „rechnen", aber notwendig in der Vorhaltung sind.

Ferner steht zu hoffen, dass ein regionalwirtschaftliches Interesse an einer bedarfsgerechten Flugplatzinfrastruktur gerade in jenen Regionen gewahrt bleibt, die sich eher abseits der Wirtschaftszentren befinden. Regionalflugplätze stellen ein wichtiges Argument für die Standortwahl und damit für die regionale Wirtschaftsförderung dar. Für individuelle Geschäftsreiseflüge steht mit ca. 2.000 Regionalflugplätzen in ganz Europa ein dichteres Netz zur Verfügung, als es der gesamte europäische Linienverkehr ermöglicht.[1]

9.02 Nachtflug über das erleuchtete Flensburg, 2005

Kapitel 9　　Vorausflug. Ein Ausblick auf 2025

Der Flugplatz Flensburg-Schäferhaus erfüllt diese Aufgabe, und das nicht nur für Flensburg, sondern für den gesamten Landesteil Schleswig. Die Liste jener Unternehmen, die den Flugplatz Flensburg früher oder aktuell selbst nutzen oder über diesen von ihren Geschäftspartnern besucht werden, und erst dadurch schnell und unkompliziert erreichbar sind, spiegelt die Wirtschaftskraft der Region eindrucksvoll wider:[2]

ADAC
BAUHAUS GmbH & Co. KG
Beate Uhse AG
Bin Air Aero Service
Buchbinder Autovermietung
Bundespolizei
Campushalle VIP Transport
Citti Markt
Clipper Aviation GmbH
Danfoss GmbH
Dänisches Bettenlager GmbH
DEKRA
Densch & Schmidt GmbH
Deutsche Bank AG
Deutsches Haus GmbH
Deutsche Telekom AG
DIAKO
DONG Energy, Dänemark
DRF Luftrettung
Europcar
Flensborg Avis AG
Flensburger Brauerei GmbH & Co. KG
Flensburger Fahrzeugbau GmbH
Flensburger Maschinenbau-Anstalt Ullrich GmbH & Co. KG
Flensburger Schiffbau-Gesellschaft mbH & Co. KG
Flensburger Yacht-Service GmbH
Flugzeug Service Petersen GbR
Ingenieurgesellschaft für Verkehrswesen, Harrislee

J.O.S.S. Beteiligungsgesellschaft mbH
Karstadt AG
Klaus GmbH & Co. KG
Kraftfahrtbundesamt
Kristronics GmbH, Harrislee
Krones AG
M. Jürgensen GmbH, Sörup
Marineschule
Meesenburg OHG
Mini Car
Mitsubishi HiTec Paper Flensburg GmbH
Mobilcom AG, Büdelsdorf
Moin Moin Kopp & Thomas Verlag GmbH
Motorola GmbH
NDR Flensburg und Kiel
Nord Ostsee Sparkasse
Nordschrott GmbH & Co. KG
Orion Versand GmbH & Co. KG
Schiebler Norddeutsche Gummistrumpffabrik GmbH & Co. KG
sh:z Schleswig-Holsteinischer Zeitungsverlag GmbH & Co. KG
Sixt AG Autovermietung
Stadt Flensburg Stadtentwicklung
Stadtwerke Flensburg GmbH
Starke & Partner Wirtschaftsprüfer und Steuerberater
Stotz Agrartechnik GmbH, Handewitt
TÜV Nord
Versatel AG
WiREG mbH

160   Kapitel 9   Vorausflug. Ein Ausblick auf 2025

9.09 Air-Show und Rundflüge als regionale Publikums-Attraktionen.

9.03 Technisch auch möglich: Nachtlandung auf dem Flugplatz.

9.04 Ready for take-off, 2010

9.05 Die Tankanlage könnte bis 2025 erneuert werden.

9.06 Charme der 1990er Jahre: Flugleitung und Tower hätten eine Modernisierung verdient.

9.07 Der Flugzeug-Service Petersen hat die Chance auf eine gedeihliche Zukunft.

9.08 Wasserflug und Insel-Hopping als einzigartiges Tourismus-Angebot.

Einsicht und konstruktives Handeln aller Beteiligten vorausgesetzt, könnte sich die Lage auf und um den Flugplatz Flensburg-Schäferhaus im Jahre 2025 wie folgt darstellen:

- Die Existenz der FFB GmbH ist durch Verträge und politische Beschlüsse langfristig gesichert.

- Gesellschafter der FFB GmbH sind mehrheitlich die Stadtwerke Flensburg GmbH oder die Stadt Flensburg sowie regionale Unternehmen, die den Platz noch intensiver nutzen.

- die FFB GmbH betreibt weiterhin eine behutsame Bestandspflege als VFR-Flugplatz.

- Die FFB-Flugzeughallen und die Tankanlage sind modernisiert. Am Ochsenweg werden neue Hallen gebaut und genutzt.

- Erweiterungsmöglichkeiten für Hangars und Unternehmensansiedlungen stehen bereit.

- Der Tower ist modernisiert und bietet Kunden und Mitarbeitern helle und moderne Aufenthalts- und Arbeitsräume.

- Die Technik-Entwicklung erlaubt standardmäßig GPS-unterstützte Starts und Landungen.

- Der luftfahrttechnische Instandsetzungsbetrieb genießt einen hervorragenden Ruf und beschäftigt 15 Mitarbeiter und Mitarbeiterinnen.

- Der Flugdienst Uwe Reszka hat einen neuen Eigentümer und bietet seine Dienste mit nunmehr zwei komfortablen 6- und 8-sitzigen Flugzeugen an.

- Clipper Aviation GmbH ist die Nummer 1 in Deutschland im Angebot von Wasserflügen sowie der Ausbildung von Wasserflugpiloten

- Der Flugplatz Sønderborg bedient Linien nach Kopenhagen, Berlin, München und Frankfurt/Main.

- Der Luftsportverein Flensburg e.V. hat seinen Vorsprung als mitgliederstärkster und innovativster in Schleswig-Holstein weiter ausgebaut.

- In Bevölkerung und Politik ist der Flugplatz mit seinen Chancen und Angeboten akzeptiert, fester Bestandteil des Tourismusangebotes in der Region und wird überdies von allen Altersgruppen für Freizeitaktivitäten und Ausflüge genutzt.

Kapitel 9   Vorausflug. Ein Ausblick auf 2025

Die Chancen für eine positive Entwicklung des Flughafens Flensburg bestehen. Es bedarf allein der richtigen gegenwärtigen Weichenstellungen.
Sollte dies in gemeinsamer Anstrengung erreicht werden, dann hätte sich auch jene zeitlose Mahnung erfüllt, die FFB-Geschäftsführer Heinz Schiller anlässlich seiner Verabschiedung nach vielen, erfahrungsreichen Dienstjahren am 23. November 1977 allen Verantwortlichen ins Stammbuch schrieb:

„Ich wünsche mir von allen Politikern in Stadt und Kreis in dieser Hinsicht etwas weniger Ambivalenz im Sinne von ja und nein, sondern eine eindeutige Einsicht in die Erkenntnis, dass dieser Flensburger Flugplatz, organisch seit 1911 gewachsen, zwei Weltkriege auf seinem Gelände überdauert hat und heute zu den bestausgebauten im Lande gehört, in seiner Lage zur Stadt und angebunden an die Autobahn einmalig gelegen, für die Infrastruktur der Wirtschaft unserer Region unentbehrlich ist, und dass man alles daran setzen sollte, keine voreiligen Beschlüsse zu ziehen, die dann vielleicht niemals wieder gutzumachen sind."[3]

Dem ist auch heute, 34 Jahre später, nichts hinzuzufügen.

9.10   Flensburg – Lufttor zu zweitausend europäischen Start- und Landeplätzen.

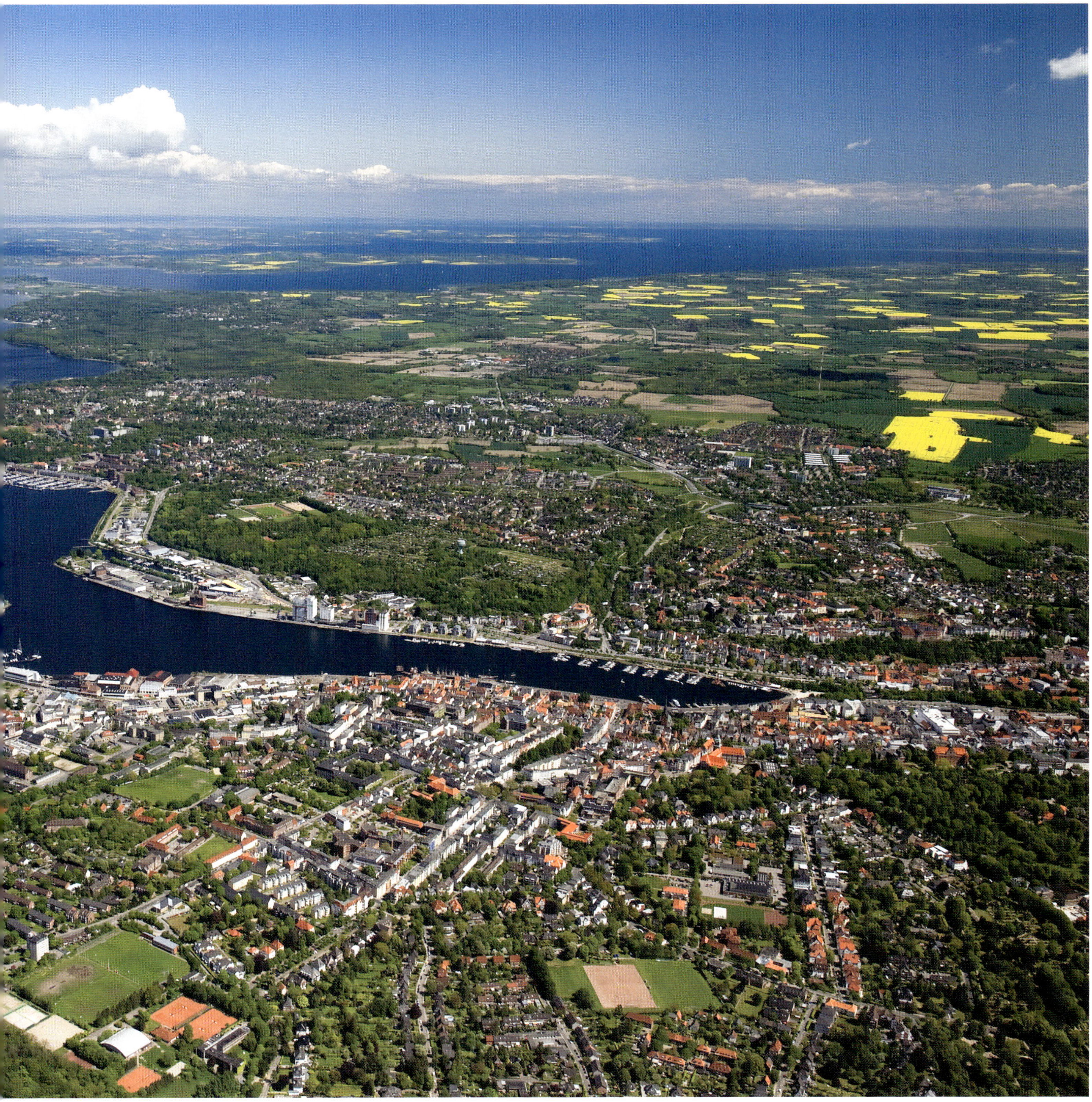

Kapitel 1

1.01	Flensburg. Einst und Jetzt. Flensburg 1975, S. 114
1.02	Flensburger Wochenblatt für Jedermann, 07.05.1814
1.03	Ernst-Erich Baaske, Großenwiehe
1.04	Stadtarchiv Flensburg, XIV Fot B 3.64-1c
1.05	Flensburger Nachrichten, 08.07.1911
1.06	Ernst-Erich Baaske, Großenwiehe
1.07	Stadtarchiv Flensburg, XIV Fot B 3.64-2
1.08	Ernst-Erich Baaske, Großenwiehe
1.09	Ernst-Erich Baaske, Großenwiehe
1.10	Ernst-Erich Baaske, Großenwiehe / bearbeitet
1.11	Stadtarchiv Flensburg, XIV Fot B 3.64-3b
1.12	Wilhelm Hambach: Flensburg so wie es war, Düsseldorf 1977, Seite 55
1.13	Matthias Rickert, Jübeck
1.14	Ernst-Erich Baaske, Großenwiehe
1.15	Matthias Rickert, Jübeck
1.16	Matthias Rickert, Jübeck
1.17	Ernst-Erich Baaske, Großenwiehe
1.18	Ernst-Erich Baaske, Großenwiehe
1.19	Ernst-Erich Baaske, Großenwiehe
1.20	Stadtarchiv Flensburg XIV Fot B 1.222-114
1.21	Ernst-Erich Baaske, Großenwiehe
1.22	Ernst-Erich Baaske, Großenwiehe
1.23	Ernst-Erich Baaske, Großenwiehe
1.24	Ernst-Erich Baaske, Großenwiehe
1.25	Ernst-Erich Baaske, Großenwiehe
1.26	Ernst-Erich Baaske, Großenwiehe
1.27	Ernst-Erich Baaske, Großenwiehe
1.28	Ernst-Erich Baaske, Großenwiehe
1.29	Horst Teichert, Flensburg-Weiche
1.30	Ernst-Erich Baaske, Großenwiehe
1.31	Ernst-Erich Baaske, Großenwiehe
1.32	Ernst-Erich Baaske, Großenwiehe
1.33	Ernst-Erich Baaske, Großenwiehe
1.34	Ernst-Erich Baaske, Großenwiehe
1.35	Horst Teichert, Flensburg-Weiche
1.36	Ernst-Erich Baaske, Großenwiehe
1.37	Nachlass Hans Werner von Eitzen / Stadtarchiv
1.38	Peter Nicolaisen, Flensburg
1.39	Ernst-Erich Baaske, Großenwiehe
1.40	Ernst-Erich Baaske, Großenwiehe
1.41	Stadtarchiv Flensburg XIV Fot B 2.2-4a
1.42	Ernst-Erich Baaske, Großenwiehe
1.43	Ernst-Erich Baaske, Großenwiehe
1.44	Ernst-Erich Baaske, Großenwiehe
1.45	Matthias Rickert, Jübeck
1.46	Matthias Rickert, Jübeck
1.47	Matthias Rickert, Jübeck
1.48	Nachlass Hans Werner von Eitzen / Stadtarchiv
1.49	Ernst-Erich Baaske, Großenwiehe
1.50	Armin Lüthje, Flensburg
1.51	Ernst-Erich Baaske, Großenwiehe
1.52	Ernst-Erich Baaske, Großenwiehe
1.53	Armin Lüthje, Flensburg
1.54	Armin Lüthje, Flensburg
1.55	Ernst-Erich Baaske, Großenwiehe
1.56	Ernst-Erich Baaske, Großenwiehe
1.57	Jürgen Zapf, Landau / Pfalz
1.58	Ernst-Erich Baaske, Großenwiehe
1.59	Ernst-Erich Baaske, Großenwiehe
1.60	Horst Geiken, Husby
1.61	Ernst-Erich Baaske, Großenwiehe
1.62	Stadtarchiv Flensburg, XIV Fot D 1945.05.11-b
1.63	Peter Petrick, Gelting
1.64	Peter Petrick, Gelting
1.65	Peter Petrick, Gelting
1.66	Stadtarchiv Flensburg XIV Fot D 1945.05.23-14
1.67	Peter Petrick, Gelting
1.68	Peter Petrick, Gelting
1.69	Thomas Genth, Münster
1.70	Erich Zielke, Großenwiehe
1.71	Flensburger Tageblatt, 15.07.1948
1.72	Ernst-Erich Baaske, Großenwiehe

Kapitel 2

2.01	Stadtarchiv Flensburg, XIV Fot C4 Apenrader Chaussee F36
2.02	Ernst-Erich Baaske, Großenwiehe
2.03	Ernst-Erich Baaske, Großenwiehe
2.04	Stadtarchiv Flensburg, XIV Fot C4 Lecker Chaussee F3
2.05	Nachlass Hans Werner von Eitzen / Stadtarchiv

Kapitel 3

3.01	Nachlass Hans Werner von Eitzen / Stadtarchiv Flensburg
3.02	Flensburger Tageblatt, 25.06.1953
3.03	Ernst-Erich Baaske, Großenwiehe
3.04	Nachlass Hans Werner von Eitzen / Stadtarchiv Flensburg
3.05	Ernst-Erich Baaske, Großenwiehe
3.06	Ernst-Erich Baaske, Großenwiehe
3.07	Ernst-Erich Baaske, Großenwiehe
3.08	Ernst-Erich Baaske, Großenwiehe
3.09	Ernst-Erich Baaske, Großenwiehe
3.10	Ernst-Erich Baaske, Großenwiehe
3.11	Flensburger Tageblatt, 21.08.1953
3.12	Vorstand LSV Flensburg
3.13	Vorstand LSV Flensburg
3.14	Lotti Morf, Flensburg
3.15	Ernst-Erich Baaske, Großenwiehe
3.16	Lotti Morf, Flensburg
3.17	Lotti Morf, Flensburg
3.18	Archiv Eichsteller / Ernst-Erich Baaske, Großenwiehe
3.19	Ernst-Erich Baaske, Großenwiehe
3.20	Ernst-Erich Baaske, Großenwiehe
3.21	Nachlass Hans Werner von Eitzen /Familie von Eitzen, Weiche.
3.22	Lotti Morf, Flensburg
3.23	Ortrud Teichmann, Flensburg
3.24	Ortrud Teichmann, Flensburg

Kapitel 4

4.01	Nachlass H.W. von Eitzen / Stadtarchiv Flensburg
4.02	Flensburger Tageblatt, 13.04.1960
4.03	Nachlass H.W. von Eitzen / Stadtarchiv Flensburg
4.04	Stadtarchiv Flensburg XIV Fot B 3.64-F51
4.05	Stadtarchiv Flensburg XIV Fot B 3.64-F52
4.06	Stadtarchiv Flensburg XIV Fot B 3.64-F30
4.07	Nachlass H.W. von Eitzen / Stadtarchiv Flensburg
4.08	Stadtarchiv Flensburg XIV Fot D 1968.02.16-21
4.09	Stadtarchiv Flensburg XIV Fot D 1968.02.16-6
4.10	Archiv FFB GmbH
4.11	Archiv FFB GmbH
4.12	Nachlass H.W. von Eitzen / Stadtarchiv Flensburg
4.13	Flensburger Tageblatt, 24.06.1967
4.14	Kieler Nachrichten (KN), 12.08.1967
4.15	Nachlass H.W. von Eitzen / Stadtarchiv Flensburg
4.16	ohne Ort, 30.12.1973 (im Nachlass H.W. von Eitzen / Stadtarchiv Flensburg)
4.17	Stadtarchiv Flensburg XIV Fot D 1963.08.01
4.18	Archiv FFB GmbH
4.19	Nachlass H.W. von Eitzen / Stadtarchiv Flensburg
4.20	Archiv FFB GmbH

4.21	Stadtarchiv Flensburg XIV Fot B 3.64-18h
4.22	Cimber Air Bordmagazin Take off, 1972, S.22 (im Archiv FFB GmbH)
4.23	Archiv FFB GmbH
4.24	Flensburger Tageblatt, 05.04.1977
4.25	Cimber Air Bordmagazin Take off, Herbst 1973 (im Archiv FFB GmbH)
4.26	Archiv FFB GmbH
4.27	Nachlass H.W. von Eitzen / Stadtarchiv Flensburg
4.28	Flensborg Avis (FA), 26.01.1980
4.29	Nachlass H.W. von Eitzen / Stadtarchiv Flensburg
4.30	Nachlass H.W. von Eitzen / Stadtarchiv Flensburg

Kapitel 5

5.01	Thomas Raake, Flensburg
5.02	Thomas Raake, Flensburg
5.03	Thomas Raake, Flensburg
5.04	Thomas Raake, Flensburg
5.05	Ortrud Teichmann, Flensburg
5.06	Ortrud Teichmann, Flensburg
5.07	Thomas Raake, Flensburg

Kapitel 6

6.01	Nachlass Hans Werner von Eitzen / Stadtarchiv Flensburg
6.02	Flensburger Tageblatt, 29.08.1994
6.03	Flensburger Tageblatt, 16.10.1994
6.04	Nachlass Hans Werner von Eitzen / Stadtarchiv Flensburg
6.05	Thomas Raake / Flensburg
6.06	Thomas Raake / Flensburg
6.07	Thomas Raake / Flensburg
6.08	Thomas Raake / Flensburg
6.09	Thomas Raake / Flensburg
6.10	Thomas Raake / Flensburg
6.11	Archiv FFB GmbH
6.12	Archiv FFB GmbH
6.13	Ortrud Teichmann / künftig Stadtarchiv Flensburg XIV Fot B 3.64
6.14	Thomas Raake / Flensburg
6.15	Thomas Raake / Flensburg
6.16	Archiv FFB GmbH
6.17	Archiv FFB GmbH
6.18	Thomas Raake / Flensburg
6.19	Thomas Raake / Flensburg
6.20	Thomas Raake / Flensburg
6.21	Thomas Raake / Flensburg

Kapitel 7

7.01	Flensburger Tageblatt, 02.07.2002
7.02	Archiv FFB GmbH
7.03	Archiv FFB GmbH
7.04	Archiv FFB GmbH
7.05	Archiv FFB GmbH
7.06	Thomas Raake, Flensburg
7.07	Flensburger Tageblatt, 04.03.2009 / Foto: Staudt
7.08	Thomas Raake, Flensburg
7.09	Thomas Raake, Flensburg
7.10	Rainer Prüß, Flensburg
7.11a	Stadtarchiv Flensburg XIV Fot B 3.64-31b
7.11b	Thomas Raake, Flensburg
7.12	Thomas Raake, Flensburg
7.13	Rainer Prüß, Flensburg
7.14	Rainer Prüß, Flensburg
7.15	Thomas Raake, Flensburg
7.16	Thomas Raake, Flensburg
7.17	Thomas Raake, Flensburg
7.18	Thomas Raake, Flensburg

Kapitel 8

8.01	Thomas Raake, Flensburg
8.02	http://upload.wikimedia.org/wikipedia/commons/e/e7/Flughafen_L%C3%BCbeck.jpg Lizenz: Creative Commons, Autor: Jorges (Eigenbild, 01.08.2004)
8.03	http://de.wikipedia.org/wiki/Datei:Flughafen_Helgoland-D%C3%BCne.JPG Lizenz: Creative Commons, Autor: Apeto / Andree Stephan
8.04	Thomas Raake, Flensburg
8.05	Thomas Raake, Flensburg
8.06	Archiv FFB GmbH
8.07	Archiv FFB GmbH
8.08	Archiv FFB GmbH
8.09	Thomas Raake, Flensburg
8.10	Thomas Raake, Flensburg
8.11	http://commons.wikimedia.org/w/index.php?title=File:Der_L%C3%A4rm.pdf&page=1&uselang=de Lizenz: gemeinfrei
8.12	Thomas Raake, Flensburg
8.13	Flensburger Tageblatt (Flensburger Tageblatt), 08.08.1967
8.14	Archiv FFB GmbH
8.15	Flensburger Tageblatt, 10.10.1967
8.16	Nachlass Hans Werner von Eitzen / Stadtarchiv Flensburg
8.17	Flensburger Tageblatt, 05.04.1977
8.18	Flensburger Tageblatt, 17.04.1991
8.19	Thomas Raake, Flensburg
8.20	Flensburger Tageblatt, 15.09.1997
8.21	Flensborg Avis, 18.09.1992
8.22	Mit freundlicher Genehmigung der PC-Aero (www.pc-aero.de)
8.23	Thomas Raake, Flensburg
8.24	Thomas Raake, Flensburg
8.25	Thomas Raake, Flensburg
8.26	Thomas Raake, Flensburg
8.27	Thomas Raake, Flensburg
8.28	Thomas Raake, Flensburg
8.29	Thomas Raake, Flensburg
8.30	Thomas Raake, Flensburg
8.31	Thomas Raake, Flensburg
8.32	Flensburger Tageblatt, 25.11.1997
8.33	Ulrike Nissen, Flensburg
8.34	Thomas Raake, Flensburg
8.35	Flensborg Avis, 21.02.1995
8.36	Thomas Raake, Flensburg
8.37	Thomas Raake, Flensburg
8.38	Thomas Raake, Flensburg
8.39	Thomas Raake, Flensburg

Kapitel 9

9.01	Thomas Raake, Flensburg
9.02	Thomas Raake, Flensburg
9.03	Thomas Raake, Flensburg
9.04	Thomas Raake, Flensburg
9.05	Thomas Raake, Flensburg
9.06	Thomas Raake, Flensburg
9.07	Thomas Raake, Flensburg
9.08	Thomas Raake, Flensburg
9.09	Thomas Raake, Flensburg
9.10	Thomas Raake, Flensburg

Kapitel 1

1. Flensburger Nachrichten (FN), 08.07.1911.
2. Flensburger Wochenblatt für Jedermann (FWJ), 07.05.1814, S. 17. – Stadtarchiv Flensburg XII Hs 1008 Christian Voigt: Flensburg – ein Heimatbuch. Manuskript-Band 2, Teil 1, S. 298f.
3. FWJ, 04.1814, S.388 – Ebd., 30.04.1814, S. 408. – Ebd., 07.05.1814, S. 413
4. FWJ, 28.05.1814, S. 449f.
5. FN, 12.08.1884 – SHZ, 19.06.1973
6. Vgl. Dieter Pust: Flensburger Straßennamen, Flensburg 2005, S. 148
7. Dazu sowie zu den Kapiteln 1.1.2 und 1.1.3 vgl. Schütt: Der Beginn der Luftfahrt in Flensburg, in: Stadtarchiv Flensburg XII Hs 01015, Bd. 2, S. 104 (Beilage zu J.J. Callsen: Zur Geschichte des Schäferhauses).
8. Wilhelm Hambach: Flensburg so wie es war, Düsseldorf 1977. – Aufzeichnungen vom Luftfahrthistoriker Horst Glasow/Solingen und Fotokopie beim Verfasser.
9. Verfasser.
10. vgl. Schütt: Der Beginn der Luftfahrt in Flensburg, in: Stadtarchiv Flensburg XII Hs 01015, Bd. 2, S. 104 (Beilage zu J.J. Callsen: Zur Geschichte des Schäferhauses).
11. Dazu und zum übrigen Kapitel 1.2.2 vgl. Aufzeichnungen vom Luftfahrthistoriker Horst Glasow/Solingen, in Kopie beim Verfasser.
12. Verwaltungsbericht der Stadt Flensburg 1911-1926, Flensburg 1929, S. 418 Flensburger. – FT, 27.08.1994, „Fliegen für den Krieg" (Frank Jung).
13. Flensburger Illustrierte Nachrichten (FIN), 22.02.1939.- FT, 27.08.1994, „Fliegen für den Krieg" (Frank Jung).
14. Verwaltungsbericht der Stadt Flensburg, 1911-1926, Flensburg 1926, S. 418f.
15. FN, 26.7.1926
16. Gespräche des Verfassers mit ehemaligen Mitgliedern, u. a. mit Ernst (Butzi) Helms
17. FN, 30.08.1926
18. Fotoalbum mit Erläuterungen beim Verfasser. – FN, 19.04.1927
19. FN, 27.10.1931
20. FN, 05.11.1930
21. FN, 18.03.1931
22. Fotoalbum mit Erläuterungen beim Verfasser. – FN, 19.04.1927
23. FN, 20.07.1932
24. „Luftsport als Volkssport", Wien, August 1933, S. 3
25. Verwaltungsbericht der Stadt Flensburg, 1911-1926, Flensburg 1929, S. 418
26. FN, 25.07.1925 - 07.08.1925 - 08.08.1925 - 21.08.1925
27. FN, 25.07.1925 - 07.08.1925 - 08.08.1925 - 21.08.1925
28. FN, 26.10.1925
29. FN, 30.03.1926 - 07.04.1926 - 08.04.1926
30. FN, 19.03.1926 - 18.06.1926 - 08.10.1926
31. FN, 10.05.1926 - 12.07.1926 - 20.07.1926
32. FN, 07.10.1927
33. Stadtarchiv Flensburg, VI C 00813
34. Stadtarchiv Flensburg, VI B 00106
35. FN, 01.10.1928
36. FN, 01.10.1928
37. FN, 24.04.1928 - 13.10.1928
38. FN, 19.01.1929 - 20.01.1929 - 24.01.1929
39. FN, 17.04.1932
40. FN, 01.07.1929
41. Stadtarchiv Flensburg, VI B 00106
42. FN, 04.09.1932
43. FN, 25.04.1932
44. Siehe: Flensburger Beiträge zur Zeitgeschichte (5 Bde.), hg. von Stadtarchiv Flensburg, IZRG Schleswig und Universität Flensburg, Flensburg 1996-2000.
45. Lutz Budraß: Flugzeugindustrie und Luftrüstung in Deutschland 1918-1945, Düsseldorf ^{2} 2007
46. Siehe: Peter Hopp/ Carsten Mogensen: Ostersturm/ Påskeblæsten 1933, Aabenraa/ Flensburg 1983
47. FN, 11.07.1933
48. Stadtarchiv Flensburg, VI B 00268
49. FN, 25.09.1933
50. FN, 04.10.1932 - 10.10.1932 - 28.10.1932 - 31.10.1932
51. FN, 25.09.1933
52. FN, 20.08.1934
53. Flensburg in der Zeit des Nationalsozialismus, Flensburg 1983, S. 20
54. FN, 20.08.1934
55. Stadtarchiv Flensburg, VI B 00106
56. Stadtarchiv Flensburg, VI C 00813
57. Zum folgenden: FN, 22.06.1934 – FN, 23.06.1934 – FN, 31.5.1935 – FN, 22.6./28.6.1937 – FN, 24./25.5.1938
58. Renate Heege: Deutschlandflug-Chronik, in: http://www.daec.de/mot/downfiles/Chronik07-2005.pdf (Stand: 23.01.2011)
59. FN, 27.07.1936. - 29.07.1936
60. http://de.wikipedia.org//wiki/Friedrich-Christiansen (Stand: 23.01.2011)
61. http://de.wikipedia.org//wiki/Ernst_Udet (Stand: 23.01.2011)
62. FN, 12.07.1937
63. FIN, 06/1932
64. Gespräche mit Zeitzeugen und Internetrecherche.
65. FN, 23.03.1936
66. Stadtarchiv Flensburg, VI B 00167
67. FN, 16.04.1934
68. FN, 25.05.1935. - 27.05.1935
69. FN, 22.07.1936
70. FN, 23.05.1936
71. FN, 13.05.1937 - 15.05.1937
72. FN, 03.06.1938 - 07.06.1938
73. Tagebücher der Fliegergefolgschaft, beim Verfasser.
74. Zur Familie Wolff und zum Gut Jägerslust siehe: Bettina Goldberg: Juden in Flensburg, Flensburg 2006, S. 75ff, 97ff. – Bernd Philipsen: Jägerslust Flensburg 2008
75. Philipsen: Jägerslust, S.75.
76. Gespräche des Verfassers mit Landbesitzern in Langberg und Gottrupel.
77. Stadtarchiv Flensburg, IX F 00160, 12-14.
78. Stadtarchiv Flensburg, VI B 00268. – Ebd., Urk/Ver 1941.06.14.
79. K. Ries/W. Dietrich: Fliegerhorste und Einsatzhäfen der Luftwaffe, Stuttgart 1996, S. 31.
80. Luftbilder der Alliierten und Befragung von Zeitzeugen, beim Verfasser.
81. Dazu: Jürgen Zapf: Flugplätze der Luftwaffe 1934-1945. Bd. 6:Schleswig-Holstein & Hamburg, Zweibrücken 2008, S. 29ff. – Broder Schwensen/Dieter Nickel: Flensburg im Luftkrieg 1933-1945, Flensburg 2008, S. 73ff.
82. Benedikt Luxenburger: Aus meinem Fliegerleben, Timmersiek 1998, Privatverlag, S. 3.
83. Flugbuch, Fotoalbum und Aufzeichnungen vom Fluglehrer Horst Lange, beim Verfasser.
84. Ralf Schumann: Die Ritterkreuzträger des Kampfgeschwader 1, Zweibrücken 2000, S.14.
85. Sven Carlsen/Michael Meyer: Die Flugzeugführerausbildung, Zweibrücken 2000, Bd. 2, S.29
86. Stadtarchiv Flensburg, VIII G 00006
87. Rudi Schmitt, "Achtung Torpedos los!", Utting 2000, S. 188f. - Stadtarchiv Flensburg, VIII G 00006 (abweichende Flugzeugverluste).
88. Schwensen/Nickel: Luftkrieg, S.154. – Stadtarchiv Flensburg VIII G 00006.
89. Broder Schwensen: Flensburg, Mai 1945. In: Bohn/Danker/ Köhler (Hg.): Der „Ausländereinsatz" in Flensburg 1939-1945, Bielefeld 2002, S.181ff.
90. FT, 27.08.1994, „Fliegen für den Krieg", Frank Jung.
91. Dazu: Jürgen Zapf: Flugplätze der Luftwaffe 1934-1945. Bd. 6: Schleswig-Holstein & Hamburg, Zweibrücken 2008, S. 29ff. – Ulrich Saft: Das bittere Ende der Luftwaffe, Verlag-Saft, Langenhagen 1992, S. 123f.
92. Report No.B–148, vom 18.05.45, Inspecting Officier: F/Lts. Stann, Hill. Kopie beim Verfasser.
93. Axel Urbanke: „Mit der Fw 190 D-9 im Einsatz", Zweibrücken 1998, S. 414
94. Schwensen/Nickel: Luftkrieg, S. 167
95. Vater des Kapitel-Verfassers Ernst-Erich Baaske.
96. Günther W. Gellermann: „Moskau ruft Heeresgruppe Mitte", Bonn 1988, S. 208. – Flugbücher, Urkunden und Auskünfte Erich Baaskes, beim Kapitel-Verfasser.
97. Erhard Jähnert: Mal oben, mal unten, Bad Kissingen 1992, S. 273ff.
98. Hans Breithaupt: Die Geschichte der 30. Infanterie-Division 1939-1945, Bad Nauheim 1955, S.293ff.
99. Broder Schwensen: Flensburg, Mai 1945, S.190ff. – Wolfgang Börnsen/Leve Börnsen: Vom Niedergang zum Neuanfang, Neumünster 2009, S. 107
100. Report No.B-148, vom 18.05.1945, Inspecting Officier: F/Lts. Stann, Hill, Kopie beim Verfasser.
101. Hans-Werner von Eitzen: Schriftliche Erinnerungen. Beim Verfasser.
102. Frühe alliierte Flieger-Einheiten auf dem Platz waren u.a. die Squadrons No. 438, No. 439 und No. 440 der Royal Canadian Air Force (RCAF) mit Flugzeugen vom Typ Typhon IB. Vgl. D.R. Rawlings: Fighter squadrons of the RAF and their aircraft, London 1976, S. 436-439
103. „Flugzeug-Historie", Heft 3, Juni/Juli 1987, Erinnerungen des deutschen Piloten Dr. Heinz Lange.
104. Flensburger Stadtarchiv, IX F 00122
105. Festschrift „100 Jahre Unesco-Schule Weiche", Flensburg o.J. (2004), S. 29. – Flensburger-Tageblatt (FT), 25.07.1948
106. FT, 23.06.1949 - 07.07.1949
107. FT, 25.05.1948 - 15.07.1948 - 20.07.1948 - 24.07.1948 - 24.07.1948

Nachweis Quellen

Kapitel 3

1. 50 Jahre Luftsportverband SH e. V., Owschlag 2000, darin: Klaus Griese: Menschen, Ereignisse, Erinnerungen, S. 7
2. 1950-1980. 30 Jahre Landesverband Schleswig-Holsteinischer Luftsportvereine e.V., .o.O. 1980, S. 4ff.
3. Norddeutsche Motorflugmeisterschaft Flensburg 1988, o.O. 1988, darin: Ortrud Teichmann: Der Flugplatz Flensburg-Schäferhaus – ein geschichtlicher Rückblick, S. 4ff
4. Associated Press, 19.08.1950 (Lüneburg).
5. Zeitungsausschnitt Flensborg Avis, o.Dat., im Nachlass Hans Werner von Eitzen / Stadtarchiv Flensburg, Ordner „Bis 1979".
6. Flensburger Tageblatt (FT), 25.06.1953
7. Stadtarchiv Flensburg XII Dr 00029 FT-Zeitungsausschnitt „Vor der Tür standen zwei RAF-Soldaten", undatiert.
8. FT, 29.05.1953
9. Deutscher Aero-Club, Ausgabe November 1958, Rubrik „Aus den Vereinen", in: Nachlass Hans Werner von Eitzen/Stadtarchiv Flensburg, Ordner „Bis 1979".
10. Pressestelle SH-Landesregierung 15.03.1960.
11. Schleswigsche Heimatzeitung (SHZ), 15.08.1950.
12. FT, 28.03.1953. – Im Artikel wird auch der Luftsportverein Eckernförde als beteiligt erwähnt.
13. FT, 01.04.1953
14. FT, 24.06.1957. – Pressestelle SH-Landesregierung: „Start frei für „Duburg und „Picebefa", Kiel, 24.06.1957. – Der eigentümliche Name „Picebefa" erinnerte an die ehemalige Außenstelle der Segelflieger-Leistungsschule für B- und C-Flieger in der Nähe von Rossitten an der Kurische Nehrung. – Ein Barograph zeichnet den aktuellen Luftdruck mittels einer ablaufenden Papierrolle auf.
15. FT, 15.07.1957
16. FT, 03.10.1957
17. FT, 05.03.1953
18. Norddeutsche Motorflugmeisterschaft Flensburg 1988, o.O. 1988, darin: Ortrud Teichmann: Der Flugplatz Flensburg-Schäferhaus – ein geschichtlicher Rückblick, S. 5
19. FT, 05.03.1953
20. Auskunft Dr. Broder Schwensen/Stadtarchiv Flensburg.
21. Abweichend zur Vereins-Festschrift von 1975 ergibt sich aus den amtsgerichtlichen Vereinsregister-Eintragungen sowie der Ortspresse nachstehende frühe 1. Vorsitzenden-Folge: auf Ollermann (14. Januar 1950), folgt 1953 Peter Bargmann, sodann ab 15. Februar 1957 Berufsschuldirektor Heinrich Friedrich Jipp. Letzterer bildete mit Kurt Thumm, als wahrscheinlich 2. Vorsitzender und auch Technik-Zuständiger, und Geschäftsführerin Guschi Tesch seit 1957 ein Führungstrio, das den Verein in allen Belangen wegweisend voranbrachte.
22. FT, 05.05.1953
23. FT, 12.06.1953
24. FT, 21.08.1953
25. FT, 02.09.1953
26. FT, 01.10.1956
27. Südschleswigsche Heimatzeitung (SHZ), 28.09.1956
28. Pressestelle SH-Landesregierung, 27.07.1956
29. Pressestelle SH Landesregierung, 28.09.1956
30. FT, 01.10.1956
31. Pressestelle SH-Landesregierung, 28.09.1956. – FT, 01.10.1956. – Die angekündigte Teilnahme eines Segler-Doppelsitzers aus Schleswig wird durch die FT-Berichterstattung nicht bestätigt.
32. 25 Jahre Luftsportverein Flensburg e. V., Flensburg 1975, S. 9ff. – FT, 01.10.1956.
33. Pressestelle SH-Landesregierung, 16.01.1957
34. Stadtarchiv Flensburg XIII Dr 00029, darin Enriko Kümmel: 50 Jahre Motorflugschule LSV Flensburg, Dezember 2006, S. 1.
35. Illustrierte Wochenendbeilage für Schleswig-Holstein, Nr. 38, 21.09.1991. – Andersen hatte schon während des Krieges als Fluglehrer in Brynn Piloten von ein- und zweimotorigen Flugzeugen für den Kampfeinsatz ausgebildet. Aufgrund dieses Erfahrungsstandes durfte er 1955 als einer der ersten Motorfluglehrer seine Lizenz für Flensburg erwerben (Mitteilung von Monika Gercken, geb. Andersen, im Oktober 2010).
36. 25 Jahre Luftsportverein Flensburg e. V., S. 33.
37. FT, 24.06.1957. – 25 Jahre Luftsportverein Flensburg e. V, S. 33f.
38. Unter Platzrunden versteht man den Abflug nach dem Start auf der Landebahn mit dem Geradeausflug (Aufstieg, um Höhe zu gewinnen) in derselben Richtung, dann eine 90°-Kurve, entweder rechts oder links = Querabflug, dann parallel zur Startbahn der Gegenanflug, dann möglichst wieder im 90°-Winkel der Queranflug, anschließend der Endanflug in Richtung dort, wo man gestartet ist. Eine korrekt geflogene Platzrunde zeigt in der Luft ein Rechteck, freilich in unterschiedlichen Höhen, jedoch sollten Querab- und Queranflug und der Gegenanflug möglichst in derselben Höhe erfolgen.
39. Bericht Flugleiter Eichsteller, 1959. Unterlagen Hans Werner von Eitzen.
40. Nachlass Eichsteller/Unterlagen Hans Werner von Eitzen.
41. Enriko Stadtarchiv Flensburg XIII Dr 00029, darin Enriko Kümmel: 50 Jahre Motorflugschule LSV Flensburg, Dezember 2006, S. 1.
42. Briefwechsel BP Hamburg und Eichsteller, Flensburg, ab Mai 1958. Unterlagen Hans Werner von Eitzen.
43. Ebd.
44. Pressestelle SH-Landesregierung, 16.01.1957.
45. SHZ, 24.04.1957.
46. Vgl. Briefwechsel Eichsteller in Unterlagen Hans Werner von Eitzen.
47. FT, 03.10.1957
48. FT, 18.07.1959 - FT, 20.07.1959
49. FT, 20.07.1989
50. FT, 11.11.2010

Kapitel 4

1. Flensburger Tageblatt (FT), 12.02.1959
2. FT, 05.09.1959
3. Kieler Nachrichten (KN), 23.11.1959
4. Archiv FFB GmbH, Gründungsurkunde vom 12.04.1960.
5. FT, 07.03.1959. – FT, 13.04.1960.
6. Stadtarchiv Flensburg II C 04083, Teilurteil Landgericht Flensburg vom 17.07.1968, S. 4.
7. Archiv FFB GmbH: Pachtvertrag vom 02.04./18.04.1961.
8. Stadtarchiv Flensburg II C 04083, Teilurteil Landgericht Flensburg vom 17.07.1968, S. 4f.
9. Ebd., S. 5.
10. Stadtarchiv Flensburg II C 04082: Bericht Amt für Stadtentwicklung und Statistik über die Situation des Flugplatzes Flensburg Schäferhaus, 17.11.1978, S. 2/S. 13.
11. FT, 28.06.1960
12. Archiv FFB GmbH: Bauschein 777/65 vom 25.06.1965.
13. Archiv FFB GmbH: Bauschein 1158/68 vom 02.08.1968.
14. Archiv FFB GmbH: Stadt Flensburg, Gebrauchsabnahmeschein 923/68 vom 17.10.1968.
15. Archiv FFB GmbH: Stadt Flensburg, Schlussabnahmeschein 292/69 vom 17.03.1969.
16. Stadtarchiv Flensburg II C 04082: Bericht Amt für Stadtentwicklung und Statistik über die Situation des Flugplatzes Flensburg Schäferhaus, 17.11.1978, S. 1.
17. Dazu und zum folgenden: Stadtarchiv Flensburg II C 04083, Teilurteil Landgericht Flensburg vom 17.07.1968, S. 6 f.
18. Archiv FFB GmbH: Mietvertrag FFB GmbH – Deutsche Lufthansa AG vom 29.12.1967/08.02.1968.
19. Dazu und zum folgenden: Stadtarchiv Flensburg II C 04083, Teilurteil Landgericht Flensburg vom 17.07.1968, S.10.
20. Ebd., S. 8f.
21. Siehe dazu ausführlich: Stadtarchiv Flensburg II C 04727, Lärmbelästigung durch die Starfighter (...), 1966-1971
22. Siehe dazu ausführlich Kap. 8.4
23. Stadtarchiv Flensburg II C 04727, Schreiben OB Adler an Bundesminister für Verteidigung, 06.04.1966
24. Stadtarchiv Flensburg II C 04083, Schreiben der Lufthansa Verkehrsfliegerschule Bremen an Oberbürgermeister, 12.09.1968.
25. FT, 05.09.1968
26. Siehe etwa Stadtarchiv Flensburg II C 04083, Teilurteil Landgericht Flensburg vom 17.07.1968.
27. FT, 28.09.1968
28. Stadtarchiv Flensburg II C 04082: Auszug Niederschrift Magistrat vom 31.08.1976.
29. Archiv FFB GmbH: Pachtvertrag vom 17.01./28.01.1969.
30. Vgl. Klageverfahrensbericht in: FT, 25.11.1970.
31. Stadtarchiv Flensburg II C 04082, Bericht Amt für Stadtentwicklung und Statistik über die Situation des Flugplatzes Flensburg Schäferhaus, 17.11.1978, S. 7.
32. Archiv FFB GmbH: Schreiben des Ministers für Wirtschaft und Verkehr des Landes Schleswig-Holstein vom 03.06.1969. – Kopie auch im Stadtarchiv Flensburg II E 03108.
33. FT, 24.01.1973 - FT, 09.08.1973.
34. Rechtlich entscheidend war die frühe Abweisung der Klage gegen den Planfeststellungsbeschluss durch das Verwaltungsgericht Schleswig. Vgl. Berichterstattung in: FT, 25.11.1970.
35. Stadtarchiv Flensburg II C 04083, Auszug Niederschrift Magistrat vom 09.12.1970. – FT. 09.12.1970.
36. Archiv FFB GmbH: Schreiben der Deutschen Lufthansa AG vom 22.01.1971.
37. Archiv FFB GmbH: Mietvertrag zwischen FFB GmbH – Deutsche Lufthansa AG vom 29.12.1967/8.2.1968.

Kapitel 4

38 Archiv FFB GmbH: Entwurf vom 13.04.1971 für eine Magistratsvorlage.
39 Archiv FFB GmbH: Schreiben an die Deutsche Lufthansa AG vom 09.06.1971
40 FT, 11.12.1970.
41 FT, 09.07.1960.
42 Stadtarchiv Flensburg II C 04082: Bericht Amt für Stadtentwicklung und Statistik über die Situation des Flugplatzes Flensburg Schäferhaus, 17.11.1978, S. 1.
43 Stadtarchiv Flensburg II C 04083 OB-Magistratsvorlage vom 28.04.1971, TOP 8, S.5.
44 http://www.cimber.com/aboutcimber/cimbersterlingbrief/History/1961-1970.html (Stand: 28.04.2011).
45 Stadtarchiv Flensburg II C 1269: BM Dr. Christensen betr. Flugverkehr der Cimber Air Flensburg – Sonderburg , 1970.
46 Stadtarchiv Flensburg II C 04083, OB-Magistratsvorlage vom 28.04.1971, TOP 8, S.5.
47 Südschleswigsche Heimatzeitung (SHZ), 27.03.1971
48 Stadtarchiv Flensburg II C 04083 OB-Magistratsvorlage vom 28.04.1971, TOP 8, S.5.
49 Siehe dazu „Täuschungsmanöver" in SHZ, 16.11.1971.
50 FT, 29.04.1971.
51 FT, 09.08.1971.
52 FT, 11.08.1972. – FT, 30.10.72.
53 KN, 25.04.1973.
54 Stadtarchiv Flensburg II C 04083, Auszug Niederschrift Magistrat vom 28.04.1971.
55 KN, 25.04.1973.
56 SHZ, 14.05.1973 („Lärmend und stinkend"). – FT, 19.05.1973 („Umweltfeindlicher Moloch"). – FT, 23.05.1973 („Umweltfeindlich"). – FT, 19.07.1973 („Zweifelhafte Methoden").
57 http://www.wdr.de/themen/kultur/stichtag/2006/04/22.jhtml
58 SHZ, 02.08.1973.
59 FT, 25.10.1973.
60 KN, 02.11.1973.
61 Archiv FFB GmbH: Vermerk FFB GmbH vom 02.10.1968.
62 Archiv FFB GmbH: Baubeschreibung Kurt Kabelitz, Husum, 02.03.1966.
63 Archiv FFB GmbH: Statistik der FFB GmbH.
64 Archiv FFB GmbH: Agenturvertrag vom 25./29.09.1967.
65 Archiv FFB GmbH: Schreiben der Deutschen BP AG vom 27.09.1978.
66 Archiv FFB GmbH: Vertrag zwischen FFB GmbH und Deutsche BP AG vom 20./30.03.1979.
67 Archiv FFB GmbH: Jahresabschluss 1972.
68 Archiv FFB GmbH: Nordwestdeutsche Treuhand Gesellschaft mbH, Prüfbericht Jahresabschluss 1975, Blatt 5 f.
69 Archiv FFB GmbH: Nordwestdeutsche Treuhand Gesellschaft mbH, Kurzgutachten über Sanierungsmöglichkeiten für die FFB GmbH, 1979, Blatt 3.
70 Ebd.
71 Archiv FFB GmbH: Jahresabschluss 1980.
72 Nordwestdeutsche Treuhandgesellschaft mbH, 1979
73 Archiv FFB GmbH: Thesenpapier zur bestehenden und künftigen Situation des Flensburger Flugplatzes Schäferhaus, Stadt Flensburg, Amt für Stadtentwicklung 26.02.1980.
74 Ebd., S. 15
75 Ebd.
76 Archiv FFB GmbH: Protokoll der Verwaltungsratssitzung der FFB GmbH vom 30.01.1981.
77 Ebd.
78 Archiv FFB GmbH: Schreiben des Kreises Schleswig-Flensburg vom 18.12.1980.
79 Archiv FFB GmbH: Protokoll der Gesellschafterversammlung der FFB GmbH vom 18.06.1980.
80 Archiv FFB GmbH: Steuerliche und gesellschaftsrechtliche Fragen im Zusammenhang mit der beabsichtigten Umstrukturierung der Gesellschaft, Dr. Schmidt, Müller, Müller-Heepe, 1980.
81 Urkunde Nr. 553 der Urkundenrolle für 1980 vom 10.10.1980 Notar Peter Jensen, Flensburg.
82 Archiv FFB GmbH: Protokoll der Verwaltungsratssitzung der FFB GmbH vom 30.01.1981.
83 Urkunde Nr. 74 der Urkundenrolle für 1981 vom 30.01.1981 Notar Peter Jensen, Flensburg.
84 Urkunde Nr. 75 der Urkundenrolle für 1981 vom 30.01.1981 Notar Peter Jensen, Flensburg.
85 Urkunde Nr. 77 der Urkundenrolle für 1981 vom 30.01.1981 Notar Peter Jensen, Flensburg.
86 Archiv FFB GmbH: Vertrag vom 30.01.1981
87 Archiv FFB GmbH: Vereinbarung vom 30.01.1981.
88 Archiv FFB GmbH: Vorlage für die Magistratssitzung vom 04.07.1980 zu TOP 6.

Kapitel 5

1 Beate Uhse: Mit Lust und Liebe, Frankfurt a. M. / Berlin 1989, S. 62f.
2 Ebd., S. 66-91.
3 http://www.beate-uhse.ag/?h=2&m=3 (Stand: 06.03.2011).
4 Interview des Verfassers mit Uwe Rezka, November 2010.
5 Flensburger Tageblatt (FT), 22.01.2008.
6 Interview des Verfassers mit Frau Ortrud Teichmann, November 2010. - http://www.luftsportverein-flensburg.de/Verein-Neuigkeiten/Lilo-Ullrich.html (Thomas Liebelt, 23.01.2008).
7 http://www.luftsportverein-flensburg.de/Verein-Neuigkeiten/Meine-Gedanken-und-mein-Gedenken-an-Lilo-Ullrich.html (Ortrud Teichmann, 20.02.2008).
8 VDP-Nachrichten 01/2008, S. 8. Als PDF unter: http://pilotinnen.net
9 Interview des Verfassers mit Frau Ortrud Teichmann, November 2010.
10 http://www.fma-ullrich.de/deutsch/unternehmen/frame_unternehmen.html (Stand: 06.03.2011).
11 Flensburger Tageblatt (FT), 22.01.2008.
12 Interview des Verfassers mit Frau Ortrud Teichmann, November 2010.
13 http://www.luftsportverein-flensburg.de/Verein-Neuigkeiten/Lilo-Ullrich.html (Thomas Liebelt, 23.01.2008).

Kapitel 6

1 Pachtvertrag vom 24.1./7.3.1984, Archiv FFB GmbH
2 Protokoll Ratsversammlung der Stadt Flensburg vom 10.12.1992, Archiv FFB GmbH
3 Vorlage RV 148/94 vom 19.8.1994, Archiv FFB GmbH
4 Protokoll Ratsversammlung der Stadt Flensburg vom 15.12.1994, Archiv Stadt Flensburg
5 Pachtvertrag vom 15.3.1995, Archiv FFB GmbH
6 Vorlage FA II 27/94 für die Sitzung des Finanzausschusses am 19.12.1994, Archiv FFB GmbH
7 Protokoll Aufsichtsratssitzung FFB GmbH vom 30.11.1994, Archiv FFB GmbH
8 Schreiben Stadt Flensburg vom 21.11.2003, Archiv FFB GmbH.
9 Urkunde Nr. 28/1991 der Urkundenrolle für 1991 vom 23.1.1991 Notar Joachim Schlüter, Flensburg
10 Schreiben Herm. G. Dethleffsen vom 14.5.1991 an die Stadt Flensburg, Archiv FFB GmbH
11 Schreiben Stadt Flensburg vom 26.6.1991 an Herm. G. Dethleffsen, Archiv FFB GmbH
12 Urkunde Nr. 171/1995 der Urkundenrolle für 1995 vom 19.5.1995 Notar Joachim Schlüter, Flensburg
13 § 1 Vertrag vom 26.5.1992, Archiv FFB GmbH
14 z.B. Schreiben vom 30.9.1994, 22.11.1994, 12.12.1994 und 30.1.1995 an den Minister für Wirtschaft, Technik und Verkehr des Landes Schleswig-Holstein, Archiv FFB GmbH
15 Schreiben des Ministers für Wirtschaft, Technik und Verkehr des Landes Schleswig-Holstein vom 15.11.1994, Archiv FFB GmbH
16 Zuwendungsbescheid des Ministers für Wirtschaft, Technik und Verkehr des Landes Schleswig-Holstein vom 6.1.1995, Archiv FFB GmbH
17 Planungsbüro J.U. Maßheimer, Flensburg, Landschaftspflegerischer Begleitplan 1995, Ergänzung April 1996, S. 13
18 http://www.edkb.de/Download Angebote/JAR-OPS1.pdf
19 Schreiben Northern Air Charter vom 6.5.1997; ACH Hamburg (Beate Uhse-Gruppe) vom 28.5.1997, Archiv FFB GmbH
20 Zuwendungsbescheid des Ministeriums für Wirtschaft, Technologie und Verkehr des Landes Schleswig-Holstein vom 20.8.1999
21 Agenturvertrag vom 16.5./30.8.1995, Archiv FFB GmbH
22 Gutachten 2/84 vom 21.2.1984 des Gutachterausschusses der Stadt Flensburg, Archiv FFB GmbH
23 Protokoll zur Aufsichtsratssitzung vom 7.3.1984, Archiv FFB GmbH
24 Protokoll zur Aufsichtsratssitzung vom 20.8.1984, Archiv FFB GmbH
25 Vorlage vom 7.11.1990 zur Aufsichtsratssitzung (ohne Datum), Archiv FFB GmbH
26 Aufhebungsvertrag vom 17.12.1990, Urkundenrolle 478/1990 Notare Schlüter & Hansen-Schlüter Flensburg, Archiv FFB GmbH
27 Protokoll zur Übernahmeverhandlung vom 2.4.1991, Archiv FFB GmbH
28 Protokoll Aufsichtsratssitzung der FFB GmbH vom 19.4.1985, Archiv FFB GmbH
29 Vertrag FFB GmbH – Bernd R. Lütticke vom 31.5.1985
30 Bernd R. Lütticke, Regionalflugverkehr der Firma CAM Flensburg-Frankfurt V.V.,20.8.1987, vorgelegt im Aufsichtsrat der FFB GmbH am 11.9.1987, Archiv FFB GmbH
31 Ebd.
32 Stadt Flensburg, Rechnungsprüfungsamt, Bericht über die Prüfung des Jahresabschlusses 1987 der Flensburger Flughafenbetriebsgesellschaft mbH, 19.10.1988, S. 5
33 Schreiben des Geschäftsführers Heiko Harms vom 31.3.1991, Archiv FFB GmbH

[34] Die folgende Darstellung beruht weitgehend auf einem Schreiben des ehem. geschäftsführenden Gesellschafters Heiko Harms vom 2.11.2010,
[35] Einladung Northern Air Charter vom 16.4.1998, Archiv FFB GmbH
[36] Northern Air Charter, Fax vom 15.10.1998
[37] Bericht gemäß § 156 Abs. 1 InsO vom 4.6.2003, Insolvenzverwaltung Römer Flensburg, Archiv FFB GmbH
[38] WiREG-Vermerk vom 25.4.2007, Archiv FFB GmbH
[39] z.B. der Chartervertrag für den Postverkehr in Italien; Bericht gemäß § 156 Abs. 1 InsO vom 4.6.2003, a.a.O., S. 7
[40] Ebd. S. 8
[41] z.B. Kiel-Holtenau und Lübeck-Blankensee, allerdings mit weitaus schlimmeren Folgen für die Betreibergesellschaften, als in Flensburg.
[42] Auszug über Flugziele vom 1.2.1984, Uwe Reszka, Archiv FFB GmbH
[43] Gespräch 1.11.2010 mit Uwe Reszka

Kapitel 7

[1] Urkunde Nr. 312/2002 der Urkundenrolle für 2002 vom 28.6.2002 Notar Joachim Schlüter, Flensburg
[2] Beschlüsse der Gesellschafterversammlung der FFB GmbH vom 26.6.2008 und 11.12.2008, Archiv FFB GmbH
[3] Pressemitteilung FFB GmbH vom 12.4.2010, Archiv FFB GmbH
[4] http://www.flugzeugservice-petersen.de/index.html Homepage vom 10.11.2010
[5] Email J.O.S.S. Beteiligungsgesellschaft mbH, Flensburg vom 11.11.2010, Archiv FFB GmbH
[6] Zuwendungsbescheid des Ministeriums für Wissenschaft, Wirtschaft und Verkehr des Landes Schleswig-Holstein vom 4.6.2010, Archiv FFB GmbH
[7] z.B. fliegermagazin 7/2003 S. 42 ff; fliegermagazin 8/2003 S. 12 ff; Bernd Oberländer, Aero Information 3/2003 S. 12 ff.
[8] Email Heiko Harms vom 26.11.2010, Archiv FFB GmbH

Kapitel 8

[1] Beitrag von Mona Andresen, Luftfahrtreferentin, Ministerium für Wissenschaft, Wirtschaft und Verkehr des Landes Schleswig-Holstein, für die Dokumentation 100 Jahre Flugplatz Flensburg-Schäferhaus.
[2] Beitrag von Manfred Bühring, Geschäftsführer der Flensburger Flughafenbetriebsgesellschaft GmbH.
[3] siehe Kapitel 6.3.2.
[4] Archiv FFB GmbH: Protokoll Aufsichtsratssitzung Stadtwerke Flensburg GmbH vom 13.05.2005.
[5] z.B. Lübeck-Blankensee EUR 5,6 Mio. im Geschäftsjahr 2008/2009, Prüfbericht Wirtschaftliche Lage der Flughafen Lübeck GmbH, Rechnungsprüfungsamt Hansestadt Lübeck vom 23.03.2010, S. 3, Ziff. 5.1.1.; Kiel-Holtenau EUR 1,5 Mio. p.a. im Schnitt der letzten 10 Jahre bis 2008, http://www.landesrechnungshof-sh.de/index.php?getfile=bm09-tz23.pdf am 08.12.2010.
[6] http://www.eksb.dk/index.asp?id=165 vom 11.01.2011.
[7] http://www.eksb.dk/index.asp?ID=185 vom 11.01.2011.
[8] Archiv FFB GmbH: INTERREG 4 A Syddanmark-Schleswig-K.E.R.N. 2007-2013, Entwurf Projektantrag, Stand 05.11.2010.
[9] Ebd., S. 9.
[10] http://www.umweltbundesamt.de/laermprobleme/einleitung.html vom 06.10.2010.
[11] Zitiert nach: http://www.umweltbundesamt.de/laermprobleme/veranstaltungen/motorradlaerm/schulte-fortkamp.pdf vom 17.03.2011.
[12] Stand 17.03.2011.
[13] http://www.umweltbundesamt.de/laermprobleme/hauptlaermquellen/luftverkehrslaerm.html vom 17.03.2011.
[14] § 1 Abs. 1 Luftverkehrsgesetz in der Fassung der Bekanntmachung vom 10. Mai 2007 (BGBl. I S. 698), zuletzt geändert durch Artikel 1 des Gesetzes vom 05. August 2010 (BGBl. I S. 1126).
[15] Archiv FFB GmbH: Genehmigungsurkunde des Ministers für Wirtschaft und Verkehr des Landes Schleswig-Holstein vom 03.06.1969.
[16] Das erste „Gesetz zum Schutz gegen Fluglärm" (FlugLärmG) trat am 30.03.1971 in Kraft.
[17] Archiv FFB GmbH: Anhang zur Genehmigungsurkunde, a.a.O.
[18] Siehe auch Kapitel 4.
[19] Archiv FFB GmbH: Aufruf der Notgemeinschaft der Lärmgeschädigten vom Flugplatz Schäferhaus e.V., Gottrupel, vom 06.07.1969.
[20] Archiv FFB GmbH: Urteil Verwaltungsgericht Schleswig vom 24.01.1974, S. 12 f.
[21] Archiv FFB GmbH: Urteil Oberverwaltungsgericht Schleswig vom 28.06.2000, AZ 4 K 1/00, S. 10 ff.
[22] Ebd.
[23] Archiv FFB GmbH: Protokoll zu TOP 5 AR-Sitzung der FFB GmbH vom 07.11.1988.
[24] Archiv FFB GmbH: Schreiben vom 10.06.1992 des Ministers für Wirtschaft, Technik und Verkehr des Landes Schleswig-Holstein.
[25] Archiv FFB GmbH: Landeentgeltregelung FFB GmbH vom Februar 2011.
[26] Archiv FFB GmbH: Schreiben Stadt Flensburg vom 17.02.1992.
[27] Siehe Kapitel 4; Protokoll Ratsversammlung der Stadt Flensburg, a.a.O.
[28] http://www.flensburg.de/imperia/md/content/asp/flensburg/politik_verwaltung/daten-zahlen-fakten/fl-kurzgefasst/monatsabschluss.pdf vom 18.03.2011.
[29] http://www.flensburg.de/politik-verwaltung/daten-zahlen-fakten/lage/index.php vom 18.03.2011.
[30] http://www.wireg.de/die-region/die-gemein-den.html?user_dimregionalinformationen_pi1[gemeindeid]=36 vom 18.03.2011.
[31] Archiv FFB GmbH: Schalltechnisches Gutachten, Hans-Peter Rohwer und Partner Beratende Ingenieure GmbH, Flensburg, 03.12.1998.
[32] Archiv FFB GmbH: Ergänzendes Schallgutachten Fluglärm, ders., 06.05.1999.
[33] Ebd., Anlage 1, S. 8.
[34] Archiv FFB GmbH: Schalltechnischer Kurzbericht, Ingenieurbüro für Akustik Busch GmbH, Molfsee, 29.09.2010.
[35] Archiv FFB GmbH: „Wat den een sein Uhl, is den annern sein Nachtigal", von Rüdiger Hildebrandt, Luftfahrtbehörde, Landesbetrieb Straßenbau und Verkehr des Landes Schleswig-Holstein, email vom 10.02.2011, hieraus Auszüge.
[36] Beitrag von Thomas Liebelt, Vorsitzender des LSV Flensburg.
[37] http://www.luftsportverein-flensburg.de/Segelflug-Allgemein/Segelfluggebuehren.html (19.04.2011).
[38] Ebd.
[39] http://www.luftsportverein-flensburg.de/Ausbildung-Allgemein/Segelflugschule.html (19.04.2011).
[40] http://www.luftsportverein-flensburg.de/Ausbildung-Allgemein/Fallschirmsprung-Ausbildung.html (19.04.2011).
[41] Flensburger Tageblatt (FT), 31.08.2010
[42] http://www.luftsportverein-flensburg.de/Ausbildung-Allgemein/Motorflugschule.html (19.04.2011).
[43] „Wussten Sie schon …?", als PDF-Download unter http://www.luftsportverein-flens-burg.de/component/option,com_phocadownload/Itemid,100028/id,1/view,category/ (19.04.2011).
[44] Zur regionalen Nutzersituation in der jüngeren Vergangenheit siehe auch Kapitel 9.
[45] Siehe Kapitel 7.
[46] Siehe dazu: FT, 15.09.2006. – FT, 11.11.2010.
[47] http://www.luftsportverein-flensburg.de/Verein-Neuigkeiten/Informationen-der-IHK-zum-Flugplatz-Schaferhaus.html (19.04.2011).

Kapitel 9

[1] IDRF Interessengemeinschaft der regionalen Flugplätze e.V.; http://www.regionalairports.de/erhalt-und-ausbau-einer-bedarfsgerechten-infrastruktur_de_de.html vom 09.12.2010
[2] Archiv FFB GmbH
[3] Archiv FFB GmbH: Protokoll der Gesellschafterversammlung der FFB GmbH vom 23.11.1977.

TURBO
cherokee ARROW III

Sponsoren & Förderer

Für die Unterstützung dieses Buchprojektes danken wir den nachfolgenden Unternehmen und Partnern:

Gesellschaft für Flensburger Stadtgeschichte e.V.
Rathausplatz 1
24937 Flensburg

Queisser Pharma GmbH & Co.
Schleswiger Str. 74
24941 Flensburg

Herm. G. Dethleffsen AG & Co. KG
Wittenberger Weg 8 a
24941 Flensburg

J.O.S.S. Beteiligungsgesellschaft mbH
Rote Straße 17
24937 Flensburg

dat repair GmbH
Am Sophienhof 8
24941 Flensburg

Foto Raake
Nordermarkt 7
24937 Flensburg

Flensburger Flughafenbetriebsgeselllschaft mbH
Lecker Chaussee 127
24941 Flensburg

Luftsportverein Flensburg e.V.
Lecker Chaussee 129
24941 Flensburg

FLENSBURG-SCHÄFERHAUS
EDXF

N 54° 46,40'
E 09° 22,73'

Flugplatzkarte
Aerodrome Chart

RWY (MAG)	Dimensions	Surface	Strength	TORA	LDA
11 (107)	1220 x 30 m	Bitumen	30000 kg MPW	1040 m	1220 m
29 (287)				1220 m	1040 m
11 (110)	1200 x 60 m	Gras	5700 kg MPW	900 m	900 m
29 (290)				900 m	900 m
04 (042)	700 x 45 m	Gras	5700 kg MPW	700 m	615 m
22 (222)				615 m	700 m

300 m Überrollfläche westlich der befestigten RWY.
60 m Überrollfläche östlich der befestigten RWY.
Das Anlassen der Triebwerke, das Rollen zum Start sowie Starts sind untersagt, wenn sich Fallschirmspringer im Anflug befinden.

300 m overrun west of paved RWY.
60 m overrun east of paved RWY.
Start-up, taxiing to take-off as well as take-offs are prohibited as long as parachute jumpers are approaching.

© DFS Deutsche Flugsicherung GmbH

19 JUN 2008

Sichtflugkarte
Visual Operation Chart

ELEV 130

FLENSBURG-SCHÄFERHAUS
EDXF

FIS
BREMEN INFORMATION
125.100

VDF 122.850

FLENSBURG INFO
122.850 En/Ge (15 NM 3000 ft GND)

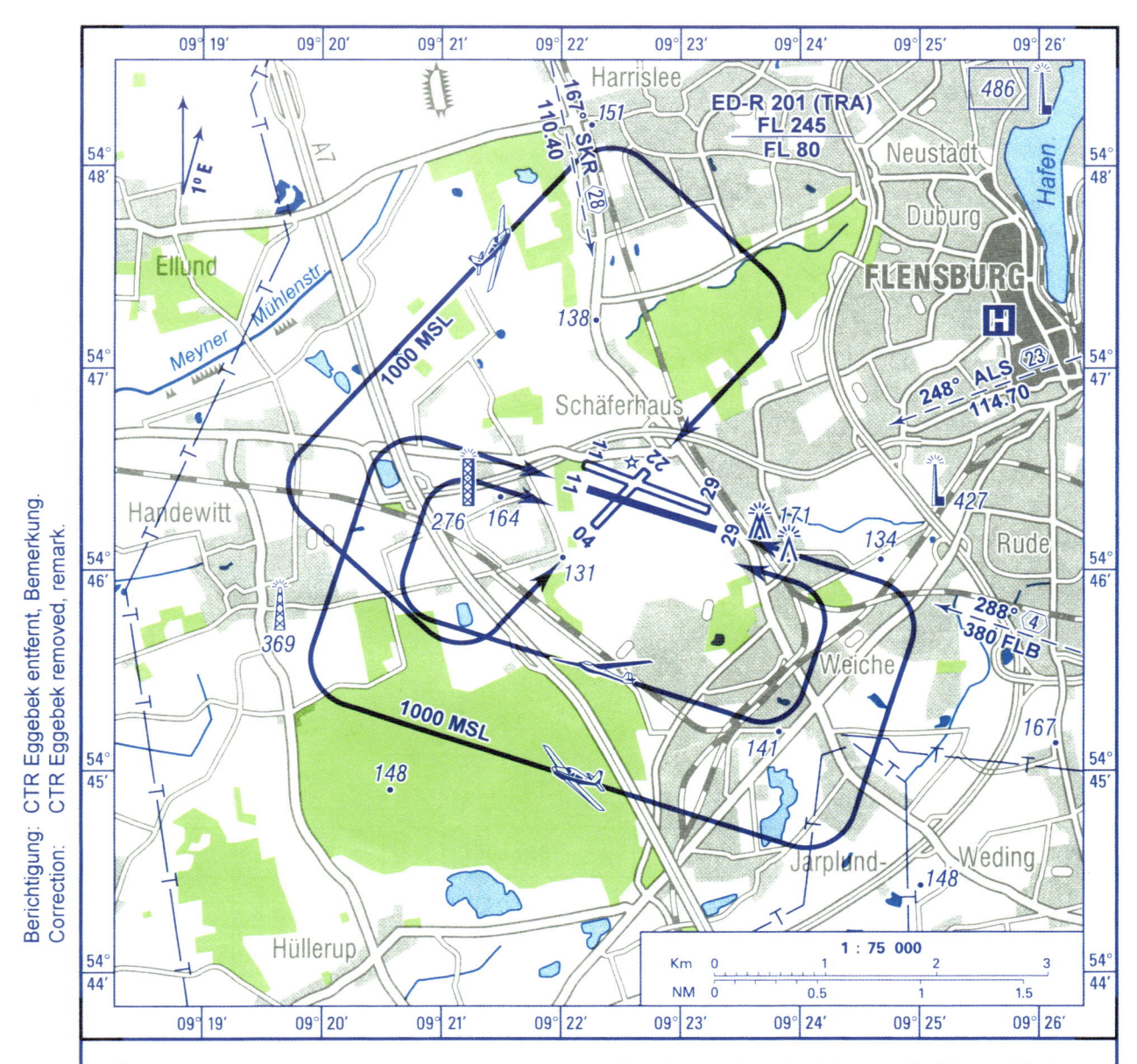

Berichtigung: CTR Eggebek entfernt, Bemerkung.
Correction: CTR Eggebek removed, remark.

Überflüge bebauter Gebiete sind zu möglichst zu vermeiden.	Overflights of residential areas shall be avoided as far as possible.
Tiefanflüge sind nur aus flugbetrieblichen Gründen gestattet und mit FLENSBURG INFO abzustimmen. Nach dem Durchstarten ist die Platzrunde voll auszufliegen.	Low approaches are allowed only for flight operational reasons and have to be coordinated with FLENSBURG INFO. After going around the entire traffic circuit shall be flown.
Nachtstarts und -landungen dürfen nur auf den befeuerten Teilen des Rollfeldes durchgeführt werden. Der Rollverkehr auf Vorfeldern und Abstellflächen liegt in der Verantwortlichkeit des Flugzeugführers.	Take-offs and landings at night are permitted only on the lighted parts of the manoeuvring area. Taxiing traffic on the aprons and parking areas lies within the pilot`s responsibility.

19 JUN 2008   © DFS Deutsche Flugsicherung GmbH